21世纪应用型本科金融系列规划教材

江苏省品牌专业

商业银行经营与管理

张华忠　主编

苏月霞　徐建波　副主编

U0656851

东北财经大学出版社
Dongbei University of Finance & Economics Press

大　连

图书在版编目（CIP）数据

商业银行经营与管理 / 张华忠主编 . —大连 ： 东北财经大学出版社，2021.1

（21世纪应用型本科金融系列规划教材）

ISBN 978-7-5654-3900-1

Ⅰ. 商… Ⅱ. 张… Ⅲ. 商业银行-经营管理-高等学校-教材 Ⅳ. F830.33

中国版本图书馆CIP数据核字（2020）第121324号

东北财经大学出版社出版

（大连市黑石礁尖山街217号 邮政编码 116025）

网 址：http：// www.dufep.cn

读者信箱：dufep@dufe.edu.cn

大连图腾彩色印刷有限公司印刷 东北财经大学出版社发行

幅面尺寸：148mm×210mm 字数：292千字 印张：10.25

2021年1月第1版 2021年1月第1次印刷

责任编辑：田玉海 张晓鹏 责任校对：周 华

封面设计：姜 宇 版式设计：钟福建

定价：28.00元

前 言

　　商业银行是金融体系的重要组成部分，商业银行健康有序发展对金融业乃至整个国民经济都具有重要作用。商业银行的行为直接影响货币与信用的存量运动，影响整体经济的运行。商业银行业务与经营在学术界和实务操作中受到广泛重视。越来越多的财经院校和金融爱好者希望更多地了解商业银行的各项业务，熟悉商业银行常见的管理方法，以更方便地融入商业银行的各项业务活动之中、更好地提升金融能力、更便利地解决现实问题。

　　目前，商业银行是社会资金融通和金融整合的重要枢纽，因此，了解和熟悉商业银行的经营方式与管理办法已经成为越来越多的人关注的焦点之一。

　　本书立足于实践性发展的客观需求，在系统性整合现有商业银行发展理论和经营管理办法的基础上，将实用性、互联网和风险管理融入具体内容，将理论分析与现实问题相融合，将风险管理与商业银行业务拓展相衔接，将互联网金融与传统银行发展相关联。

　　本书的编写特色与创新表现为以下3个方面：

　　（1）以理论性与实践性相融合为导向，基于国内外商业银行的业务比较及我国商业银行的发展实际，重新梳理理论知识体系，对应实际需求安排章节，构建以基础理论、风险管理和互联网金融为核心的框架结构，同时增加典型的商业银行业务与经营的案例，全面提升教材的实用性，真正做到理论与实际的融合。

（2）以服务应用型人才培养为方针，基于国家应用型高校建设的需要，科学分析应用型人才的培养需求，将学生的知识积累、素质提升与教材编写紧密融合，将教材的知识整合、银行的人才需求和社会发展需要恰当衔接，提升教材的综合应用性，适应各类应用型高校人才培养与发展的需要，进而有效地扩大本书的应用范围，提升针对性。

（3）整理商业银行经营管理的具体案例，将知识讲授与科学研究相融合，将理论的阐述与案例的分析相衔接，进而保障本书的科学性和实践性。

为方便授课，本书配有电子课件，授课教师可登录东北财经大学出版社网站免费下载，课件中还包含各章章末综合训练的答案。

本书可作为金融学、财务管理等经济管理类专业本科学生的教学用书，也可作为银行从业与管理人员培训及自学用书。

本书由张华忠副教授任主编。各章节的编写分工如下：第1章、第2章、第3章、第12章由淮阴师范学院张华忠编写；第9章、第10章、第11章由淮阴师范学院苏月霞编写；第4章、第5章、第8章由徐州工程学院徐建波编写；第6章、第7章由徐州工程学院李勇编写。张华忠负责全书案例、专栏的选取、编写与总纂定稿。

限于编者水平，本书内容安排和文字表述上可能有不恰当之处，恳请读者批评指正。

编　者

2020年岁末

目　录

商业银行概论

学习指南

【学习目标】通过本章的学习，我们将了解商业银行的起源和经营管理的理论沿革；熟悉商业银行的功能；了解商业银行的分类、组织结构、治理结构；理解商业银行经营的目标、原则。

【关键概念】商业银行　资产管理理论　负债管理理论　资产负债综合管理理论　分业经营模式　混业经营模式　信用中介　支付中介　信用创造　金融服务　分支行制　单一银行制　银行控股公司制　连锁银行制　安全性　流动性　盈利性

引例

中国自办的第一家银行——中国通商银行

1897 年 5 月 27 日，中国人自办的第一家银行——中国通商银行在上海成立。其创办人是时任清政府"铁路总办"的盛宣怀，江苏武进人。盛宣怀的父亲与李鸿章私交甚好，因此盛宣怀到李鸿章府上当幕僚，由于其表现出色而不断升迁，后于 1896 年出任全国督办铁路事务大臣。

盛宣怀在督办铁路事务后，便决定兴办自己的银行。在通商银行成立之前，英、法、德、日、俄等国在中国已开设20多家银行，以此操纵我国经济。盛宣怀在经历向帝国主义银行借款兴办铁路后，认识到要办铁路必须要办自己的银行，只有兴办自己的银行才能为兴办铁路提供资金保证。因此，他在奏折中陈述兴办银行的宗旨是"通华商之气脉，杜洋商之挟持"，中国自办银行之举，虽受到帝国主义和清政府顽固势力的百般阻挠，但在盛宣怀的努力下，通商银行于1897年5月27日终于正式营业。

通商银行成立时，内部组织构架及各项事宜都是仿照汇丰银行而定的。通商银行早期的业务大多是凭借其政治特权多方兜揽的。最初几年存款的主要来源是清政府的存款、官督商办企业的闲置资本、各地关道和道台的待解款等，而其放款则具有浓厚的封建性和买办性。

通商银行自成立到上海解放的52年之间，其掌权人从早期的大买办官僚盛宣怀，到中期的买办资产阶级傅筱庵，再到后期的杜月笙，银行自身也经历了封建官僚控制、商办、官商合办3个时期，而每个时期都与当时的政府保持着密切联系。但不管怎样，它开启了中国银行业的新时代，在我国金融史上占有重要地位。

问题：

1.中国自办的第一家银行——中国通商银行的成立背景是什么？

2.中国通商银行与现代商业银行有何异同？

1.1 商业银行业的发展历史与经营管理的理论沿革

商业银行是指以营利为目标，以存、放、汇为主要业务，以各种形式的金融创新为手段，全方位经营各类金融业务的综合性、多功能的金融服务企业。商业银行是市场经济的产物，它是为适应市场经济发展和社会化大生产的需要而形成的一种金融组织。商业银行经过几百年的演变发展，现在已经成为世界各国经济活动中最主要的资金集散机构，其对经济活动的影响力居于各类金融机构之首。商业银行在金融领域中分布最广、数量最多，是现代金融业的主体，它在整个国民经济的运行中发挥着不可替代的重要作用。

1.1.1 商业银行的发展历史

1.早期的商业银行

"银行"一词起源于拉丁文"banco"，本义是"长板凳"。在中世纪中期的欧洲，各国之间的贸易往来日益频繁，意大利的威尼斯、热那亚等几个港口城市由于水运交通便利，各国商贩云集，成为欧洲最繁荣的商业贸易中心。各国商贩带来了五花八门的金属货币，不同的货币由于品质、成色、大小不同，因此出现了专门为别人鉴别、估量、保管、兑换货币的人。起初，兑换人坐在一条长板凳上办公，渐渐地长板凳就成了兑换人的代名词。兑换人通过经营汇兑和借贷业务获得高额利润，久而久之就变成了银行家。

在15—17世纪，随着陆路商品交易路线的开辟和航海技术的进步，世界商业中心逐渐由地中海向欧洲大陆和不列颠转移，由于此时工业革命开始萌芽，需要发育成熟的金融系统，特别是大规模的生产和扩张全球贸易市场的需要，产生了对新的支付手段和信贷方式的需求，银行适应这一需要得到了飞速的发展。在资本主义经济发展较早的英国，早期银行是由金匠业发展而来的。17世纪中叶，由于美洲大陆的发现，大量金银流入英国，人们为了防止被盗，将金银货币委托给拥有坚固保险箱和安全设施的金匠保管，金匠业代客户办理汇兑业务，并以自有资本发放贷款。

随着英国经济的发展，金匠业的业务发生了重大变化：第一，保管凭条演变为银行券；第二，保管业务中的划拨凭证演变为银行支票；第三，十足准备制度变为部分准备制度。早期银行虽得到空前的发展，但是规模不大、贷款利率较高，不能满足经济发展对信用的需要。

2.近代商业银行

近代商业银行是17世纪末开始逐渐发展起来的。资本主义经济的发展和国际贸易的进一步扩大，催生了近代商业银行的雏形。工业革命对资金产生了巨大的需求，客观上要求银行集中社会各方面的闲置资金，用于发展生产。

近代商业银行主要是通过两条途径产生的：一是由高利贷银行转变为现代银行。17世纪以前银行的主要贷款对象是政府，同时也贷款给个人，但利率很高，在漫长的历史发展过程中，高利贷性质的银行适应了新的生产方式逐渐转变为现代银行。二是在与高利贷的斗争中建立起来的股份制银行。1694年，英格兰银行在英国伦敦创建，标志着现代银行的产生，为商品经济的发展创造了条件。

近代商业银行有以下3个特点：第一，利息水平能够被工商企业承受。英格兰银行成立一开始就规定贴现率为4.5%~6%，大大低于早期银行业的贷款利率。第二，金融服务职能扩大。早期银行的功能主要是简单的信用中介，现代银行还开展了发行银行券、代客户办理汇兑、信用证、信托、发行证券等业务。第三，具备了信用创造职能。近代商业银行借助于支票流通和非现金结算制度，可以多倍创造存款货币。

3.现代商业银行

随着经济发展对资金需求的多元化，客户对金融服务的需求也向高层次发展。技术革命的进步、金融机构之间的激烈竞争以及各国金融管制的放松，都促使商业银行经营范围不断扩大、活动领域不断拓宽、管理方式等不断创新。

专栏1-1

中国商业银行改革历程

中国商业银行1984年以来的改革历程大致可分为3个阶段。

第一阶段：1984—1993年。这一阶段的主要特征是中国银行业快速发展，银行体系初步建成。在这一阶段，专业银行不仅资产规模扩张，而且覆盖全国的网络格局初步形成。与此同时，各种类型的中小银行相继成立，银行体系开始成形。

第一，专业银行改革。国家专业银行自建立后就开始探索改革，"工商银行下乡、农业银行进城、中国银行上岸、建设银行进厂"成为写照。1986年11月，时任国务委员兼中国人民银行行长陈慕华提出，要把专业银行和其他金融机构分阶段逐步实现企业化经营，明确了改革方向。人民银行放松了各专业银行交叉经营限制，制定了"银行可以选择企业，企业也可以选择银行"的政策措施，鼓励开展适度竞争。从结果看，专业银行各项业务发展较快，资产规模迅速扩大。但是，专业银行改革多属试验性，仍主要办理国务院规定的业务，经营机制也未发生根本转变。

第二，邮政储蓄业务恢复。1986年4月起，邮政部门逐步恢复开办储蓄业务。邮政储蓄款交存人民银行统一支配，人民银行按月累计日平均余额的0.22%支付手续费，由开户邮局与银行结算。个人邮政储蓄利息按照国家统一规定计付，由邮局支付给储户，邮局按实际支付利息与人民银行结算。邮储业务开办后业绩良好，储蓄网点发展迅速。

第三，股份制银行相继成立。1984年，党的十二届三中全会提出"有计划的商品经济"后，非国有经济日渐壮大。在专业银行难以满足相关融资需求的背景下，1986年国务院决定重新组建交通银行，确定交通银行是以公有制为主的全国性股份制综合银行。此后，我国掀起了兴建股份制银行浪潮，引入了新的竞争性银行机构，促进了金融业整体实力和服务水平的提高。同时，以创建股份制银行作为金融改革试点，探索并积累综合性银行发展经验，有利于引导四大专业银行进行企业化改革。

第二阶段：1993—2003年。这一阶段的主要特征是银行开始向商业银行转型，初步奠定了真正意义上的商业银行体系和制度基础。这不仅体现在专业银行等各类银行体制机制的改革完善上，也体现在政府为转型创造的法律和政策环境上。

第一，成立政策性银行。1994年，国家开发银行、中国进出口银行和中国农业发展银行先后成立，专门办理国家专业银行的政策性业务，实行政策性业务与商业性业务相分离。

第二，银行业法律相继出台。1994—1997 年，我国相继出台《中华人民共和国中国人民银行法》《中华人民共和国商业银行法》《中华人民共和国外资金融机构管理条例》等，依法规范金融机构行为。1995 年 7 月《中华人民共和国商业银行法》生效，对商业银行性质、功能及与政府、企业、中央银行之间的关系做了详细规定，有利于保护相关主体合法权益，保障商业银行稳健运行，维护金融秩序。

第三，国家专业银行转型为国有商业银行。1993 年 12 月《国务院关于金融体制改革的决定》提出，把国家专业银行办成真正的商业银行，由此确立了自主经营、自担风险、自负盈亏、自我约束的改革方向。在此背景下，四大行强化统一法人制度，改善内部治理结构，调整组织机构体系，实行资产负债比例管理，同时走向分业经营。1997 年东南亚金融危机爆发后，四大行诸多弊端暴露，随之加快转型步伐。首先由财政部发行 2 700 亿元特别国债注资，然后由新成立的四家金融资产管理公司大规模剥离不良贷款。同时，各大银行内部管理机制与国际接轨，开始采取贷款五级分类。在此基础上，四大行经营状况逐步改善，财务状况有所好转。但是，这一阶段的改革主要还是在技术层面，尚未触及体制机制等深层次问题。

第四，股份制商业银行快速发展。在规模扩张的同时，多数股份制银行效益明显改善，符合了商业银行的基本要求，主要表现在：实行董事会领导下的行长负责制；推进内部组织管理体制改革；按效益原则设置分支机构；实行一级法人制。

第五，城市商业银行兴起。在城市信用社基础上，城市合作银行开始建立。截至 1996 年末，18 个城市合作银行开始营业。1998 年 3 月，城市合作银行更名为城市商业银行，由合作制向股份制转变。城市商业银行的建立，解决了城市信用社分散经营、风险抵御能力较弱等问题，进一步完善了商业银行组织体系。但是，城市商业银行成立初期，以往累积的风险还没有完全暴露，部分分支机构管理缺失，各地发展不平衡。

第三阶段：2004 年至今。这一阶段的主要特征是商业银行治理机制再造，通过股份制改造和上市安排，使商业银行成为真正的商业银行，为其可持续经营奠定基础。

第一，四大行股份制改造及上市。2002年全国金融工作会议明确，具备条件的国有独资商业银行可改组为国家控股的股份制商业银行，条件成熟的可以上市。2003年末，四大行股份制改造拉开序幕，按照核销已实际损失掉的资本金、剥离处置不良资产、外汇储备注资、境内外发行上市的财务重组"四部曲"，一行一策，有条不紊地展开。区别于以往发行特别国债方式，此次四大行注资选择借助外汇储备，成立中央汇金公司充当出资人角色。随后，四大行先后上市。这场以产权改革为核心、以股份制改造为标志、以建立现代商业银行制度为目的的新一轮改革基本实现了初衷，四大行初步建立了现代公司治理架构，财务状况明显好转，经营管理能力和市场竞争力增强。

第二，股份制银行"升级改造"。2003年全国性股份制商业银行再次扩容，恒丰银行、浙商银行、渤海银行或改制或新成立。全国性股份制商业银行坚持对内开放与对外开放相结合，引进境外战略投资者，公开上市，完善了全国网络，积极实施国际化战略，发展面貌焕然一新。

第三，农村商业银行兴起与城市商业银行改革。2003年，农信社改革方案出炉，银监会制定了《农村商业银行管理暂行规定》，规定农商行是由辖区内农民、农村工商户、企业法人和其他经济组织发起成立的股份制地方性金融机构。同时，城市商业银行开始引入战略投资者，引进先进经营管理理念、经营方式和好的产品，重组改制或公开上市，提高市场竞争力。

1.1.2 商业银行经营管理的理论沿革

银行管理理论的演变主要经历了3个阶段：早期的资产管理理论；20世纪60年代以后逐步发展起来的负债管理理论；20世纪70年代末至80年代初形成的资产负债管理理论。

1.资产管理理论

资产管理理论认为，银行负债是由客户决定的，银行的收入取决于银行的资产管理水平。该理论比较关注资产的流动性，但随着人们对银行经营认识的提高，资产管理理论在资产运用方面也取得了一些进步和发展。资产管理理论产生于商业银行建立初期，直到20世纪60年代以前商业银行一直遵循这种管理理念。资产管理理论的演进经历了3个发展阶段。

（1）商业贷款理论。该理论认为，银行的流动性来自于资产的短期性和自偿性。商业银行应将资产用于短期贷款，而这种贷款可以在正常的商业周转中得到偿还，因此商业银行的流动性就有了保障。商业贷款是以商业行为为基础，以商业票据作依据，具有自偿性，所以也叫"真实票据理论"。该理论的局限性在于：首先，流动性并非完全来自于资产的短期性。在正常的经济循环中，短期、自偿的（商业）贷款可能具有较强的流动性，但在经济衰退时，存货和应收账款的周转率下降，企业就难以偿还到期贷款，因此银行的流动性就得不到保障。其次，该理论没有考虑银行存款的相对稳定性。即使是活期存款，也会有相当一部分资金沉淀，存款的稳定性使得银行可以把短期存款用于发放期限适当长的贷款，而不会造成银行的流动性不足。

（2）资产转换理论。资产转换理论认为，银行能否保持资产流动性的关键在于资产的变现能力。如果银行持有的资产可以在短期内转让或出售给其他贷款者或投资者而变成现金，银行就能保持其资金的流动性。转换就是指银行所持有的资产可以通过市场转换为现金资产。若银行贷款不能获得清偿，该贷款就可转让给中央银行，或者把贷款抵押品在市场上出售变现。只要银行持有可供出售的资产，银行就能够满足其流动性的需求，此外，只要中央银行随时愿意再贴现商业银行持有的未到期票据，整个银行系统就能保持较好的流动性。在资产转换理论的影响下，银行资产范围明显扩大，业务经营也更加灵活。该理论的缺陷在于片面强调资产的转换能力，忽视了证券和资产的质量。同时，该理论还忽略了金融市场运行出现问题时的不利情形，也就是金融市场的流动性蒸发，市场流通性大幅度下降。

（3）预期收入理论。预期收入理论认为：银行资产的运用应以未来的收益为保证。如果未来收益没有保证，即使是运用于短期商业性贷款和可转让的证券，也会造成经营风险；如果未来收益有保证，则可以进行长期贷款和投资。预期收入理论产生于第二次世界大战以后，当时西方国家的经济已逐渐从战争中恢复过来，开始了高速发展。经济的发展带动了资金需求的多样化，需求量也大幅度上升，不仅需要增加短期资金，而且产生了以固定资产投资和设备更新为主的长期性资金需求。因经济的发展带来了工资水平的提高，人们为了提高生活质量，逐渐接受了负债消费的观念。当时的客观环境为银行打破传统的贷款方法，按用途和期限贷款以及开拓新业务领域奠定了经济基础。

2.负债管理理论

随着银行经营内部和外部环境的变化，银行的管理观念也发生了相应的变化，从被动接受负债转向主动管理负债。负债管理理论正是在这种背景下产生的。

（1）存款理论。严格地说，存款理论还不是真正意义上的主动性负债管理理论，因为它并没有脱离传统资产管理理论的思想范畴。该理论认为，存款是银行最重要的负债来源，是银行经营活动的基础，但存款是被动的，由存款人所决定的，银行应该按照客户的意愿组织存款，并根据存款的状况安排贷款，以贷款的收益为参考支付存款利息。这个理论的主要特点是坚持银行经营的稳定性和安全性，不赞成盲目地发展资产业务。

（2）购买理论。与存款理论不同，购买理论则强调银行应该主动地创造负债（购买负债）。由于银行资产缺乏流动性，该理论强调通过积极负债来创造流动性以支持资产扩张；主张银行可以发行债券，开发和推广创新型金融产品，从而扩大负债业务的范畴。在购买负债过程中，银行可以积极主动地运用多种策略吸引客户，如价格策略、服务策略等。当然，积极负债需要与稳健经营相结合，否则扩张过快也可能出现问题。

（3）销售理论。销售理论产生于20世纪80年代，当时金融创新不断涌现，金融监管有所松动。这种理论认为，银行不应局限于提供资金服务，从金融产品促销的角度看，银行推出的每一种产品就是一项服务。该理论认为，商业银行应改变传统的银行经营理念，提供个性化服务，要求银行必须适应客户的多元化金融需求，并根据客户需求设计和开发新的金融产品。

3.资产负债管理理论

资产负债管理理论也称资产负债全面管理理论，产生于20世纪70年代末80年代初。这一理论认为：资产管理理论过于注重流动性和安全性，忽视了效益性；负债理论比较好地解决了"三性"之间的矛盾，但过多的负债经营又会给银行带来更大的经营风险。因此，必须对资产和负债进行综合管理，通过对资产与负债结构的调整，达到总量平衡、结构合理、"三性"协调发展。这一理论的产生是银行管理理论的一大突破，它为银行乃至整个金融业带来了稳定与发展。

1.2 商业银行的经营模式与职能

1.2.1 商业银行的经营模式及发展

商业银行业务发展和功能作用的发挥与银行经营模式密切相关，而银行经营模式又随着经济发展水平提高、科学技术进步、金融制度创新、金融监管法规制度变化有所改变。在商业银行的长期发展过程中，分业经营模式和混业经营模式是最主要的两种模式，我国商业银行也是围绕这两种经营模式改革发展的。

从世界各国商业银行业务经营的发展过程来看，商业银行大致可分为业务分离型和业务全能型两种。与之相对应的银行经营模式分为分业经营模式和混业经营模式。前者以英国银行为代表，后者以德国银行最典型。

1.分业经营模式

分业经营模式是将商业银行业务和投资银行业务截然分开，不允许一家银行同时混合经营两类银行业务。商业银行不准进入投资银行的领域，投资银行也不许进入商业银行的领域。

实行分业经营的商业银行，深受经济理论上的商业贷款论或实质票据论的影响，负债业务以吸收短期存款为主，资产则集中于短期自偿性贷款。

英国的商业银行是实行分业经营模式的典型代表，美国和日本等国的商业银行也在相当长的时期内采用这种模式。

从历史上看，英国的商业银行在长期竞争中形成了自律性短期资金融通、专业分工明确的经营特征，其资产业务多集中发放基于商业行为而能自动清偿的自偿性贷款，而且商业银行的类别较多，相互分工补充。

英国商业银行系统包括三类机构：存款银行、清算银行、票据贴现承兑机构。存款银行是其主要形式，它们可以吸收存款，发放短期贷款。清算银行是指在英国清算委员会中获得席位的存款银行，它们能够自行办理资金清算业务。那些没有席位的银行只有通过一家清算银行作为代理人。票据贴现承兑机构主要是指贴现所和承兑公司。贴现所是专门从事票据贴现业务的金融机构，作为存款银行与工商企业之间以及存款银行与英格兰银行（英国的中央银行）之间的中介人。一般的情况是，当工商企业需要资金时，便拿自己持有的未到期的票据向贴现所要求贴现。贴现所资金短缺时，它们就用这些票据向存款银行要求贴现。

存款银行资金短缺时，可以向英格兰银行要求再贴现。承兑公司专门从事汇票承兑，汇票经承兑公司承兑以后极易向贴现公司进行贴现。这样就形成了一类机构办承兑、一类机构做贴现、一类机构专司存贷款的商业银行系统。这种安排使短期业务专门化了，分散了风险，提高了效率。英国商业银行采取这种经营模式与英国长期处于世界工业强国、国际贸易大国和拥有众多殖民地的地位密切相关。

英国资本原始积累相当充分，企业自有资金率高，不需要向银行筹集长期资金。英国国际贸易、海运、结算和国际货币中心的地位也促成其商业银行短期和专业分工的经营特征。值得一提的还有，英国商业银行经营特征不是法律强制的结果，而是商业银行进行自律性业务限制和中央银行道义说服的结果。英格兰银行对各金融机构之间关系的调节，使用较多也是最有效的方法是道义说服和君子协定。直到1979年，英国才有一个较为全面和正规的银行法。

美国商业银行的分业经营模式与英国不同，它有着完善的分业经营的法律和理论。

在很早以前，美国就有禁止银行从事风险类证券投资的法律规定，如《1864年国民银行法》不允许国民银行进行普通股票的承销和交易，《1913年联邦储备法》对成员银行作了类似的限制，致使美国早期商业银行只从事比较单纯的银行业务，即接受存款、发放贷款、开办相关结算和汇兑类中间性业务。

1929—1933年的经济大危机给美国银行业以致命打击，为了提振公众对商业银行体系的信心，美国制定了相应的法律和制度，重构银行体制。1933年，美国国会通过了《1933年银行法》，即《格拉斯–斯蒂格尔法》。该法确定了将银行业务与股票证券业务明确分开，由商业银行和投资银行分别承担，商业银行不得进行代理证券发行、股票证券包销和分销、证券经纪等属于投资银行的经营活动；同时任何从事证券投资业务的银行，也不得在经营证券活动的同时开办支票存款、存单存款和贷款等属于商业银行的业务。《1933年银行法》被称为"格拉斯–斯蒂格尔隔火墙"，是重构美国金融体制的里程碑，使美国整个金融体系在新的秩序环境中健康运转。不过，美国的分业经营是一种范围较宽的分业经营，商业银行的业务范围十分广泛。

2.混业经营模式

混业经营是一种侧重追求范围经济效益的银行经营模式，不区分银行业务与证券业务和信托业务，银行可以全面经营各种金融业务。实行这种经营模式的银行的最大特点是不实行商业银行业务与投资银行业务的严格区分，是综合性、全能型银行。

德国银行业的混业经营模式是德国银行体制最突出、最重要的特征。全能型银行或全能服务银行，是一种具有极高渗透扩张功能和业务范围经济的全能银行制度。它们不仅开办传统的存贷款业务，还从事投资新兴企业、证券包销和代理买卖、租赁、信托业务，甚至还从事不动产和保险业务。德国的综合性银行包括三大类：商业银行、合作银行和公营储蓄银行。这三类银行业务量很大，约占全部金融机构业务总量的75%。

德国银行混业经营的综合性特征，并不是德国银行业有意识追求业务范围效率的结果，而是与德国工业经济的发展历程有关。19世纪30年代，英国的工业革命已经基本完成，但德国刚开始进入工业革命时代。19世纪70年代后，德国工业化进程十分迅速，建成许多大股份制企业。大工业的迅速发展，一方面对资金产生大量需求，另一方面社会资金积累薄弱，证券市场落后，缺乏个人投资基础，工商业自有资金率低，客观上形成了对银行和政府在资金上的严重依赖。政府面对国际竞争环境的巨大压力，以及奋起直追的强烈愿望，鼓励银行向工商业提供长短期资金和全方位服务。这使得德国现代银行一开始就没有余地作为传统意义上的商业银行发展，而只能是长短期业务并重、银行业务与证券业务兼营。综合性银行在德国经济工业化阶段对经济起到了极大的促进作用。

在1929—1933年的世界性经济大危机和第二次世界大战中，德国的金融危机暴露出综合性银行的弱点。但是，德国没有简单地否认综合性银行制度，而是采取了一些制度性措施加以调整。一方面，政府采取了严格的金融监管措施；另一方面，商业银行采取债权转投资或股权的方式，将无法偿还的贷款转化为银行的投资或控股权。用这种方式，德国银行业在20世纪30年代的经济大危机中挽救了许多濒临倒闭的企业。在第二次世界大战后，德国银行又以大量长期贷款和直接投资的方式协助工业复兴，使银行与工业企业的关系进一步密切。

3.分业经营模式与混业经营模式的比较及发展

分业经营模式与混业经营模式在银行业的长期发展过程中都被采用过，都有成功与失败的案例，各有利弊，很难说谁好谁不好。

分业经营模式的主要优势在于：

（1）有利于提供专业化的业务和培养专业化的管理人才。比如，一般证券业务要根据客户的不同要求，不断提高其专业技能和服务质量，而商业银行业务则更注重于与客户保持长期稳定的关系。

（2）有利于银行业内部协调管理。分业经营为每种业务发展创造了一个稳定而封闭的环境，避免了各机构可能出现的竞争摩擦、内部协调困难问题。

（3）有利于银行业安全、稳健经营。分业经营有利于阻止商业银行将过多的资金用在高风险的活动上，保证商业银行自身及客户的安全。

分业经营模式的不足之处主要有：

（1）不利于金融业的充分竞争。分业经营模式下以法律形式规定的每种机构业务相分离的运行系统，使得各类金融机构难以开展必要的业务竞争，更不利于银行进行公平的国际竞争。

（2）不利于金融业资源共享。在分业经营模式下，商业银行和证券公司缺乏优势互补的平台，证券业难以利用、依托商业银行的资金优势和网络优势，商业银行也不能借助证券公司的业务来推动本身业务的发展，不利于发挥范围经济作用。

混业经营模式的主要优势在于：

（1）有利于发挥规模经济与范围经济的作用。混业经营模式下，银行从事商业银行业务和证券业务，可以使两种业务相互促进，相互支持，做到优势互补，银行拥有规模经济与范围经济带来的成本优势、利益与竞争优势。

（2）有利于加强银行业的竞争。实行混业经营，任何一家银行都可以兼营商业银行与证券公司业务，这样便加强了银行业的竞争，有利于优胜劣汰，提高效益，促进社会总效用的上升。

（3）有利于分散和降低金融风险。银行混业经营，开展全面、综合的银行业务，可以使其业务多元化，实现资产的最优组合，达到分散风险的目的。银行在某一方面出现的亏损，可由其他方面的盈利来弥补。混业经营有利于金融机构内部风险的相互转移和分散，从而降低风险。混业经营使银行充分掌握企业经营状况，降低贷款和证券承销的风险。

混业经营模式的不足主要有：

（1）容易导致金融业的垄断，可能会影响公平竞争。

（2）存在比较严重的风险传染。混业经营的银行，一种业务发生风险，可能会传染给其他业务，风险累积后，可能会导致银行的破产倒闭，后果更为严重。

（3）加大了监管难度。混业经营集经营多种业务于一身，经营管理的透明度较差，不利于有效监管。

4.银行经营模式的发展历程及趋势

从世界主要国家银行业分业与混业经营模式的发展历程来看，大体经历了"初期低层次的混业经营—较为严格的分业经营—较高层次的混业经营—重新定位的混业经营"的过程，这同时也反映出银行混业经营模式确实比分业经营模式有更多的优势，它代表着未来金融业发展的方向，是一种必然趋势。

（1）初期低层次的混业经营。从现代资本主义银行产生到1933年之前，无论是出于有意还是无意，银行大都实行混业经营。但是，这期间的业务仍然以银行业务为主，证券类业务为辅。以德国、美国为代表的银行混业经营都处于较低层次。

（2）较为严格的分业经营。英国银行业较早实行自律性分业经营，强调短期资金融通和专业分工，是分业经营模式的代表。但是，以法律形式规定银行分业经营的典型则是美国，此外还有日本等国家。1929—1933年的经济大危机给美国银行业以重创，引发美国对此前银行"模糊混业"经营模式的反思。1933年通过的《格拉斯-斯蒂格尔法》规定，商业银行、投资银行、保险业分业经营，确定了分业经营的法律框架，形成了较为严格的分业经营模式。这一制度后来被日本等国家效仿，并一直实行到20世纪90年代。

（3）较高层次的混业经营。随着金融自由化和金融创新的发展、金融监管制度的改革、科学技术的进步，银行分业经营的局限性日益暴露，而混业经营的优势愈益明显。

从20世纪80年代开始，英国、日本、美国等国都进行了不同程度的金融改革，试图打破分业经营的限制。到20世纪90年代，从整个世界范围来看，银行业已经进入了较高层次的混业经营阶段。从20世纪80年代中期开始，英国银行业在竞争中从专业分工经营走向混业经营，最突出的表现是银行业进入证券业和保险业领域。

以1986年10月27日伦敦证券交易所进行大规模改革（Big Bang）

为标志，银行开始进军证券领域，开展证券业务。20世纪80年代末，英国清算银行开始进入保险业的零售业务领域，并得到迅速发展，银行提供的保险业务种类多、水平高。

与此相适应，英国率先改革金融监管模式，实行统一金融机构下的功能性监管。1997年，英国成立了金融服务管理局（FSA），逐步统一管理银行业、证券业和保险业，实现了混业管理。

日本从20世纪80年代初开始推进金融自由化；1993年实施金融制度和证券交易制度的改革，进一步放松银行经营证券业务的限制；1996年提出"金融大爆炸"，全面改革证券市场，放松对银行业的管制，开启了银行混业经营新阶段。美国银行业从20世纪70年代就受到金融创新带来的证券业和保险业的竞争压力，不断寻求新的改革突破，但都受到分业经营的法律限制。于是商业银行向政府施压，要求重新审视《格拉斯-斯蒂格尔法》，以使商业银行进入证券市场领域，提高银行业务范围经济效率。在实践上，银行业也从理性的分业经营转向混业经营。1999年11月，美国国会通过了《金融服务现代化法案》，废除了分业经营模式，承认了美国金融业混业经营的现实。

（4）重新定位的混业经营。由2007年美国次贷危机引发的全球金融危机对全世界经济、金融产生了深刻影响。正是这场危机，启示人们对1999年美国《金融服务现代化法案》颁布后实施的银行混业经营进行重新审视。美国21世纪以来的金融变革模式受到了全世界的质疑，美国率先深度反思并重新定位自己的金融体系。2010年7月，美国国会通过了新的金融改革法案，其核心思想是通过规制约束过度投机行为，降低银行风险，部分回到"分业经营和监管"的体制。美国的这一改革引起世界各国金融界的高度关注，并作出相应调整，对混业经营加以必要的限制。

1.2.2　商业银行的职能

商业银行的职能是指商业银行能够满足社会经济发展和公众对金融服务需求而发挥的有利作用。商业银行在现代经济中具有以下主要职能：

1.信用中介

信用中介职能，是指商业银行充当社会的信用中介，通过负债业务（如存款业务）把分散在社会经济当中的各种闲置的货币资金收集汇聚起来，再通过其资产业务（如贷款业务）将汇集的资金贷放到国民经济的各个需要资金支持的部门。在这一存一贷的过程中，商业银行实际上充当了资金闲置者和资金短缺者之间的中介人，从而为资金从资金闲置者流向资金短缺者架起了一座沟通的桥梁，这就加强了货币资金借入者和贷出者的信用联系，克服了直接借贷的局限性，使借贷行为在当事人各方对借贷数量、借贷期限、利息要求、信誉状况等互不了解的情况下得以完成，进而使社会的资源得到优化配置，社会闲散资金的潜力得到挖掘与发挥，社会总资本的运用效率得到很大的提高。信用中介是银行的基本职能。

2.支付中介

支付中介职能，是指商业银行在经营活期支票存款账户的基础上，为客户办理签收和支付支票、货币结算、收付、兑换，以及电汇资金等业务的职能。商业银行是社会的支付中心，是国民经济的总出纳和"公共簿记"，在经营活动中充当着工商企业、社会团体、个人等的货币保管者、出纳者和支付代理人的角色。商业银行在办理支付过程中，由于广泛使用支票和先进的结算支付工具，不仅减小了现金支付的不便和风险，节约了流通费用，还增加了自己的利润来源，而且加快了货币资金结算与周转的速度，从而大大提高了资金的使用效率。

3.信用创造

信用创造职能是在商业银行信用中介职能和支付中介职能的基础上发展起来的。信用创造的含义归纳起来表现在两个方面。一方面，随着信用制度的发展，商业银行在银行信用的基础上创造了可以代替货币的信用流通工具（如支票），这种信用流通工具可以代替现实货币流通，从而扩大了社会的信用总量；另一方面，商业银行能够在支票广泛流通和实施转账结算的条件下，进行存款货币的创造，从而在货币供给机制中发挥重要作用。具体来说，商业银行吸收到存款后，按照规定向中央银行交纳一定的法定存款准备金，余下的存款就会成为放款资源，客户在收到贷款后，这些贷款或者作为消费、投资款项，或者作为其他支付，最终这些贷款会转变成其他人的资金，这些资金于是会被存入另一家银行，另一家银行在交纳存款准备金后又会把剩余款项贷放给客户。如此循环下去，当初的那笔原始存款就会在整个国民经济体系中形成数倍于原始存款的派生存款，这就是商业银行的存款货币的创造。商业银行并不能无限制地进行信用创造，其信用创造能力受到一系列因素的影响，如原始存款额、法定存款准备金率、放款付现率、贷款有效需求及定期存款准备金率等因素的影响，中央银行的货币金融政策也正是通过调整这些比率的大小来实现对商业银行的监管。银行的信用创造职能对于社会经济发展具有极其重要的意义，当社会货币需求旺盛时，商业银行可以加大信用创造的力度，扩大社会的货币总供给量，满足投资、消费的需要，促进经济的发展；当社会处于通货膨胀的状态时，商业银行可以减小信用创造力度，减少社会货币总供给，从而保持货币币值稳定，抑制通货膨胀。由于银行的信用创造职能通过调整社会资金总量可以对货币币值、利率水平、社会投资、价格水平、国民生产总值等重要经济变量产生重要影响，因此商业银行在国民经济中占有极其重要的地位，从而商业银行也成为金融监管机构的重点监管对象。

4.提供金融服务

金融服务职能是指商业银行利用其提供的信用中介和支付中介服务，凭借自身的优势，如社会联系面广、信用可靠、信息灵通、装备先进，掌握了大量的市场信息和经济信息等，借助电子计算机、互联网等技术和手段，为客户提供全方位、多角度的金融经济信息服务，如信息咨询、决策支持、自动转账、保管箱、代发工资、代收水电费等各种费用的支付、代理买卖有价证券等。

商业银行发挥这种服务职能，既是现代经济生活多样化、企业经营环境复杂化的客观要求，也是银行间及银行与各种金融机构间市场竞争的结果。服务水平的高低、服务能力的强弱，已成为衡量商业银行竞争力的重要尺度。随着信息科学技术的飞速发展，商业银行的金融服务职能的作用也越来越重要。

1.3　商业银行的组织结构

商业银行功能的发挥与其组织结构密切相关，不同的组织结构发挥着各自的功能，满足不同时期社会公众的不同需求。商业银行组织结构是指商业银行的基本架构，是对完成银行组织目标的人员、工作、技术和信息所作出的制度性安排，是银行功能和效率的统一体，也是实现银行经营战略和经营目标的组织保证。一般把商业银行组织结构分为外部组织结构和内部组织结构。银行功能的发挥、规模的大小和政府对银行业的监管要求都对商业银行组织结构的形成产生影响。

1.3.1　商业银行的外部组织形式

商业银行的外部组织形式是指商业银行在社会经济生活中的存在形式，是商业银行机构在空间上的分布和管理层次。从世界范围来看，主要有以下几种类型：

1.分支行制

分支行制又称总分行制，是指法律允许商业银行除总行之外，在本地区及跨地区普遍设立分支机构的银行组织制度。总行一般设在大城市或中心城市，所有分支机构归总行领导。这种组织制度起源于英国的股份制银行。目前世界上大多数国家都采取这种组织形式。我国绝大多数商业银行也采取分支行制。分支行制按管理方式不同，又可进一步划分为总管理处制和总行制。总管理处制是指总行只负责管理、控制各分支机构，本身不对外办理业务，总行所在地另设分支机构对外营业。总行制是指总行除管理、控制各分支机构以外，本身也对外营业、办理业务。总行制按对属下分支机构的管理制度不同，又分为三种类型：直属型、区域型、管辖行型。直属型，即所有的分行都直属总行，归总行直接管辖、指挥、监督。区域型，即把所有分支机构划分为若干区，每区设一区域行作为管理机构，不对外营业，其任务是代表总行指挥、监督区域内所属各分支行，各分支行则直接对区域行负责，服从区域行的指挥和管理。管辖行型，选择各分支行中地位较重要的行为管辖行，与区域行相似的是它代表总行管理、监督所辖的分支机构，但它也对外办理业务。上述三种类型彼此是可以交叉的。就某一较大规模的银行来讲，可根据实际需要，在其组织结构中同时采用上述三种类型。实行分支行制的国家，商业银行的数量一般都比较少，几家、十几家到几十家不等，但分支机构却很广泛，分布在国内外各地，形成一个疏密有序的庞大银行网络。这种分布广泛的机构网点，对商业银行扩大业务覆盖面，实行综合性经营是一种重要的组织保证。

分支行制的优点在于：①分支机构网点多、分布广，有利于吸收存款，调剂和转移资金，提高资金的使用效率；同时，由于贷款和投资范围广泛，风险易于分散，提高了银行经营的安全性。②经营规模大，服务范围广，易取得规模经济效益，有利于降低单位业务的成本。③内部工作可以实行高度的分工，利于培养专业化人才、提高工作效率。④有利于采用现代化设备，提供方便的金融服务。⑤由于银行的总数较少，便于金融当局的宏观管理。

分支行制的缺点是：①容易造成金融垄断，有碍市场的公平竞争。②从银行内部管理角度看，由于分支机构多，总行统一管理难度较大。③商业银行在对企业的资金支持上，总行的政策易倾向于城市里规模大的企业，不利于地方经济的发展。

2.单一银行制

单一银行制又称独家银行制或单元制，是指银行业务由各自独立的商业银行经营，不设立或不许设立分支机构的银行组织制度。银行通过一个网点提供所有的金融服务。单一银行制在美国最为典型。这是由美国的特殊历史背景和政治制度决定的。美国是各州独立性较强的联邦制国家，历史上各州经济发展很不平衡，尤其是东西部差距显著。为了促使经济均衡发展，鼓励中小企业成长，各州都采取了银行立法来限制金融权力的集中，禁止或限制开设分支机构，特别是禁止跨州设立分支机构。第二次世界大战以后，美国有关当局对商业银行跨州设立分支机构的限制经历了逐渐放松的过程，直到1994年9月，美国国会通过《跨州银行法》，允许商业银行跨州设立分支机构，打破了单一银行制的法律限制，从而事实上结束了对银行经营地域的限制。由于历史的原因，至今美国的一些地区的商业银行仍采用单一银行制。

单一银行制的优点主要有：①限制银行业垄断，有利于银行市场竞争。②银行在当地设立机构，有利于与地方政府联系，可集中尽可能多的资源服务于本地区，促进地方经济的发展。③银行独立性和自主性大，经营较灵活。④银行规模小，组织比较严密，管理层次少，易于管理。

单一银行制也有明显的缺点：①银行不设立分支机构，这与经济的外向发展和商品交换范围的扩大存在矛盾；同时，在电子计算机广泛应用的条件下，其业务发展和金融创新受到限制。②银行业务主要集中于某一地区或某一行业，易受经济发展状况波动的影响，风险集中。③银行规模较小，经营成本高，不能取得规模经济和范围经济效益。近年来，我国新发展起来的村镇银行和小额贷款公司就是采取单一银行制的组织形式。

3.银行控股公司制

银行控股公司制是指由一个企业集团成立控股公司（一般称为银行控股公司），再由该公司控制或者收购若干银行的组织制度。在法律上，被控股的银行仍然保持各自独立的地位，但其发展战略和业务经营政策却由同一控股公司所控制。这种组织形式是商业银行突破金融管制的一种组织创新。银行控股公司业务范围广，能够扩大资产负债规模，有利于增强竞争实力，提高抵御风险的能力。但是如同分支行制一样，银行控股公司容易形成集中和垄断，在一定程度上阻碍银行业的发展。在美国，银行控股公司在第二次世界大战以前就已经存在，但是大规模发展是在20世纪70年代至80年代。银行控股公司发展的基本原因是绕开监管当局对商业银行开设分支机构的限制。最初银行控股公司只表现为单一银行控股公司，后来单一银行控股公司跨州设立分支机构，从事出售债务证券等业务活动，逐步向多元银行控股公司发展。

至20世纪90年代后期，由于银行业并购浪潮的兴起，银行控股公司又有了进一步发展。美国国会于1999年11月4日通过了《金融服务现代化法案》，允许建立商业银行、证券公司、保险公司和其他金融机构之间联合经营的金融体系，以加强金融服务业的竞争、提高效率。银行控股公司已成为美国金融产业中最重要的组织形式，各类银行控股公司已拥有全国银行存款与投资的80%以上。银行控股公司事实上已经成为金融业混业经营的大本营，标志着美国的金融业进入了全能化时期。不过，2008年金融危机之后，人们又对全能银行模式进行了反思。

为了顺应全球范围内的混业经营发展趋势和并购浪潮，我国的银行控股公司也有了较快发展，如工、农、中、建、交五大银行都成立了各自的银行控股公司，中信集团、光大集团、招商局集团、平安集团等集团旗下的银行控股公司更为活跃。这些银行控股公司都实行综合经营，办理银行、证券、基金、保险、信托等多种业务。

4.连锁银行制

连锁银行制又称联合制，是指由某个人或某一集团通过购买若干家独立银行的多数股票，或以其他法律允许的方式取得对这些银行的控制权的一种组织制度。在连锁制下，被控银行在法律上是独立的，但其所有权和业务经营掌握在控制这些银行的个人或集团手中。连锁制与控股公司制性质相近，但连锁制不是以控股公司的形式存在。这种银行组织形式往往以大银行为中心，确定银行业务模式，形成集团内部联合，其垄断性强，有利于统一控制，投资于大型企业、事业单位，以获得高额利润。但事实上由于受个人或某个集团的控制，又不易获取银行所需的大量资本，不利于银行的发展。因此，许多连锁制银行转化为分支行制银行，或组成控股公司。当前国际金融领域的连锁制银行主要是由不同国家的大商业银行合资建立的，主要目的是经营欧洲货币业务以及国际资金存放业务。在国际上，这种国际连锁制也可以称为跨国联合制。

1.3.2 商业银行的内部组织结构

股份制商业银行的内部组织结构是指商业银行总行的内部管理机

构和经营部门的设置，直接体现商业银行的公司治理情况。由于大多数商业银行是股份有限公司，所以其内部组织结构主要由三部分组成，即决策机构、执行机构、监督机构。

1.决策机构

股份制商业银行的决策机构主要包括股东大会、董事会及董事会以下设立的各种专门委员会。

（1）股东大会。股东大会是商业银行的权力机构，由全体股东组成。股东大会依法对银行重大事项作出决策，包括决定银行的经营方针和投资计划，审议批准董事会工作报告、监事会工作报告、提名方案、年度财务预决算方案、利润分配方案，修订银行章程及股东大会、董事会和监事会议事规则等。

（2）董事会。董事会是商业银行的决策机构，对股东大会负责。它由执行董事、非执行董事和独立董事组成。其职责主要包括：执行股东大会的决议，决定银行的经营计划、发展战略和投资方案以及股东大会授权的其他事项等。董事会一般不直接参与银行的经营，而是授权给银行的高级经营管理层。

（3）各种专门委员会。为了贯彻董事会的决议，履行董事会的职责，在董事会下设立一些专门委员会，以协调银行各部门之间的关系，定期或不定期地召开会议研究处理某些问题。主要的委员会有战略委员会、提名委员会、薪酬委员会、审计委员会、风险管理委员会、关联交易控制委员会、社会责任委员会等。

2.执行机构

股份制商业银行的执行机构是以行长为中心的业务经营管理体系，由高级经营管理层、业务和职能部门、分支机构组成。高级经营管理层由行长、副行长、首席财务官、首席信息官、首席风险官、公司业务总监等组成，负责组织银行的经营管理活动。行长是商业银行的行政总负责人，是银行内部的首脑。其主要职责是执行董事会的决定，组织银行的各项业务活动，负责银行具体业务的组织管理，对董事会负责。各职能部门、分支机构以及其他高级经营管理层成员对行长负责。商业银行的内部机构（业务和职能部门）可以分为直线式业务部和参谋式职能部两大类。直线式业务部是直接与银行经营项目有关的部门，如贷款部、存款部、国际业务部等。参谋式职能部主要负责内部事务的管理，如会计部、人力资源部、公关部等。商业银行的分支机构是业务经营的基层单位。在分支行制中，分支行还可以设立专业职能部门和业务部门，以完成上级行下达的经营任务。

3.监督机构

股份制商业银行的监督机构是银行的监事会及其下设的专门委员会。监事会由股东大会选举的监事组成，对股东大会负责。监事会负责对银行财务活动、风险管理和内部控制、董事会和高级经营管理层及其成员履职尽责情况进行监督。监督委员会是监事会下设的专门委员会，主要负责对银行财务活动进行检查监督，对董事、行长和其他高级管理人员进行离任审计，对经营决策、风险管理、内部控制等进行审计等。

由于各国银行体制不同，经营环境、民族习惯不一样，商业银行的内部组织结构也不一致。即使在同一国家，由于商业银行的产权形式和规模大小不同，各个银行的内部组织结构也会有较大的差异。

在较长时期内，我国商业银行的内部组织结构基本上是按业务种类和产品来划分的，且内部组织结构设置还带有鲜明的机关模式特征。随着国有商业银行股份制改革的深化，其内部组织机构和经营管理机制也在发生变化，逐步向股份制商业银行内部组织结构的一般模式靠近。

专栏1-2 ▬▬▬▬▬▬▬▬▬▬▬▬▬▬▬▬▬▬

国有控股商业银行的上市安排

一、国有控股商业银行上市的主要流程

其流程主要为，先通过将国有独资银行改制为多元投资主体的股份有限公司，再通过将国有控股商业银行上市来实现商业银行的股份制改革。在上市过程中大多会引入多元化的投资主体，进行资产重组改制，然后实现上市。

二、国有控股商业银行上市的可操作模式

操作模式可以分为整体上市、分拆上市、联合上市、借壳上市及买壳上市四种。

（一）整体上市模式

整体上市模式是指每一家国有银行分别以其整体资产进行重组改制为股份制商业银行，然后以商业银行总行的名义上市，其中深圳发展银行、上海浦东发展银行和招商银行都是按照这一模式上市的。此模式操作较简单，又保持了国有运营的完整性，使得筹措的资金能有效地在全行范围使用，但是，此模式对上市主体的资产质量、财务指标都有较高要求。

（二）分拆上市模式

分拆上市模式分为业务分拆、地区分拆、跨境分拆。业务分拆即把国有商业银行的一部分业务进行改组、成立子公司而后上市；地区分拆是国有控股商业银行将金融发达地区的分行从同一法人主体中分离出来，用于组建股份有限公司，然后进行上市，而原国有商业银行总行继续存在并依照持有的股份数额对上市银行行使相应的股权；跨境分拆是将国有商业银行在境内外拥有的子公司、互认的分支机构等上市，此模式可以单独采用，也可以与前两种模式共同采用。

分拆上市模式最大的缺点是会造成上市部分和未上市部分的业务隔断，从而出现费用成本核算、利润分配等问题。例如，交通银行分拆其全资附属子公司交行国际在香港上市，其中90%为国际发行，仅10%在香港发行。再如中国银行子公司中银航空租赁在香港上市，上市后中国银行仍持有60%的股权。

（三）联合上市模式

联合上市模式是指同一地区的几家国有控股商业银行联合新建一家股份制上市商业银行进行上市。这种模式有利于减少区域竞争和行政干预，但组织实施较为困难，资金往来有利益冲突，使其难以取得协同效应。例如，江苏银行是在江苏省内无锡、苏州、南通等10家城市商业银行的基础上合并重组而成的现代股份制商业银行，开创了地方法人银行改革的新模式。

（四）借壳上市及买壳上市模式

借壳上市是指不直接挂牌上市而是通过与境内外另一家上市公司的特殊关系来达到上市的目的，例如，通过资产、业务注入、控股等方式实现。买壳上市是指国有商业银行收购境内外上市公司部分或全部股权以取得上市资格，通过注入资产实现上市。例如，中国工商银行收购了友联银行，将其香港分行的业务注入，并将其更名为中国工商银行（亚洲）有限公司，通过"买壳"实现部分上市。

1.4 商业银行的经营原则

正是商业银行经营的高负债性、高风险性和外部监管的高度严格性，决定了商业银行在业务经营过程中一定要遵循适当的经营原则。根据商业银行业长期经营管理的经验总结，可将商业银行的经营原则归纳为：安全性、流动性、盈利性，俗称商业银行的"三性"原则。"三性"是商业银行经营管理的核心与终极目标，商业银行的一切经营管理活动，都是围绕着"三性"原则展开的。

1.4.1 安全性原则

安全性原则是指商业银行在经营活动中努力避免和防止各种不确定因素带来的风险，确保资产的安全。这是商业银行经营活动的首要原则。

首先，商业银行采取的经营方式是负债经营，自有资本在其资金来源中所占比重较小，这就导致其承受风险的能力较低。一方面，资本金占资金来源的比率低使得银行面临更大的破产倒闭风险；另一方面，大量的负债导致银行在经营活动中随时面临着还本付息的巨大压力，一旦出现资金流动性差或银行盈利能力下降，便极易发生无法按时还本付息甚至存款人挤兑的风险。

其次，商业银行在经营过程中还会面临各种各样的风险，如利率风险、汇率风险、市场风险、信用风险、操作风险、技术风险、国家风险等。而要规避这些风险，需要商业银行在经营过程中注重风险的管理与防范，保障安全性。坚持安全性原则有利于银行减少资产和资本损失，增强预期收益的可靠性，也利于银行在公众中树立起良好的形象。要坚持安全性原则，商业银行就要做到在业务活动中确保其资产、收入、信誉以及所有经营的生存发展条件免遭损失，在整个经营管理过程中采取各种有效措施，将经营风险降到最低限度。

1.4.2　流动性原则

流动性是指商业银行在保持其资产不受损失的前提下，要保证资产能够随时变现，以随时应对客户提取现款和贷款的需求。流动性原则是指商业银行具有随时应对客户提现与满足必要的贷款需求的能力。当银行的流动性过低时，其资产的变现能力就变得很小，如果客户突然因为某种原因大量地提取现款或者要求银行为其提供贷款，那么银行此时根本无力满足客户的这种资金需求，银行的经营风险就会大大增加。当流动性过高时，表明银行持有较多的可随时变现的资产，如短期贷款和短期投资等，这时银行虽然能满足客户大量资金的需求，但是由于资产的变现能力越强，其盈利的能力就越小，因此流动性过高会加大银行经营的机会成本，银行的盈利性就会受到很大影响，甚至会因此发生亏损，故而保持适当的流动性是实现银行经营安全性和盈利性的重要保证。如果进一步划分的话，商业银行的流动性包含资产的流动性和负债的流动性两方面。其中资产的流动性是指银行资产在不受损失的前提下迅速变现的能力。负债的流动性是指银行能经常以较低的成本随时吸收各种存款和获得其他所需资金的能力。通常所说的流动性是指前者，即资产的变现能力。

1.4.3　盈利性原则

盈利性是指在商业银行的经营活动中实现利润最大化。这是商业银行经营的最终目的，也是商业银行生存和发展的基础。商业银行的盈利性原则源于其作为"经济人"的本质特征。盈利性原则不仅有利于商业银行充实资本金、扩大经营规模，并且有利于提高银行的竞争力。要贯彻盈利性原则，银行就要从增加收益与降低成本两方面同时采取措施。一方面，可以通过调整存款结构与加大优质客户贷款的发放实现利息收入的最大化，大力发展中间业务，提高手续费收入等。

另一方面，应减少内部无效资金占用，减少不必要的费用支出，采取一系列有效措施，如清收处置不良贷款等方法降低成本。

1.4.4　商业银行经营原则的相互关系

银行的"三性"原则贯穿于商业银行所有的经营管理活动中，它们之间存在着一种对立统一的辩证关系。

一方面，之所以说银行的"三性"经营原则是相互统一的，是因为"三性"的经营原则是一个不可分割的整体。一般来说，安全性是前提，只有保持银行的资金安全，才能为银行获得盈利打下基础；流动性是条件，只有保持银行资金较强的流动性，才能保障银行在急于需要现款的情况下不至于筹集不到充足的资金，这样流动性就进一步加强了银行的安全性，也间接地加强了银行的盈利性；盈利性是最终目的，商业银行之所以保持较高的安全性与较强的流动性，其最终目的就是为了提高银行的盈利性。

另一方面，安全性、流动性和盈利性之间也存在着矛盾的一面。安全性、流动性越高的资产，其盈利性越低，反之亦然。例如，银行的现金资产的安全性、流动性高，但其盈利性很低；中长期贷款的流动性和安全性较低，但其盈利性却较高。但是，商业银行的安全性与流动性之间常常呈现正相关关系，即它们之间的变动是同方向的。流动性较大的资产，风险就低，安全性也就较高。流动性较低的资产，风险较高，安全性也就较低。商业银行在经营活动当中，全面协调"三性"之间的关系，审时度势，既应照顾全面，又需有所侧重。

本章小结

1. 商业银行是市场经济的产物，它是为适应市场经济发展和社会化大生产的需要而形成的一种金融组织。银行管理理论的演变主要经历了3个阶段：早期的资产管理理论；20世纪60年代以后逐步发展起来的负债管理理论；20世纪70年代末至80年代初形成的资产负债管理理论。

2. 商业银行的经营模式可以大致分为分业经营模式和混业经营模式两种。前者以英、美银行为代表，后者以德国银行为代表。两种经营模式各有利弊，只有符合本国经济金融发展实际需要的模式才是最适宜的。商业银行的职能主要包括：信用中介职能、支付中介职能、信用创造职能以及提供金融服务职能。

3.商业银行组织制度包括外部组织形式与内部组织结构。前者有分支行制、单一银行制、银行控股公司制和连锁银行制4种类型；股份制商业银行的组织结构包括决策机构、执行机构、监督机构3个部分。

4.商业银行的经营目标是追求自身利润最大化，但从长期来看，追求企业价值最大化才是商业银行经营的最终目标。商业银行的经营原则是安全性、流动性和盈利性，要求商业银行既要追求自身盈利，又要注重社会效益。

综合训练

1.1　单项选择题

1.（　　）是中国人自办的第一家银行。

A.中国通商银行　　　　　　B.中国银行

C.中国农业银行　　　　　　D.中国工商银行

2.商业银行最基本、也是最能反映其经营活动特征的职能是（　　）。

A.支付中介职能　　　　　　B.信用中介职能

C.信用创造职能　　　　　　D.金融服务功能

3.商业银行把资金从盈余者手中转移到短缺者手中，使闲置资金得到充分的运用，这种职能被称为商业银行的（　　）职能。

A.信用中介　　　　　　　　B.支付中介

C.信用创造　　　　　　　　D.金融服务

4.银行业务完全由各自独立的商业银行经营，不设或限设分支机构，这种银行制度称为（　　）。

A.单一银行制　　　　　　　B.分行制

C.连锁银行制　　　　　　　D.银行持股公司制

5.（　　）是实行单一银行制的国家。

A.中国　　　　　　　　　　B.英国

C.美国   D.日本

1.2 多项选择题

1.我国商业银行实行的是（　　　）模式。

A.分业经营   B.综合经营

C.分业管理   D.综合管理

E.混业经营

2.商业银行的职能包括（　　　）。

A.信用中介职能   B.支付中介职能

C.信用创造职能   D.金融服务功能

E.商品流通功能

3.商业银行外部组织形式包括（　　　）。

A.单一银行制   B.分支行制

C.银行持股公司制   D.连锁银行制

E.国家银行制

4.股份制商业银行的内部组织结构包括（　　　）。

A.决策机构   B.执行机构

C.监督机构   D.服务机构

E.协调机构

5.商业银行的经营原则是（　　　）。

A.安全性原则   B.流动性原则

C.盈利性原则   D.规模效益

E.投资增长原则

1.3 思考题

1.什么是商业银行？

2.商业银行有哪些主要功能？

3.商业银行组织形式有哪几种主要类型？

4.比较分业经营模式与混业经营模式的利弊。

5.如何理解商业银行经营原则之间的统一性与对立性？

第 2 章

商业银行负债业务

学习指南

【学习目标】通过本章的学习，我们将了解商业银行负债的含义、作用、构成；掌握商业银行负债的特点、分类、意义和原则；学会运用商业银行负债成本管理的方法。

【关键概念】商业银行负债　活期存款　定期存款　储蓄存款　同业拆借　转贴现　回购协议　欧洲货币市场借款　资本性金融债券　一般性金融债券　国际金融债券　活期存款稳定率　存款增长率　成本加利润定价法　边际成本定价法　关系定价法　有条件定价法　市场渗透定价法

引例

NB银行多手段违规揽储被罚

　　每年6月份都是银行拉存款最紧张的时候，也应该是客户经理一年中最热情的时候，所以如果有人去银行存款，哪怕你存一两万元，也可以享受"大客户"的待遇。不少银行用结构性存款、大额存单等手段揽储，利率较基础利率大幅上调。除了以上一些正常操作方法之外，一些银行从业人员面对考核压力，采取一些违规手段来完成任务。

2018年6月底，当地银保监局一口气开出了9张罚单，其中NB银行因以不正当手段违规吸收存款被处以60万元人民币的罚款。银保监局的处罚中，没有列明具体的违规事实。罚款原因可能是违规高息揽存，也可能是理财利息未兑现。

早在2018年6月初，银保监会就联合央行发布《关于完善商业银行存款偏离度管理有关事项的通知》，要求商业银行改进绩效考评体系，强化存款日均贡献考评，从根源上约束存款"冲时点"行为。按照该通知的规定，银行下面这些行为是被禁止的：通过第三方中介吸存；通过设定不合理的取款用款限制、关闭网银等方式拖延、拒付本息；设定条款或协商约定，将贷款转为存款，或者以存款为前提，审批和发放贷款；设计不合理的理财产品期限结构，发行和到期时间集中在月末，将理财资金转化为存款；通过同业业务倒存等。此外，银行如果采取送大米、送鸡蛋、送牙膏、送食用油等手段，来吸引一些老年人来存款，这些其实都是违规的。

问题：

1.分析商业银行违规揽储的原因。

2.商业银行的哪些行为属于违规揽储行为？

商业银行作为信用中介，负债是其最基本、最主要的业务。在商业银行的全部资金来源中，90%以上来自负债。负债结构和成本的变化，决定着银行资金转移价格的高低，从而极大地影响着银行的盈利水平和风险状况。

2.1 商业银行负债业务概述

商业银行与其他企业的一个显著区别，就在于其负债经营的特点。信用中介是商业银行最基本的职能，而负债则是商业银行实现此项职能最基本、最主要的前提。作为信用中介，银行要向其他企业提供贷款，成为整个经济体系中最大的债权人，但它必须先充分吸收整个经济体系中的资金，使自己成为最大的债务人；因为银行没有必要，也不可能完全通过自有资本来提供全部的贷款，负债的规模直接影响商业银行的经营规模和盈利水平。因此负债是商业银行最重要的业务之一，也是银行进行一切业务经营的前提和先决条件。

2.1.1 商业银行负债业务的概念、特点与分类

负债是负债者在其经营活动中所形成的一种经济义务，而这种义务是通过当事者用自己的资产或提供劳务去偿付债权人才得以履行的。银行负债就是银行在日常的经营活动中产生的尚未偿还的经济义务。具体来说，银行的负债业务就是银行组织资金来源的业务，它是商业银行贷款、投资，以及进行其他一切业务的基础与前提。银行是现代社会经济体系中资金供需方的媒介，负债业务为其资产活动奠定了资金基础。负债业务也因此与资产业务一起成为商业银行业务中最基础和最主要的业务品种，从而构成了银行传统业务的两大支柱。

1.商业银行负债的概念

商业银行负债，是指商业银行所承担的一种经济义务，必须用银行自己的资产或提供的劳务去偿付。因此商业银行负债是银行在经营活动中尚未偿还的经济义务。商业银行负债有广义负债和狭义负债之分。广义负债指除银行自有资本以外的一切资金来源，包括资本期票和长期债务资本等二级资本；狭义负债指银行存款、借入款、结算性资金等一切非资本性的债务。

2.商业银行负债的特点

（1）其必须是现实的、优先存在的经济义务，过去发生的、已经了结的经济义务或将来可能发生的经济义务都不包括在内。

（2）其数量是必须能够用货币来确定的，一切不能用货币计量的经济义务都不能称为银行负债。

（3）其只能偿付以后才能消失，以债抵债只是原有负债的延期，不能构成新的负债。

3.商业银行负债的分类

负债是商业银行筹措资金、获得资金来源最主要的方式，是商业银行经营活动的起点。

（1）按照负债的性质分为存款负债和非存款负债。其中，非存款负债包括借入性负债和结算性负债，如联行存款、同业存款、借入款项或拆入款项或发行债券等，构成商业银行存款负债的有益补充。

（2）按照负债的意愿分为主动负债和被动负债。向央行借款、向同业拆借等为主动负债。居民储蓄和对公存款为被动负债。因此，存款负债称为被动负债，非存款负债称为主动负债。

（3）按照负债的期限长短分为短期借款和长期借款。无论怎样划分，存款始终是商业银行的主要负债，也是商业银行的资金来源，非存款负债的比重则随着金融市场的发展而不断上升。在各类负债业务中，存款是最为核心的业务。存款、派生存款是商业银行的主要负债，约占资金来源的80%以上。

2.1.2　商业银行负债的意义

商业银行作为负债经营的金融机构，是国民经济的中枢，商业银行体系的运营效率直接关系到一个国家的经济秩序和社会秩序的稳定。负债业务是商业银行业务的重要组成部分，在银行的经营管理中占据着重要的地位，与商业银行的成本、收益等直接关联。商业银行通过负债的形式获得资金并加以运用，构建营利资产，其经营目标是利润最大化，其经营重点是利润的最优化。从商业银行负债业务、资产业务、中间业务和国际业务四大业务的关系看，负债业务是基础，它制约着资产业务、中间业务和国际业务的发展。从金融创新历史来看，负债业务创新也往往先于其他业务一步，而其他业务反过来又推动负债业务发展。存款业务的状况决定负债业务的规模，负债业务的创新推动存款业务的发展。因此，负债业务是商业银行经营的先决条件，是保持商业银行流动性的手段，是各家商业银行竞争的焦点，商业银行的负债构成社会流通中的货币量，是商业银行同社会各界联系的主要渠道。

1.负债业务是商业银行经营活动的基础

对于银行来说，其作为社会的信用中介，只有自身拥有一定的资金规模才能进行各种资产业务活动。银行仅仅凭靠自己的资本金不可能实现规模化经营。没有负债业务为银行筹集资金，商业银行的业务经营活动就成了无源之水、无本之木，商业银行只有积极主动地首先开展负债业务，拓展资金来源渠道，吸纳筹集资金，其从事资产业务才会有强大雄厚的资金实力作为支持；同时负债业务也是银行开展中间业务的基础，因为信用中介把借者和贷者有机地联系在一起，进而为银行开拓和发展中间业务创造了有利的条件。判定一家商业银行实力的强弱，往往不是看其资本金的数量，而是看其负债规模的大小。

2.负债业务是商业银行保持流动性的手段

商业银行应当时刻保持一定的流动性，以应对随时可能出现的流动性需求。当商业银行面对流动性压力时，从理论上说，既可以通过资产结构的重组调整，如出售短期资产来获得资金，满足流动性需求；也可以通过借入负债，如向中央银行再贷款、向同业拆借等方式满足流动性需求。但当市场资金来源充足、借入资金的利率较低时，银行通过负债解决流动性问题的途径显然要优于通过资产出售的途径。所以，加强负债业务的管理是保证商业银行业务经营灵活性、主动性的内在需要，是保持银行流动性的重要手段。

3.银行负债是社会经济发展的强大推动力

商业银行通过负债业务把社会各方面的闲置资金集中起来，形成一股巨大的资金力量，能在社会资金存量不变的情况下扩大社会生产资金的总量。在经济运行发展过程中，一些经济部门会不可避免地产生一些闲置资金，商业银行的负债业务正是把社会各部门、各单位和居民闲置下来的资金聚集起来，然后贷放给急需资金的企业和个人。这些企业将闲置资金重新投入再生产运转，充分发挥货币资本的作用，在现有的生产水平基础上创造出更高的生产力，生产出更多的为市场所需的产品，这就有效地将货币这种资源通过银行的负债业务实现了优化配置。通过银行筹集资金和再分配资金的活动，实现了国民经济的良性循环和健康发展。

商业银行存款增速放缓的应对策略

存款是保证银行经营安全和流动性的前提。2017年以来，商业银行存款增速大幅放缓，银行亟待优化负债业务发展思路，积极利用数字化技术创新产品模式并强化存款和主动性负债业务，有效应对新形势下负债资金来源稳定性下降和成本上升的挑战。过去5年，我国金融机构各项存款余额平均增速为11.8%，较上一个5年降低7.3个百分点。2017年年末存款增速已跌破10%。

针对存款增速下降趋势，继续强化基础存款的拓展，提升存款来源的稳定性基础。银行可强化数字化、模型化手段创新负债管理方式，在调结构、控成本过程中，继续强化基础存款拓展，巩固负债流动性和安全性的基础。

一是强化产品创新和服务提升、线上线下渠道网点布局优化、提升支付结算便利性等非价格竞争手段来吸收储蓄存款。

二是优化批发式存款业务模式，充分利用数字化理念实现存款产品化创新，丰富存款种类和结构，提高客户选择空间和资产组合配置能力。

三是积极运用大数据、人工智能、物联网等新技术深入分析客户交易行为特征、产品及板块联动效应、结算渠道服务效能等存款驱动因素，进一步减少对资产拉动型吸存模式的依赖，通过产品加载增加基础性存款规模。

四是进一步优化考核指标体系，降低贷款指标和存款任务指标的相关性，推动各业务条线，各经营单位更加注重基础性存款的拓展，特别是继续拓展稳定性相对较好、成本相对较低的结算类资金。

2.1.3 商业银行负债的原则

1. 始终保持负债的安全性与稳定性

商业银行的负债业务是一种资金的借贷行为，贷者是存款人，借者是银行。通过这一借贷行为，完成了资金使用权的暂时让渡。在存款期限内，银行可以自主支配存款资金而不必征得存款人的同意，银行的存款人唯一关心的是当存款到期时，银行是否有能力将存款及相应的利息如数兑付，而银行最为担心的则是是否有挤兑现象的发生，因此对于存款者和银行来说首要的关注点就是存款的安全性问题，因此保持负债业务的安全性是银行经营稳定性的首要要求。

商业银行应坚决保证储户的存款不受侵犯，在遵守国家政策和法令的情况下，要保证存款人对存款的提取与支付要求，对存款人认真履行存款自愿、取款自由、存款有息、为储户保密的基本原则。当银行存款的安全性有所保证的时候，银行还需要注意提高负债的稳定性。如前所述，存款负债是银行最主要的负债方式，而银行的存款负债属于被动型负债，这对于商业银行来说具有很大的不稳定性，这种不稳定性显然是与商业银行长期稳定经营的要求相悖的。但是如果进一步分析就会发现，在银行存款人的存取款过程中，由于存款和取款在时间上的差异性，总会给商业银行留下一个较为稳定的余额，而这个余额就是商业银行用于放款或投资的稳定资金来源。商业银行负债管理的任务之一就是通过各种技术手段确定这一余额，并在此基础上将这种存款的稳定余额保持在较高的水平上，从而扩大银行的资产规模，实现更大的收益。

2.合理安排负债结构

负债管理除了要保持总量的安全性与稳定性，合理安排负债结构也是负债管理的重要原则之一。一般负债的结构包括期限结构、客户结构和种类结构。合理安排负债的期限结构要求商业银行的短期负债和长期负债合理搭配，既不能为了增大盈利，如发放长期贷款而大量吸收长期负债，也不能为了降低负债成本而只增加短期负债的数量，银行应该将短期负债和长期负债的数量保持在一定的比例上，不可使任何一种负债过多与过少，从而使银行的负债既能满足其资产业务的需要，又能保持一定的流动性。合理安排负债的客户结构则要求银行全面了解各种类型客户的经济行为模式，如商业银行应该根据历史经验预测出不同类型的客户一般在什么时间段存取款，从而更加主动地管理负债。拓展负债的种类结构，要求银行不断进行业务创新，注重负债品种的研发与推广，使新推出的负债品种能够迎合广大储户的口味与要求，从而挖掘潜在的存款市场。

3.最大程度地控制负债成本

银行作为企业，要实现利润最大化的目标就需要对其经营成本进行严格控制。其中，银行的负债成本在银行经营的总成本中占有很大比重，因此银行在进行负债的过程中，需要最大程度地控制负债的成本。银行的负债成本由两方面构成：利息成本和银行经营管理负债业务的管理成本。利息成本是与负债的规模成正比例变化的，负债规模越大，利息支出也就越多；负债规模越小，利息支出也就越少。但是银行控制负债成本是不能通过降低利率来缩小成本支出的，因为如果降低利息率，存款就会减少，存款的减少会直接导致银行资产规模的减小和信誉的降低，使银行处于不利的竞争地位。因此，银行只有努力提高自身的经营管理水平、减少银行经营管理过程中不必要的支出、降低银行的负债管理成本，才能达到最大程度控制负债成本的目的。

专栏2-2 ▬▬▬▬▬▬▬▬▬▬▬▬▬▬▬▬▬▬▬▬▬▬▬

负债产品创新理念：从产品导向走向客户导向

由于外部环境的变化，各家商业银行存款产品的理念已经发生了根本性变化，正在从产品导向走向客户导向。就个人客户而言，商业银行通过综合分析存款目标市场的经济发展情况、人口分布情况、社会文化背景、法律法规、生产消费条件，特别是通过对目标客户的收入状况、消费习惯、现金流结构、储蓄动机、心理特征等的分析，掌握客户的目标函数，在充分细分的基础上进行产品设计。比如，很多商业银行针对有子女上学的家庭推出了教育储蓄产品，有的银行推出了教育储蓄产品的升级版——学业特惠储蓄，将教育储蓄的约定存期按月存储调整为约定存期内连续两次或多次固定等额存储。有的商业银行针对家长给子女零花钱、压岁钱的情况设计了零花钱或压岁钱储蓄计划。国外商业银行在该主题下的创新包括子女入学储蓄、生产基金储蓄、青年结婚储蓄等。

就企业客户而言，不同的企业、不同的单位现金流结构差别较大，所以对存款产品的要求也不尽相同。例如，很多商业银行针对资金往来频繁的企业，推出了智能通知存款，由IT系统按约定自动将企业活期账户资金转为通知存款，满七天按七天通知存款利率利滚利，不足七天支取按一天通知存款利率计息。当客户办理取款或转账业务时，若活期账户资金不足，系统可以自动将通知账户资金转入活期账户。对同业客户而言，目前商业银行提供的产品差异性不足，难以体现客户的独特需求。从趋势上看，不论是针对存款类机构的存款还是针对非存款类机构的存款，商业银行将在市场细分的基础上，推出更多的体现客户个性的负债产品。

2.2 存款业务

2.2.1 传统的存款业务

1.活期存款

活期存款是指可由存户随时存取和转让的存款，它没有确切的期限规定，银行也无权要求客户取款时作事先的书面通知。持有活期存款账户的存款者可以用各种方式提取存款，如开出支票、本票、汇票，电话转账，使用自动提款机或其他电传手段等。由于各种经济交易包括信用卡商业零售等都是通过活期存款账户进行的，所以在国外又把活期存款称为交易账户。在各种取款方式中，最传统的是支票提款，因此活期存款亦称支票存款。

活期存款是商业银行的主要资金来源，商业银行任何时候都必须把活期存款作为经营管理的重点，这不但因为活期存款是银行的主要资金来源，还因为其具有以下主要特点：

（1）活期存款具有货币支付手段和流通手段的职能。当存户用支票提款时，它只是作为普通的信用凭证；当存户用支票向第三者履行支付义务时，它就作为信用流通工具。在现代商品经济社会中，接受支票的人通常不用其来提取现金，而是把支票开具的金额转存在自己的活期存款账户上，这样支付行为就表现为转账形式。在支票可流通转让的情况下，一张支票可连续背书受让而完成几次支付行为，从而显示了商业银行的信用创造能力。

（2）活期存款具有很强的派生能力，能有效提高银行的盈利水平。由于活期存款存取频繁，流动性风险较大，而且还需提供多种服务，如存取、转账、提现、支票和各类信用证服务等，因此活期存款的营业成本较高。但银行对活期存款支付的利息很少，如现已废除的美国Q条例甚至不允许银行对活期存款支付利息，因此其利息成本在银行负债业务中又是最低的。虽然活期存款的平均期限很短，但在大量此存彼取、此取彼存的流动过程中，银行总能获得一个较稳定的存款余额用于期限较长的高盈利资产。由于活期存款的资金成本要明显低于其他负债，因此，社会再生产过程中绝大多数经济活动都围绕着活期存款账户的存取转移而展开。通过活期存款，商业银行不但可获得较大的利差而提高盈利水平，而且可充分利用活期存款账户信用扩张和派生存款的特点，扩大与客户的联系，争取更多的客户，扩大银行的经营规模。

2.定期存款

定期存款是客户和银行预先约定存款期限的存款。存款期限在美国最短为7天，在我国通常为3个月、6个月和1年不等，期限长的则可达5年。利率视期限长短而高低不等，但都要高于活期存款。传统的定期存款要凭银行所签发的定期存单提取，存单不能转让，银行根据存单计算应付本息。

目前各国的定期存款有多种形式，包括可转让或不可转让存单、存折或清单等。定期存款一般要到期才能提取，如果持有到期存单的客户要求续存时，银行通常要另外签发新的存单。

对于到期未提取的存单，按惯例不对过期的这段存款支付利息，我国目前则以活期利率对其计息；但对要继续转存者，也可按原则到期予以转存。西方国家有"定期存款开放账户"，可不断存入新的款项，对账户内款项自动转存。西方国家对提前支款一般罚息较高，如美国对7天到31天的定期存款提前取款者处罚金额超过提前所取金额应得利息的大部分；32天至1年的存款，罚金至少相当于1个月的利息。我国没有对定期存款提前支取的罚款规定，过去是按原存单利率计付利息，但要扣除提前日期的利息；现在则依国际惯例全部按活期利率计息，并扣除提前日期的利息。定期存款对客户来说，是一种收入稳定而又风险很小的理财方式，并且可以将存单质押取得银行贷款。对商业银行而言，定期存款在灵活性、方便性、利息成本和创造派生存款的能力等方面都不如活期存款，但它对银行经营管理却有着特殊的意义。

（1）定期存款是银行稳定的资金来源。这是因为定期存款的期限较长，按规定一般不能提前支取，这样，银行就可将客户存入的资金用于中长期放款而无流动风险之虑。而且定期存款是以存入日挂牌公告的利率计息，使银行既可因放款期限长而取得较高的利率收益，又能有效规避市场利率变动的价格风险。

（2）定期存款的利率高于活期存款。活期存款因为没有期限约束，客户不需提前通知就能随时支取，商业银行为了避免发生支付危机和降低经营风险，就必须保持较高的存款准备金率。而定期存款不到期一般不能提前支取，其稳定性明显强于活期存款，因此银行的存款准备金率明显较低，可把所吸收存款的绝大部分都贷放出去，从而为银行带来可观的收益。

（3）定期存款的营业成本低于活期存款。因为一般情况下存款只需开具一张定期存单就行了，客户持存单支取本息，银行在存款到期时一次性办理手续。在存款期间几乎不需要提供其他任何服务，银行为定期存款所支付的各项管理费用即营业成本是很低的，这也显然有利于提高银行的盈利水平。

3.储蓄存款

在现代货币信用制度下，储蓄的概念有广义和狭义之分。广义的储蓄概念包括政府储蓄、企业储蓄和居民个人储蓄三个部分。从资金运用的角度看，广义的储蓄等于投资；从资金来源的角度看，等于收入和消费之差，即政府、企业、居民个人的所有货币收入扣除各项生产性和消费性支出后的剩余部分，就是储蓄。

广义的居民个人储蓄为居民个人所拥有的金融资产的总和，包括居民持有的银行存款、现金、各种有价证券，以及个人对企业的投资、所购买的房地产和保险等。狭义的储蓄则仅指储蓄存款。

储蓄存款和储蓄是两个不同的概念，储蓄的原始意义指的是贮藏，而储蓄存款则是银行负债的一个重要组成部分。

关于储蓄存款的概念，国内外也存在着明显的差异。美国把储蓄存款定义为：存款者不必按照存款契约的要求，而是按照存款机构所要求的任何时间，在实际提取日7天之前，提出书面申请提款的一种账户。我国的储蓄存款则专指居民个人在银行的存款，政府机关、企业单位的所有存款都不能称为储蓄存款，公款私存则被视为违法现象。

2.2.2 存款工具创新

1.新型活期存款

主要的新型活期存款品种有NOW账户、货币市场存款账户和协定账户等。

（1）NOW账户和超级NOW账户。NOW账户是Negotiable Order of Withdrawal Account 的简称，中文译为可转让支付命令账户，是一种计息的新型支票账户（活期存款账户）。NOW账户由美国马萨诸塞州的互助储蓄银行于1972年首创，经国会允许后，迅速波及马萨诸塞州和新罕布什尔州的所有互助储蓄银行和商业银行。1980年，《放宽对存款机构管理和货币管理法》颁布后，全美的商业银行均可设立NOW账户。

NOW账户只对居民和非营利机构开放，在该账户下，存户转账或支付不使用支票而代之以支付命令书。该支付命令书与支票在实质上无异，能用来直接取现或对第三者支付，经过背书后还可转让。银行对NOW账户按其平均余额支付利息，普通NOW账户只能得到5.25%或5%这一较低的利率。但这种较低的利率支付，也表明美国的商业银行已巧妙地逃避了《1933年银行法》Q条例对活期存款禁止支付利息的规定。

NOW账户的开立为存户带来了极大的便利。在此之前，存户为既获利又获流动性，不得不分开储蓄账户和活期的支票账户。NOW

账户的开放产生了兼具储蓄存款和活期存款优点的新式存款工具，在客户中颇具吸引力。由于NOW账户有储蓄存款性质，美国金融当局近似于按储蓄存款来管理这种账户。

在商业银行的争取下，1983年年初，美国当局又批准商业银行开办另一种新型账户——超级NOW账户。超级NOW账户是NOW账户的延伸，其较NOW账户的先进之处在于它不存在利率上限，银行根据货币市场利率变动每周调整超级NOW账户上存款的利率。但是超级NOW账户对存款最低额有所限制，规定开户的最低存款金额必须达2 500美元，而且账户的日常平均余额不得低于存数，否则按类似普通NOW账户的利率水平计息。

（2）货币市场存款账户。货币市场存款账户英文名称为Money Market Deposit Account，简称MMDA，是活期存款和定期存款的混合产品。

货币市场存款账户的出现是商业银行抗衡非银行金融机构推出的货币市场基金的结果。货币市场基金允许客户以买卖股票的方式将短期闲置资金交由基金会代为投资增值。其买卖方便，又钻了金融当局对商业银行不得向活期存款付息和订立利率上限这些管制的空子，又在20世纪70年代末利率趋高的宏观金融背景下，美国于1982年颁布了《加恩-圣杰曼吸收存款机构法》，批准商业银行开办货币市场存款账户。

在该账户下，存户享有联邦存款保险和一定限度的交易账户方便。存户每月最多可以办理6次收付转账，其中3次可以使用支票付款，这使该账户有部分活期存款的性质。而且该账户没有最短存期的限制，存户取款只需提前一周通知即可。另外，货币市场存款账户适用的利率也比较灵活。对于日常平均余额在2 500美元以上（包括2 500美元）的账户，银行可自行决定，不存在利率上限的限制，而且银行可以每周调整。存款余额不足2 500美元的货币市场存款账户则适用NOW账户的利率上限。银行在利率支付上，还可选择统一利率或分级利率。在统一利率下，银行对账户支付的利率不依存款账户金额大小而变动；在分级利率下，利率随存款账户金额大小而变动。

绝大多数商业银行采用统一利率制度。

货币市场存款账户不仅对居民和非营利性机构开放，而且也对营利性机构开放，企业获准进入极大地拓展了该账户的存户基础。货币市场存款账户由于能有条件地使用支票，且银行向其提供的利率能迅速反映利率变动并否决利率上限，故颇具竞争力，帮助商业银行夺回了被货币市场基金掠走的存款。

（3）协定账户。协定账户是一种按一定规定可在活期存款账户、NOW 账户和货币市场存款账户三者之间自动转账的账户。银行为存户开立上述三种账户，对前两种账户通常规定最低余额。存户的存款若超过最低余额，银行将超出部分自动转存货币市场存款账户，使存户获取货币市场存款账户下的较高存款利率。若存户在前两种账户上的余额低于最低余额，银行亦有权将货币市场存款账户上的部分存款转入前两类账户，以满足银行的最低余额要求。

2.新型定期存款

主要的新型定期存款品种有可转让大额定期存单、货币市场存单、小储蓄者存单和定活两便存款账户等。各类新型定期存款的发展使定期存款占商业银行资金来源的比重有所提高。

（1）可转让大额定期存单。可转让大额定期存单是由银行发行的记载一定的金额、利率、到期期限，可以转让流通的存款凭证。它与一般的定期存款相比，有以下几个特点。第一，可转让大额定期存单是不记名的，具有较好的流通性。第二，定期存款一般起存金额不限，而可转让大额定期存单的金额是固定的，如 100 万美元。第三，这类存单的存款期限较传统定期存款要短，通常定在 3 个月、6 个月、9 个月和 1 年 4 个期限，以使存单具有较高的流通性。第四，传统定期存款的利率一般固定不变，而可转让大额定期存单的利率既可以是固定的，又可以是浮动的，而且由于其转让价格随行就市，因此其实际利率是浮动的。第五，传统的定期存款可以提前支取，但是可转让大额定期存单是绝对不能提前支取的，如果持有者急需资金，只能将其在二级流通市场出售。

（2）货币市场存单。其由美国储蓄机构于 1987 年首创。当时，市场利率呈现上升态势，为避免银行等存款机构因存款资金锐减陷于危机，美国金融当局允许发行这种存单。货币市场存单期限为半年，最低面额为1万美元，是一种不可转让定期存单。银行可向这种存单支付相当于半年期国库券平均贴现率水平的最高利率，但不得比Q条例规定的银行利率上限高出0.25%。存单若不转为其他种类的储蓄存款，则只按单利计息。货币市场存单的目标存户为家庭和小型企业，它的出现为家庭和小型企业获取较高的利息收益打开了方便之门。

（3）小储蓄者存单。小储蓄者存单也能使存户获取较高的利息收入，不过它的存期较货币市场存单长，为1.5年到2.5年，按美国财政部中期债券的利率付息。

（4）定活两便存款账户。这是一种预先规定基本期限但又含有活期存款某些性质的定期存款账户。定活两便体现在该存单可在定期存款和活期存款之间自由转换，存户没有义务按期提款，但在基本期限之前提取的款项依活期存款计息，超过基本期限提款的则按基本存款和定期存款利率计息。定活两便存款账户不能完全代替活期支票账户，因为它只可作提款凭证，而不像支票那样具有转账和流通功能。

3.新型储蓄存款

新型储蓄存款的主要品种有电话转账服务和自动转账服务账户、股金汇票账户以及个人退休金账户等。

（1）电话转账服务和自动转账服务账户。电话转账服务和自动转账服务账户是把活期存款与储蓄组合成一体的新型储蓄账户，它为希望得到存款利息但必要时又可使用支票转账结算的存户创造了便利。电话转账服务由美国联储体系成员银行于1975年首创。银行给存户同时建立付息的储蓄账户和不付息的活期存款账户，并按存户电话指示将存户存款在两账户间划拨。在该制度下，存户平时将资金置于储蓄账户生息，当需要支票付款时，以电话指示银行将相应金额转拨至活期存款账户。1978年发展出的自动转账服务省去了电话指示这道程序，提高了效率。存户在银行照样开两个户头，但活期存款账户余额恒为1美元，储蓄账户余额则随时可变。存户事先授权银行，在银行收到存户支票时，可立即从储蓄账户上按支票所载金额转至活期存款账户以兑付支票。

（2）股金汇票账户。股金汇票账户是一种支付利息的支票账户，由美国信贷协会于1974年首创，该种储蓄账户兼具支票账户功能，允许存户像签发支票那样开出汇票取现或转账。在取现和转账实现前，存户资金可取得相当于储蓄存款的利息收入。

（3）个人退休金账户。个人退休金账户由美国商业银行于1974年首创，它为未参加"职工退休计划"的工薪阶层提供了便利。工薪阶层只需每年存入2 000美元，其存款利率可免受Q条例利率上限的限制，且能暂免税收，至存户退休后取款支用时再按支取额计算所得税。由于存户退休后收入锐减，故支款时能按较低税率纳税。该种账户的存款因为存期长，其利率略高于一般的储蓄存款。

2.3　商业银行非存款负债业务经营

银行存款属于被动负债，具有被动性、派生性、客观性、波动性等特点，而借入负债则属于主动负债，相对于存款负债，具有较大的流动性、灵活性和稳定性。正是因为借入负债具有存款负债所不具备的优点，因此自20世纪60年代以来，借入负债的比重不断上升，逐渐成为各国商业银行重要的资金来源。

2.3.1　短期借款

1.向中央银行借款

向中央银行借款是商业银行资金来源的渠道之一，也是商业银行流动性的最后来源。中央银行是资金市场的最后融通者和调节者，当商业银行资金不足时，可以通过向中央银行申请再贷款或再贴现，做最后资金的融通。商业银行向"银行的银行"——中央银行借款的目的在于缓解自身资金的暂时性不足，而非谋利。通常有两种方式：再贴现和再贷款。中央银行也利用这两条途径调节社会货币和信用量，使其制定的货币政策得以贯彻执行。

（1）再贴现。再贴现是商业银行将其在办理票据贴现业务中获得的未到期的票据，转卖给中央银行，同时将债权转移给中央银行而获得资金融通的行为。再贴现是商业银行向中央银行融通资金的一种信用形式，是中央银行通过票据买卖方式进行的一种融资活动。一般而言，再贴现是最终贴现，是票据退出流通转让的过程，也是再贴现与转贴现之间的一个重要区别。中央银行的再贴现政策直接关系到社会基础货币的投放与回笼规模，影响银根的松紧程度，因此商业银行在申请再贴现时都必须经过一系列严格的审查。

（2）再贷款。再贷款是商业银行向中央银行直接借款，是商业银行融通资金的重要途径之一。商业银行在资金周转不畅时，可以将其持有的合格票据、银行承兑汇票、政府公债等有价证券作为抵押品，开出银行本票向中央银行取得贷款。一般来说，直接借款在数量和期限方面都比再贴现灵活。商业银行在资金不足时，只要通过电话就可以进行借款，将政府债券交给中央银行，与中央银行签订借款协议，便可以取得相应的贷款。中央银行是商业银行的最后贷款人，其对商业银行提供的信用，只是一种优惠待遇，而非义务。商业银行只能将从中央银行的融资用于弥补临时性的准备金不足，而不能把它当成长期资金的来源。商业银行偶然性地向中央银行申请借款一般会得到批准，但经常性的申请就会使中央银行对商业银行的信用能力产生怀疑。因此，商业银行从中央银行借款是一把"双刃剑"，切忌因过多向中央银行申请借款而对自身的经营和形象产生负面影响。

2.同业拆借

同业拆借，是指商业银行与商业银行之间利用资金融通过程当中的时间差、空间差来调剂资金余缺的一种短期资金借贷方式。同业拆借主要是临时性的调剂头寸，用于支持日常性的资金周转，通常就是今日借，明日还，因而同业拆借又被称为"日拆"。除商业银行以外，其他一些金融机构，如保险公司、财务公司、专业的储蓄机构等都参与到同业拆借市场中来。

3.转贴现

转贴现，是中央银行以外的投资人在贴现的基础上将其持有的未到期的票据转让给其他商业银行或者金融机构，以暂时取得资金的融通，即商业银行通过转贴现在二级市场上卖出未到期的贴现票据以融通到所需要的资金。而二级市场的投资人在票据到期前，还可以进一步转手买卖，继续转贴现。在我国，票据款项的回收一律向申请转贴现的银行收取，而不是向承兑人收取。由于一些票据可以多次被转贴现，这样既便利了银行随时回收资金，增强银行应付突然事件的能力，又有利于银行充分使用资金。但是转贴现的手续比较复杂，技术性比较强，所涉及的关系也比较复杂，如果过多使用转贴现，在公众眼里会产生银行经营不稳的印象，从而使银行承担一定的信誉风险与流动性风险。因此，转贴现的数额必须以商业银行自身的资金承受能力为限，有控制地、合理地运用这一短期融资渠道。目前我国的商业银行还很少办理此类业务，但随着金融市场的进一步完善，转贴现将会成为我国商业银行筹集资金的一条有效途径。

4.回购协议

回购协议，是指商业银行为了获得短期可用资金，而出售自己持有的有价证券，但在出售有价证券等金融资产时与证券的购买方签订一份协议，约定在一定期限后按约定价格购回所卖证券，以获得即时可用资金。回购协议是西方商业银行经常使用的一种融资方式，在这种交易中，商业银行借助于回购协议，可以用证券作为担保暂时获得可用资金，但同时又不丧失对证券的所有权，其实质上是商业银行以有价证券作为抵押，从资金供给方取得的一种抵押贷款。但是值得注意的一点是，回购协议的交易双方都面临一定的信任风险，即如果抵押的债券在抵押期间升值了，那么资金供给方很可能卖掉证券获得更高收益而不是按照协议约定的那样将其返售给回购协议的另一方，而当抵押的债券在抵押期间贬值的时候，资金借入方就可能毁约拒绝购买该证券。因此，回购协议交易常常在有广泛的业务联系、彼此之间高度信任的金融机构之间进行，并且一般各个国家的相关法律规定，融资方必须拥有属于自己100%的金融证券，严禁证券回购协议中的买空卖空。回购协议最常见的交易方式有两种：一种是证券的卖出与购回采用相同的价格，协议到期时以约定的收益率在本金外再支付费用；另一种是购回证券时的价格高于卖出时的价格，其差额就是即时资金提供者的合理收益率。由于商业银行通过回购协议而融通到的资金可以不提缴存款准备金，从而有利于借款实际成本的减少。同时，与其他借款相比，回购协议又是一种最容易确定和控制期限的短期借款。回购协议作为一种金融工具，有利于商业银行更好地渗透到货币市场的各个领域。

5.欧洲货币市场借款

欧洲货币，实际上是境外货币，指的是以外币表示的存款账户。由于各国的国际贸易大量以美元计价结算，欧洲美元也就成为欧洲货币市场的主要货币。欧洲美元，就是以美元表示的、存在于美国境外银行的美元存款。当今世界的欧洲货币市场已从欧洲扩展到亚洲、非洲和拉丁美洲，形成了一个全球统一的大市场。欧洲货币市场具有不受任何国家政府管制和纳税限制，存款利率相对较高，放款利率相对较低，存放款利率差额较小，资金调度灵活、手续简便等优点，因此对各国商业银行有很大的吸引力。欧洲货币市场的资金规模极其庞大，既有期限为1天至1年的短期货币市场，即短期资金存放市场；也有期限为1年到5年的中期资金存放市场，以及期限在5年以上的政府公债和公司债券交易市场等。从事国际业务的商业银行的短期借款主要光顾的是短期货币市场。

2.3.2 长期借款

长期借款是相对于银行的短期借款而言的，一般来说，当银行向外界借入资金的期限超过一年时，该类负债即被划入银行长期借款的范畴之中。在银行的长期类借款中，发行金融债券是商业银行主要的融资方式，金融债券实质上是银行开出的一种债权证书，债券的持有者扮演了银行的债权人角色，发行金融债券的银行则扮演了债务人的角色，债券的持有者享有到期收回本金和利息的权利，而商业银行则必须在债券到期时无条件地向债券持有者支付约定的本金和利息。

银行在考虑筹资方式的时候，要全面分析各方面的因素，合理制订融资计划，以达到用最小的成本筹到最大数额资金的目的。下面介绍几种具有代表性的金融债券。

1.资本性金融债券

资本性金融债券是为弥补银行资本不足而发行的，是介于存款负债和股票资本之间的一种债务,《巴塞尔协议》称之为附属资本或次级长期债务。它对银行收益的资产分配要求权优先于普通股和优先股、次于银行存款和其他负债。这种资本性的长期债券与优先股有着某种相似之处,所不同的是它一般要付出比优先股更高的利息,还有到期归还的限制。商业银行过多持有这种债券对银行信誉是不利的,故《巴塞尔协议》对附属债务资本有着严格的数量限制。在资本性债券中,颇受欢迎和广泛流行的是可转换债券,这是附有专门规定、允许持有人在一定时间内以一定价格向发行银行换取该银行股票的债券。债券持有人如不想转为股票,则可继续持有,直至期满。这种债券给投资者以较大的选择余地。到目前为止,我国的银行还没有发行过资本性债券。

2.一般性金融债券

一般性金融债券发行的目的主要是筹集资金而用于长期贷款或投资等资产业务。一般性金融债券分为以下几种:

(1)担保债券和信用债券。担保债券是指包括由第三方担保的债券和以发行者本身的财产作抵押的抵押担保债券。信用债券也称无担保债券,是完全以发行者本身信用为保证发行的债券。由于发行债券的银行大都资产雄厚、信誉较好,因此一般金融债券都是信用债券。

(2)固定利率债券和浮动利率债券。固定利率债券指的是在债券期限内利率固定不变,持券人到期收回本金,定期取得固定利息的一种债券。浮动利率债券则是在债券期限内,根据事先约定的时间间隔(多为3个月或半年),按某种选定的市场利率(如伦敦银行同业拆借利率LIBOR)进行利率调整的债券,是一般性金融债券。

(3)普通金融债券、累进利息金融债券、贴现金融债券。普通金融债券是定期存单式的、到期时还本付息的债券;累进利息金融债券是浮动期限式的、利率和期限挂钩的金融债券;贴现金融债券也称贴水债券,是指银行在一定的时间和期限内按一定的贴现率以低于债券面额的价格折价发行的债券。

(4)附息金融债券和息票债券。附息金融债券是指在债券的持有期限内,持有者可以定期向银行索取一定利息的债券。

3.国际金融债券

（1）外国金融债券。外国金融债券指债券发行银行通过外国金融市场所在国的银行或金融机构组织发行的以该国货币为面值的金融债券。

（2）欧洲金融债券。欧洲金融债券指债券发行银行通过其他银行或金融机构，在债券面值货币以外的国家发行并推销的债券。

（3）平行金融债券。平行金融债券指发行银行为筹措一笔资金，在几个国家同时发行债券，债券分别以各投资国的货币标价，各债券的借款条件和利率基本相同。实际上这是一家银行同时在不同国家发行的几笔外国金融债券。

2.4　商业银行负债业务管理

2.4.1　借入负债的管理

1.选择恰当的借款时机与借款方式

向外部借款的借入时机和借入方式对于商业银行来说至关重要，这是商业银行进行借款时应当首先考虑的一个因素。这是因为何时借、以什么形式借直接影响商业银行的负债成本和负债数量。例如，当金融市场上资金供应不足、借款利率较高时，银行一般应该避免在这个时点去借入款项，而应当选择在借款利率较低的时点进行借款，从而减少负债的成本。总之，商业银行在考虑进行外部借款时，首先，应当根据自身的资产负债结构及其变动趋势，确定在多大程度上、以何种借款方式借入款项。其次，银行应根据金融市场上的资金供求状况、借款利率的高低来选择恰当的借款时机。同时，应兼顾中央银行货币政策的导向和变化来综合作出借款计划。这一系列措施正是商业银行经营管理"三性"原则的具体体现。

2.确定适当的借款规模

商业银行借入资金的总规模取决于银行当期及未来一段时期的资金需要量与同期存款量之间的资金缺口，资金缺口越大，银行需要借入的资金就越多。因此，商业银行借款时，需要对当期及未来一段时期的资金需要量（如用于贷款和证券投资的资金）作出科学准确的预测，进而在考虑自身承受能力的基础上，测算出适度的借款规模。当商业银行利用借款扩大资产规模所产生的利润不足以弥补银行相应付出的借款成本时，银行就不应继续扩大借款规模，而应该通过变现流动性资产或者加大存款营销力度吸收更多存款等途径来解决资金短缺问题。

3.合理安排借款结构

商业银行进行短期借款的形式很多，可以通过多种形式筹得短期资金，合理地安排各种负债在借款总额中的比重也是相当重要的。对此，商业银行应从负债成本、负债收益、金融市场行情，以及未来金融市场变化等方面进行综合考虑，做到既要尽可能多地选择借款方式，又要合理地安排各种借款方式的数量结构和期限结构，以便有计划地分散借款的到期偿还时间和偿还金额，从而避免流动性风险的发生。

4.遵守有关借入短期资金的法律法规

商业银行不能只依据自身的资金需求状况来借入短期资金，还要兼顾外部监管机构对银行出台的相关法律法规的限制。例如，我国在商业银行同业拆借方面，就有比较严格的限制。《中华人民共和国商业银行法》规定："同业拆借，应当遵守中国人民银行规定的期限，拆借的期限最长不得超过4个月。禁止利用拆入资金发放固定资产贷款或者用于投资。拆出资金限于充足存款准备金、留足备付金和归还中国人民银行到期贷款之后的闲置资金。拆入资金用于弥补票据结算、联行汇差头寸的不足和解决临时性周转资金的需要。"在这种情况下，商业银行通过同业拆借所拆入的短期资金只可以作为调节头寸的手段，而不可以成为贷款的资金来源。

2.4.2　存款负债的管理

1.商业银行存款管理的目标

商业银行是一种高负债经营的金融企业，其开展业务的最主要资金来源就是银行存款。因此，加强对银行存款的管理具有非常重要的意义。总的来说，商业银行存款管理的目标是：在符合商业银行的

"三性"经营原则的基础上，努力提高存款的稳定性和增长率，并努力降低银行存款的成本率。

（1）提高存款的稳定性。商业银行在经营存款业务的过程中，其吸收的各种存款资金是处于不断周转状态的，在某一个时点上，既有客户到银行存入一定的款项，同时又会有其他客户到银行取出一定的款项。在这此存彼取、此取彼存的过程中，银行总会保留一部分的存款结存额，这部分存款结存额根据统计规律在一段时间内是不会发生太大改变的，这就体现了银行存款的稳定性。衡量存款稳定性的主要指标有活期存款稳定率和活期存款平均占用天数，即：

$$活期存款稳定率 = \frac{活期存款最低余额}{活期存款平均余额} \times 100\%$$

$$活期存款平均占用天数 = \frac{活期存款平均余额 \times 计算期天数}{活期存款支付总额}$$

上述两个指标与存款稳定性呈正相关关系，即活期存款稳定率越高，活期存款平均占用天数越多，银行存款的稳定性就越强；反之，存款稳定性就越弱。提高存款稳定性是商业银行保持充足流动性、降低流动性风险的重要手段，也是银行增强盈利能力的间接内在要求。对此，银行应大力扩大存款范围，积极进行存款业务的创新，增加存款的种类，提高银行营业人员的服务质量，从而提高存款的稳定性。

（2）提高存款的增长率。存款是银行的主要业务经营资金来源，存款的规模直接影响着银行的总体经营规模。一家银行的存款如果能以较快的速度增长，则往往意味着其强劲的发展势头和强大的市场竞争力。存款增长率，是指本期存款量较上期存款量的增量与上期存款量之比，即：

$$存款增长率 = \frac{本期存款量 - 上期存款量}{上期存款量} \times 100\%$$

需要注意的一点是，虽然较高的存款增长率一直是各商业银行竞相追求的目标，但是商业银行却不能一味地追求存款的高增长速度。换而言之，并不是存款越多，对银行就越有利。在银行资产业务发展势头不旺、存款利率较高的情况下，商业银行首先考虑的应是如何扩大银行运用资金的渠道，而并非增加存款的数额。总之，银行应根据自身的实际情况，科学制定存款增长目标，使之适应银行的资金需求状况即可。

（3）降低存款的成本率。银行吸收的存款，无论是否贷放出去，均要对存款人支付利息，这是银行经营负债业务的利息成本。同时，银行开展负债业务除去支付存款人利息以外的一切开支，如存款柜台人员的工资奖金，则构成了银行存款的营业成本。存款成本率，是指银行吸收存款所支出的利息成本和营业成本的总和与存款总额之比，即：

$$存款成本率 = \frac{利息成本 + 营业成本}{存款总额} \times 100\%$$

存款成本率又称资金成本率，是衡量银行存款成本的一个重要指标。努力降低存款成本率，是增强银行盈利能力的直接内在要求，也是银行扩大业务的内在动力。对此，银行应在保持充足流动性供给的前提下，努力提高低息的活期存款比重，降低定期存款比重，同时提高银行营业人员的工作效率和设备服务性能，通过降低存款的利息成本和营业成本，降低银行存款的成本率。

由此可见，为了提高存款的稳定性和增长率，需要银行向社会大力进行存款服务的推销，以吸引更多的客户到银行来存款。为了降低银行存款的成本率，需要银行对存款的成本加以控制，并对存款服务进行科学定价。

2.存款的市场营销管理

（1）影响银行存款水平的因素。影响银行存款水平的因素是多方面的，一般从整体上可以分为宏观因素和微观因素。宏观因素也称为银行外部因素，微观因素也称为银行内部因素。两种因素综合影响银行的存款数量。

①宏观因素。宏观因素主要包括以下几个方面：一是社会经济发展水平和经济周期的变动。这是影响银行存款水平的最为宏观的因素。在经济发达、货币信用关系深化的国家和地区，企业和个人收入水平高，金融意识强，这些国家和地区的银行，自然要比经济欠发达的国家和地区的银行更容易扩大存款规模。另外，在不同的经济周

期，银行吸收存款的难易程度也有很大的差别。在经济高涨时期，社会有效需求猛增，社会货币资金充裕，银行存款规模大幅度增加；在经济萧条时期，社会有效需求不足，资金匮乏，银行存款规模相应减少。二是中央银行的货币政策调控。中央银行是一国最高的金融调控机构，肩负着金融宏观调控的重任，中央银行的货币政策调控是影响银行存款规模的直接因素。当中央银行实施紧缩的货币政策时，会提高法定存款准备金率、再贷款利率和再贴现率，或是在金融市场上卖出有价证券，回笼资金，这样银行吸收的存款中用于贷款的派生存款量就会减少，企业向银行借贷资金的成本就会上升，导致市场利率上升，市场上货币流通量就会减少。相反，中央银行若实行宽松的货币政策，银行筹集资金就会相对容易，银行的存款规模也会扩大。三是一国的法律和法规。通常一个国家为了稳定本国的金融秩序，协调各地区经济和谐发展，一般均制定专门的法律和法规对银行从业务许可经营范围、机构设置到存款利率等诸多方面进行限制，如果国家对银行的业务经营活动限制较少，那么就有利于银行扩大经营规模，提高存款的数量。反之，银行的存款规模就会受到很大限制。

②微观因素。一般影响银行存款数额的微观因素主要有服务质量、贷款便利、存款种类、存款形式、商业银行信誉与规模等。

（2）存款市场营销策略。

①合理调整存款利率和服务收费。由于银行用提高利率水平的方式来争取更多的存款存在很大的限制，因此商业银行一般不会采取提高利率的方法来吸收更多的存款。银行通常通过降低服务收费的方式来变相地利用利率因素吸引存款。银行为争取存款，常对余额较多的账户免收或仅象征性地收取微量手续费。

②提高金融服务质量。经济的快速发展要求金融全面的优质服务作支撑，随着公众对金融服务的要求越来越高，商业银行为吸收更多的存款，必须使其金融服务得以健全和多样化。例如，美国的商业银行为多吸收存款，通过账户创新，发明了如NOW账户系列、协定账户等新的存款工具，这些创新的存款工具具有活期存款所没有的优点，从而大大增加了银行存款的数量。

③合理增加银行的网点设置。客户在选择哪个银行作为他们的开户银行时，地理位置是一个很重要的因素。在服务质量相差无几的情况下，客户总是愿意接受地理位置相对比较近的银行的服务。这就要求银行在成本预算的约束下，广设营业网点，特别是在人口密集的地区设置分支机构。存取款的便利能有效地建立存户的忠诚感和吸引老存户及周围的企业与居民加入，从而提高银行的存款水平。

④增强银行的资信状况。银行的资产规模和信誉评级是测度银行实力的两个可信度最高的指标。在利率和其他条件相同或相差不远的情况下，储户总是愿意选择大银行作为开户银行。这是因为存入银行的存款并不是绝对安全的，一旦银行发生流动性风险，同时遭遇储户大量挤兑存款的情况，如果没有及时的外部资金援助，银行往往会面临破产的困境，而储户也将面临存款损失的窘境。而大银行的资金实力雄厚、信誉状况良好，从外部融入资金的渠道较广，其流动性风险一般很小，或者流动性风险不足以导致其破产，因此，储户的存款能够得到更加安全的保证。在这种情况下，银行就需要战略性地提高其财务状况，并通过良好经营使其股价维持稳步攀升的势头，从而获得较佳的资信评级。

⑤塑造良好的银行形象和雇员形象。良好的银行形象对于银行业务的发展也起着极为重要的作用。塑造良好的银行形象，需要加大广告、促销、宣传力度，创出自己的声誉，形成自己的风格，从而以银行文明、整洁的面貌增强客户对银行的信任度。银行在提高存款计划的规划中也不能忽略雇员形象，银行应不断加强员工素质的培训，使员工直接学习和接受西方商业银行的先进管理经验，尽快培养一批业务全面、思维敏捷、创新意识强、工作作风务实、管理水平高的综合型人才，这对于银行的长远发展意义非凡。

3.存款的成本构成

（1）利息成本。利息成本是银行为获取资金而支付的成本中最为重要、比重最大的部分，它是商业银行按照事先约定的存款利率以货币的形式直接支付给存款人的报酬，其具体数额取决于利息率与商业银行的负债结构。存款计息一般有两种方式，一种是按照不变利率计息，即存款人在存款时，利息率就已经确定，在存款期间不论市场利率如何变动，银行对该存款的利率始终是不变的。若以不变利率计息，当市场利率下降时，银行要遭受利息损失；当市场利率上升时，存款人就要遭受利息损失。因此商业银行在确定利息率时要对市场利率的走向进行预测，进而制定出对自己有利的利息率。另外一种是按照可变利率计息，这种存款的利率与市场利率挂钩。一般是与某种有价证券的到期收益率挂钩，如一项存款的利率是以国库券利率为基础，加上某一具体数额（如1%）而得出的。若以可变利率计息，对存款人和银行都有降低风险的作用。但是采取这种计息方法的缺点是，如果市场利率频繁变动，会给银行的长期成本计划实现带来很大困难。我国目前的存款一般是按照不变利率来计息的。

（2）营业成本。营业成本是指商业银行在吸收存款上除利息以外的一切开支。这其中包括银行的广告宣传费用、银行外勤和柜台工作人员的工资与奖金、存款设备的折旧应摊销额、相关管理人员的办公费用，以及为储户提供服务的所有开支等。银行所支出的营业成本中，有的为储户提供了实际的受益，如为活期存款储户提供的转账服务，在银行营业大厅内为存款人查询信息所设立的电子计算机自动化服务，银行的代收代付服务等，其实际上代表了银行对存款人支付的除利息以外的报酬。有些则储户无法受益，如广告费用、外勤费用、管理费用等。在一个成熟的金融市场上，各个银行所提供的存款利率并没有多大的差别，但是营业成本却有着很大差异，银行的规模越大，所在地区经济越发达，银行的经营效率越高，银行的营业成本就越小；反之，成本就越大。

（3）资金成本。资金成本是指银行为吸收存款而必须支出的一切费用之和，其实就是利息成本和营业成本两项成本之和，它反映了银行为取得存款而付出的代价。用资金成本除以吸收的资金，就是资金成本率，也就是前面所讲的存款成本率，即：

$$资金成本率 = \frac{利息成本 + 营业成本}{吸收的资金} \times 100\%$$

用某种存款的资金成本与该种存款数量之比就得出该种存款的资

金成本率，用总的资金成本除以总的存款数额就得出总的资金成本率。资金成本率是一个重要的银行负债成本分析指标。它既可以用来比较商业银行内部不同年份的吸收存款成本，即进行纵向比较，以考察其发展趋势；又可以在规模差异不大、条件相近的银行之间进行横向比较，从而为银行制订未来的成本计划提供信息。

（4）可用资金成本。可用资金成本源于银行可用资金。前面提到，存在商业银行的存款，银行并不是全部可以用来经营资产业务的，商业银行必须按照中央银行制定的法定存款准备金率上缴法定存款准备金，因此这里所讲的可用资金就是指银行存款扣除应缴存的法定存款准备金与必要的储备金之后的可实际用于贷款和投资的那部分资金。可用资金成本是相对于可用资金而言的商业银行的资金成本。将资金成本除以可用资金数额即为可用资金成本率。这个比率既可用于各种不同种类资金之间的对比，分析为取得各种可用资金所付出的代价是多少，也可以从总体上分析一家银行资金成本的相关信息情况。

（5）有关成本。有关成本是指银行为增加存款而支出的未包括在利息成本与营业成本之中的成本。主要包括两类：风险成本和连锁反应成本。风险成本是指因存款数量的增加而引起的银行经营风险增加所付出的成本。例如，利率敏感性大的存款增加会加大银行的利率风险，银行存款总量的增长会加大银行的资本风险（由于银行的资本负债率增大），风险成本只是一种潜在的使银行扩大成本支出的因素，如果上述的风险不变为现实的话，银行就不必为此进行成本支出了。连锁反应成本是指银行为新吸收存款所增加的新服务和较高的利息支出而引起的对原有负债增加的支出。例如，银行为了招揽更多的存款，提高利息打利率战，原有的储户就会感到受到了不公平的待遇，往往会要求银行向他们提供同等的优惠措施，这显然增加了商业银行的成本支出。但是连锁反应成本也仅仅是一种可能性，银行不一定必须为吸收存款而支付连锁反应成本。

4.银行负债定价方法

（1）成本加利润定价法。成本加利润定价法是建立在商业银行进行存款经营管理所支出的各类费用成本之和与期望收益率两者的基础上的。利用成本加利润定价法为存款定价的基本公式为：

$$\begin{array}{c}每一种存款\\服务的单位价格\end{array}=\begin{array}{c}该种存款服务的\\单位经营费用\end{array}+\begin{array}{c}该种存款服务的\\单位管理费用\end{array}+\begin{array}{c}该种存款服务的\\单位期望利润\end{array}$$

上述公式只是运用成本加利润定价法对存款定价的理论公式，在银行的实际经营管理当中，如果运用该公式对存款进行定价，那将是一件非常费力的事情，这是因为银行中存款的种类众多，不同种类的存款其经营管理的费用是不一样的，这样一项一项地去精确测定每种存款的费用率是相当费时、费力的，因此在实际当中不可行。目前比较流行的方法是以银行加权资金成本作为商业银行进行存款经营管理所支出的各类费用成本之和，再在此基础上加上存款服务的单位期望利润，最后得出的实际是贷款或其他盈利性资产的最低收益率标准，只有银行的资产收益率达到这一标准，银行才能完全弥补进行存款经营活动的经营成本，并且实现目标收益率的要求。

成本加利润定价法的特点就是不考虑外部的竞争形式，完全以本行的经营状况为基准对负债进行定价，现在很多商业银行对储蓄账户过分频繁地支取实行收费，对使用支票、账户查询、小额账户维持收费，都是以成本加利润定价法为基准来实施的，这体现了商业银行账户成本管理的思想。

（2）边际成本定价法。运用成本加利润定价法对存款定价得到的是银行全部资金的加权平均成本，它是根据历史数据得出的。如果利率变动频繁，那么成本加利润定价法就失去了意义。例如，当利率突然上升时，以历史数据为基础的成本加利润定价法得出的存款价格会低于现行利率，银行如果仍按照原存款价格经营负债业务，就不会吸收到足够的存款。此时，就应该使用边际成本定价法对存款进行定价。边际成本定价法，是指银行通过参照吸收新增存款而支出的边际成本与这部分新增存款所产生的边际收益而对存款进行定价的方法。众所周知，当银行新增一笔存款时，在向中央银行缴纳了一定量的法定存款准备金之后，余下的资金就可以进行贷款和证券投资了。当银行因为吸收新增存款而支出的成本小于增加的收益时，银行制定的新存款利率就是可行的。有关计算公式为：

边际成本 = 总成本变动额

　　　　 = 新利率 × 新利率下的存款量 − 旧利率 × 旧利率下的存款量

$$边际成本率 = \frac{边际成本}{新增存款量}$$

（3）关系定价法。关系定价法是以客户与商业银行之间的关系为标准进行负债定价的方法。而银行评价与客户关系的好坏是根据客户使用银行的服务数量来进行度量的。在银行看来，一个客户使用一家银行的服务越多，对这家银行的依赖性就越强，向其他银行寻求金融服务的可能性就越小，因此银行对该类客户收取较低的费用甚至免除一些费用，以此优惠条件来保持该客户与银行之间的长期合作关系。

（4）有条件定价法。有条件定价法又称为存款费用定价方法。它主要分为三种：统一定价法、免费定价法和有条件自由定价法。统一定价法就是银行不考虑各种存款账户的活动性高低、余额大小而统一制定服务费用标准。例如，银行规定，所有存款人每使用一张支票的费用为0.1元，每月每个账户的维持费用为1元等，都属于统一定价法。这种方法的缺点是显而易见的，即银行的这种定价方法实际上是一种"一刀切"的做法，对资金余额较大的存款人显然有失公平，从而引起这类储户的不满，造成存款流失的后果。免费定价法是指商业银行不向存款人收取账户维持费用与结算服务费，但是各类账户的利息率也往往偏低，可见客户实际上是向银行统一支付了隐性费用，这一隐性费用是从利息率当中扣除的。这一定价方法也有欠公平，即对于使用账户进行转账和交易比较少的储户来讲，他们也统一交纳了账户服务费用。所以在实际当中，利用这种方法一般只能吸引那些金额小、活动性高的资金存款，这显然达不到商业银行扩大稳定资金规模的目的。有条件自由定价法是指商业银行根据账户的实际情况来确定账户的存款利率与结算服务收费标准的方法。银行通过以下三个依据来对各种账户指定收费标准：一是账户结算业务量，如一定时间内开出支票的张数，存取款、电子汇划的次数等。账户结算业务量与收费标准成正比，即账户结算业务量越大，银行的收费也就越高。二是账户在一定时期的平均余额。三是账户的期限。后两项标准与收费标准成反比，即账户在一定时期的平均余额越大、账户的期限越长，银行收取的费用也就越低。

（5）市场渗透定价法。如果一家银行希望在较短的时间内迅速占领较大的市场份额，可以采取市场渗透定价法来对负债进行定价。这种方法的基本思路就是银行不以短时期谋取利润为目标，而是向客户提供远远高于市场平均水平的高利率与低收费，以吸引尽可能多的客户到该银行来存款。这种定价法是具有很大风险的，因为大部分客户都很重视与开户行长期稳定的关系，破坏这种关系而到短期内高利率、低费率的银行存款是不利于客户的长期利益的。客户一般对原开户行的忠诚度很高，对利率变动的敏感性比较低，其存款具有相对的稳定性。所以，即使银行以高利率、低费率来吸引客户，也可能徒劳无功，反而会招来同行的厌恶与金融监管当局的严厉惩处。因此，银行运用该存款定价法时需要小心谨慎，否则最终可能得不偿失。

本章小结

1. 商业银行的负债是银行在日常经营活动中产生的尚未偿还的经济业务。负债业务是商业银行开展其他业务的基础和前提，是商业银行经营资金的主要来源，在银行的经营管理中占据着重要的地位，与商业银行的成本、收益等直接关联。商业银行的负债可以从多个角度进行分类，如按负债期限的长短，可以分为短期负债与长期负债；按银行筹措资金的方式，可以分为被动型负债与主动型负债。

2. 传统意义上的存款包括活期存款、定期存款和储蓄存款。随着金融业竞争的激烈化，银行不断进行着创新性存款业务的开发。创新性的存款业务主要包括以 NOW 账户和超级 NOW 账户、货币市场存款账户、协定账户为代表的新型活期存款，以可转让大额定期存单、货币市场存单、小储蓄者存单、定活两便存款账户为代表的新型定期存款，以及以电话转账服务和自动转账服务账户、股金汇票账户、个人退休金账户为代表的新型储蓄存款。

3. 随着金融市场的发展与完善，商业银行的借入负债呈现出蓬勃增长的发展势头。借入资金的渠道也进一步多样化，主要包括：向中央银行借款、同业拆借、转贴现、回购协议、欧洲货币市场借款、资本性金融债券、一般性金融债券、国际金融债券等。

4.商业银行存款管理的目标是提高存款的稳定性、提高存款的增长率和降低存款的成本率。银行负债定价方法主要有成本加利润定价法、边际成本定价法、关系定价法、有条件定价法、市场渗透定价法等。

综合训练

2.1　单项选择题

1.商业银行主要的资金来源是（　　　）。

A.各项存款 　　　　　　　　B.资本金

C.同业拆借 　　　　　　　　D.金融债券

2.以下关于活期存款说法不正确的是（　　　）。

A.活期存款多用于支付和交易用途，所以又称为交易账户

B.支票是最传统的提款方式

C.银行对存户一般不支付利息或者收取手续费

D.活期存款期限较短，无法用于长期使用

3.商业银行吸收的存款中稳定性最好的是（　　　）。

A.NOW账户 　　　　　　　　B.定活两便存款

C.储蓄存款 　　　　　　　　D.自动转账服务账户

4.商业银行的同业拆借资金可用于（　　　）。

A.弥补信贷缺口

B.解决头寸调度过程中的临时资金困难

C.固定资产投资

D.购买办公大楼

5.以下属于商业银行长期借入资金来源的是（　　　）。

A.同业拆借 　　　　　　　　B.转贴现

C.再贴现 　　　　　　　　　D.发行金融债券

2.2 多项选择题

1.商业银行负债的作用有（　　　）。

A.它是整个商业银行体系创造存款货币的基础

B.只有扩大负债业务，银行才有可能获取可利用的资金，进而获取利润

C.负债业务决定资产业务，负债规模决定资产规模

D.资产业务决定负债业务，资产规模决定负债规模

E.它可以扩张整个社会信用规模，扩大货币供应量

2.商业银行传统的存款类型包括（　　　）。

A.活期存款　　　　　　　　B.定期存款

C.储蓄存款　　　　　　　　D.大额可转让定期存单

E.财政存款

3.以下属于商业银行主动型负债的是（　　　）。

A.存款　　　　　　　　　　B.同业拆借

C.再贴现　　　　　　　　　D.金融债券

E.贷款

4.商业银行存款成本由（　　　）构成。

A.利息成本　　　　　　　　B.银行资金成本

C.营业成本　　　　　　　　D.银行可用资金成本

E.合成成本

5.银行负债定价方法主要有（　　　）。

A.成本加利润定价法　　　B.边际成本定价法

C.关系定价法　　　　　　D.有条件定价法

E.市场渗透定价法

2.3　思考题

1.简述负债对商业银行的重要意义。

2.商业银行负债的原则是什么？

3.简述商业银行存款负债的构成。

4.商业银行除存款外的短期借款业务有哪些渠道？

5.如何对商业银行的负债进行定价？

第3章

商业银行资产业务

学习指南

【学习目标】 通过本章的学习，我们将了解商业银行主要的资产业务有哪些；掌握商业银行的现金资产及其管理原则；商业银行的贷款种类及主要贷款政策；商业银行的贴现业务和证券投资业务及其管理。

【关键概念】 库存现金　信用贷款　担保贷款　消费贷款　贷款五级分类　商业汇票　银行承兑汇票　商业期票　债券　贴现率　证券投资业务　证券投资策略

引例

徐州铜山农商行九大举措促压降

徐州铜山农商行本着"风险不增加、以时间换空间"的思路开展不良贷款清降工作。在摸清不良贷款底数的基础上，根据不良贷款实际情况有针对性地采取清收、诉讼、盘活、以物抵债、核销、打包处置、股金置换、行业救助、基金置换等多种手段，全力打好不良贷款清降攻坚战。

（1）强化激励促清收。坚持分散全员清收与集中专业化清收相结合，不断加大不良贷款清收力度。对于表内外不良贷款进行全口径统一管理，摸清不良贷款底数，建立不良贷款电子管理台账，统一发送信函和批量短信催收，实现不良贷款催收全覆盖，全面掌握不良贷款实际情况，不断总结不良贷款清收经验、调整清收政策。一是针对个人小额不良贷款面广量大的现状，采取"人海战术"，发动全辖所有员工进行不间断清收。采取清收奖励直接兑现到人的方式，激励全员充分利用节假日、早中晚等时间，对欠款人进行不间断催收。通过总结催收经验，整理下发《不良贷款催收话术》提升全员催收技巧，在全辖分发张贴《致逾期不良贷款客户的一封信》，不断扩大催收影响力。二是针对大额不良贷款清收特点，采取集中专业化清收，根据客户类型、贷款金额不同组建了四个专业化的清收团队。

（2）强化诉讼促清收。依法保护自身合法权益，坚持在科学评估诉讼成本、风险的前提下，应诉尽诉。针对恶意拖欠贷款的客户，多方查找财产线索，及时采取资产保全、诉讼清收等措施；对于已诉案件，加大与法院的沟通协调力度，有效打击、震慑"老赖"。通过强化诉讼清收，有效地净化了地方信用环境。

（3）强化盘活促压降。根据借款人、担保人实际情况，对信用记录良好、遇到暂时困难的企业，不盲目抽贷、压贷，防止人为造成企业资金链断裂形成新的不良贷款，采取续贷、展期、重组等手段盘活问题贷款、缓释不良贷款风险。

（4）以物抵债促压降。针对现金清收效果差但有有效资产的不良贷款，以减少损失为出发点，及时采取保全诉讼措施，积极做好抵债资产接收和处置工作，促进不良贷款清降。

（5）核销出表促压降。积极与财税部门沟通联系，充分享受税收政策，对于符合核销条件的不良贷款，在财务指标承受范围之内尽最大可能进行核销，有效降低了不良贷款的总量。

（6）政府帮扶促压降。不断加强与地方政府的沟通，积极争取并充分利用地方扶持政策，重点争取政府帮助清收公职人员欠款及清偿政府托管企业不良贷款。

（7）打包处置促压降。在坚持采取传统清收处置手段的同时，积极寻求市场化处置方式，通过与长城、华融等资产管理公司合作，采取打包处置方式压降不良贷款，实现了不良贷款的规模化下降，进一步提升了资产质量。

（8）股金置换促压降。通过股金溢价发行置换不良贷款，股金置换不良贷款后，继续对置换贷款进行清收，每年将清收贷款通过分红方式全额返还给股东。

（9）行业救助促压降。为加快消化历史包袱，优化各类业务和监管指标，根据《江苏省农村信用社行业风险救助基金管理办法》，向省联社申请行业救助基金，用于处置收回希望较大但年内见成效可能性不大的不良贷款。

问题：

1.商业银行盘活不良贷款的意义有哪些？

2.归纳徐州铜山农商行的清理盘活不良资产的主要措施。

3.1 现金资产管理

商业银行是高负债经营的金融企业，在日常经营活动中，为了保持充分的清偿力和获取更有利的投资机会，必须持有一定比例的现金等高流动性资产，并对其进行科学管理。因此，现金资产业务是商业银行的一项重要资产业务，现金资产管理也是商业银行管理的一项重要内容。

3.1.1 商业银行现金资产的构成

现金资产是银行持有的库存现金以及与现金等同的可随时用于支付的银行资产。商业银行的现金资产一般包括以下几类：

1.业务库存现金

业务库存现金是指商业银行为了满足日常需要而保留在业务金库中的现钞和硬币。库存现金的主要作用是银行用来应付客户提现和银行本身的日常零星开支。

2.在中央银行存款

中央银行是商业银行的银行。商业银行在中央银行的存款主要是指商业银行存放在中央银行的存款准备金，包括法定存款准备金和超额准备金。

（1）法定存款准备金。法定存款准备金是商业银行按照法定比率向中央银行缴存的存款准备金。这部分存款商业银行不得任意动用，具有强制性，只能按其存款余额或法定存款准备金率的变动定期调整。

（2）超额准备金。超额准备金是商业银行日常业务活动中可以自主支配的、在存款准备金账户中超过了法定存款准备金的那部分支付准备金存款，主要用于金融机构之间清算业务和国库券交易的清算业务。

3.同业存款

同业存款是指商业银行之间因相互代理业务而在其他银行和金融机构保留的存款。在其他银行保持存款的目的，是便于银行在同业之间开展代理业务和结算收付。由于存放同业存款属于活期存款性质，可随时支用，因而可以视同银行的现金资产。

4.在途资金

在途资金，也称托收未达款，它是指本行通过对方银行从外地付款单位或个人处所收取的资金。在途资金在收妥之前，是一笔临时被其他银行占用的资金，由于通常在途时间较短，收妥后即成为存放同业存款，所以将其视同现金资产。

3.1.2 商业银行现金资产的作用

1.保持充足的清偿力

商业银行是经营货币信用业务的企业，是以营利为目的的。这就要求商业银行在安排资产结构时，尽可能持有期限较长、收益率较高的资产。但商业银行又是一种风险性特别大的金融企业，银行的经营资金主要来源于客户的存款和各项借入资金。从存款负债来看，由于它是商业银行的被动负债，其存与不存、存多存少、期限长短、何时提取等主动权都掌握在客户手中，银行只能够无条件地满足客户的要求。如果银行不能满足客户的要求就有可能影响银行的信誉，引发存款挤兑风潮，甚至使银行陷入清偿力危机而破产。

2.保持流动性

商业银行在经营过程中会面临复杂的经营环境。环境的变化又会使银行的各种资产负债的特征发生变化。从银行经营的安全性和盈利性的要求出发，商业银行应当不断地调整其资产负债结构，保持应有的流动性。在保持银行经营过程的流动性方面，不仅需要银行资产负债结构的合理搭配，确保原有贷款和投资的高质量及易变现性，同时，也需要银行持有一定数量的流动性准备资产。

3.1.3　商业银行现金资产的测量

1.商业银行现金头寸的构成

商业银行的现金头寸，也称资金头寸，是指商业银行在一定时期或时点上，实际可用的资金。按资金的可用时间分类，商业银行的现金头寸可分为时点头寸和时期头寸两种。时点头寸是商业银行在某一时点上的可用资金量，时期头寸则是指商业银行在一定期限内的可用资金量。根据资金的可用程度划分，商业银行的现金头寸可分为基础头寸和可用头寸。

（1）基础头寸的构成。基础头寸是指商业银行随时可用的资金量，是商业银行的库存现金与在中央银行的超额准备金存款之和，是商业银行资金清算的最后手段。其计算公式为：

基础头寸=在中央银行超额准备金存款+库存现金

在基础头寸中，库存现金和超额准备金是可以相互转化的。商业银行从其在中央银行的存款准备金账户中提取现金，就会增加库存现金同时减少超额准备金；相反，商业银行将库存现金存入中央银行准备金账户，就会减少库存现金而增加超额准备金。

（2）可用头寸的构成。可用头寸是指商业银行的业务部门在一定时期内能够运用的全部可用资金，包括基础头寸和商业银行存放同业的存款。其计算公式为：

$$可用头寸 = 基础头寸 \pm 上级行应调入或调出资金 \pm 到期同业往来清入或清出资金 \pm 法定存款准备金调增或调减额 \pm 应调增或调减二级准备金$$

商业银行的营运具体表现为商业银行与客户、同业、中央银行之间的业务往来关系，这些业务，都会引起商业银行资金头寸的增减变化。

2.商业银行营业日初始头寸的匡算

营业日初始头寸，是指商业银行营业日开始时的可用资金量，是匡算当日头寸的基础。它由上一个营业日末结转到当日的在中央银行超额准备金可用量、到期的同业往来差额、上级行可调入或调出资金等因素构成。各因素的匡算方法如下：

（1）超额准备金可用量的匡算。商业银行在中央银行的超额准备金存款，原则上都是商业银行的可用资金，但是，为了避免出现流动性不足，商业银行可以根据本身的情况，规定其存款总额的一定比例作为自留准备金，平时不得轻易动用。因此，商业银行的超额准备金可用量，可按如下公式匡算：

$$超额准备金可用量 = 上日末超额准备金存款金额 \pm 上日末吸收的存款余额 \times 自留准备金比率$$

上式计算结果如果为正数，即为营业日初始时超额准备金可用量；如果为负数，表示上日末超额准备金不足，即超额准备金可用量不足，应该在当日设法补足。

（2）业务库存现金可用量的匡算。业务库存现金主要是为客户随时支取现金所保留的周转金。由于业务库存现金是非营利资产，因而不宜保留过多，要按规定核定一个现金库存限额。限额部分的库存现金是保存在金库中的最低额，一般不能用于支付，只有超过这一限额部分的库存现金才是商业银行的可用资金。因此，库存现金的实际可用量为：

营业日初现金可用量=上日末库存现金余额-现金库存限额

若按上式所计算的结果为正值，表示现金可用量；若为负值，表示库存现金不足，需要设法补足。

（3）到期同业往来差额的匡算。商业银行上一个营业日终了时，尚未来得及办理同城票据清算的资金称为到期同业往来资金，其中既有同业往来应收入的资金，也有同业往来应付出的资金，两者之间的差额即为到期同业往来差额。上一日营业终了尚未来得及办理清算的资金，应于当日营业开始时进行支付或收入，故可视为已减少或增加的头寸。所以，到期同业往来差额的匡算为：

到期同业往来差额=到期应收资金额-到期应付资金额

该差额为正值时，反映为应收差额，表示当日可用资金增加量；该差额为负值时，反映为应付差额，表示当日可用资金减少量。

（4）上级行可调入调出资金的匡算。在商业银行实行系统内信贷资金计划管理、各级行处信贷资金统一调度、抽多补少的情况下，各基层行处信贷资金计划来源大于运用的差额，称为"存差"，即上级行可调出的资金；若资金运用大于来源，其差额称为"借差"，即应由上级行调入的资金额。可调入资金额为当日可用资金，应调出资金为当日可用资金减少。

3.商业银行当日头寸的匡算

匡算商业银行当日头寸就是在初始头寸的基础上，匡算当日营业活动可能增加或减少的可用资金量，从而测算营业日终了时资金多余或不足的情况，以便统筹安排，实现当日资金平衡。影响当日头寸的因素主要有：

（1）当日现金收支。当日现金收支可分为收支平衡、收大于支、支大于收三种结果。收支平衡，初始头寸不变。收大于支，库存现金增加，基础头寸增加，当日头寸增加。如果当日现金收入过多，送存中央银行准备金存款账户，库存现金减少，则超额准备金存款增加，基础头寸不变。所以，只要当日现金支大于收，当日现金头寸必然减少。

（2）联行汇差。联行汇差是为客户办理异地转账结算所引起的异地银行间汇出汇入资金的差额。当汇出大于汇入时，差额为应付联行资金；当汇入大于汇出时，差额表示应收联行资金。因此，应付汇差，当日头寸减少；应收汇差，当日头寸增加。

（3）同城票据结算。同城票据结算也叫同城票据交换，是同一城市不同行处的客户之间，因商品交易、劳务供应等引起的货币收付，通过签发票据进行清算时，所引起的银行之间的货币收付清算。各行应收、应付票据轧差后要通过其在中央银行开立的超额准备金存款账户转账结算。其差额与联行汇差相同，应收差额通过中央银行转账，增加其在中央银行的超额准备金存款，增加当日头寸；应付差额通过中央银行转账，减少其在中央银行的超额准备金存款账户余额，当日头寸减少。

（4）法定准备金调整。商业银行在中央银行的法定存款准备金，要按照规定的调整日定期进行调整，当调整日按规定计算的应缴法定存款准备金大于上一调整日所计算的法定存款准备金时，其超额准备金减少，当日头寸减少；反之，当日头寸增加。

（5）到期借出借入款。到期借出借入款，是指商业银行于营业日到期的由中央银行、上级行借入款和到期的同业间拆出拆入款。到期的拆入、借入款，当日应支付，会减少在中央银行的超额准备金存款，使得当日可用头寸减少。到期的拆出、借出款，当日应收回，会增加在中央银行的超额准备金存款，使得当日可用头寸增加。

（6）当日发放和收回贷款额。当日发放和收回贷款额，是指商业银行对企业和个人发放或收回的贷款额。发放贷款时，如果借款人提取现金或用于支付他行客户债务，这时贷款银行库存现金或在中央银行的超额准备金存款减少，可用头寸减少。如果借款人用贷款支付欠本行客户的债务，本行头寸不变。当非金融企业和个人偿还借款时，如果借款人用现金偿还，本行库存现金增加，当日可用头寸增加。若用他行支票偿还，本行在中央银行超额准备金存款增加，头寸增加。但若借款人用本行客户支票偿还贷款，则本行当日头寸不变。

3.1.4 商业银行现金资产的管理原则

银行库存现金集中反映了银行经营的资产流动性和盈利性状况。库存现金越多，流动性越强，盈利性则越差。为了保证在必要的流动性前提下，实现更多的盈利，就需要把库存现金压缩到最低程度。

1.总量适度原则

现金资产管理的总量适度原则，指银行现金资产的总量必须保持在一个适当的规模上。这个适当的规模是指由银行现金资产的功能和特点决定的在保证银行经营过程的流动性需要的前提下，银行为保持现金资产所付出的机会成本最低时的现金资产数量。总量适度原则是商业银行现金资产管理的最重要原则。

2.适时调节原则

现金资产管理的适时调节原则，指银行要根据业务过程中的现金流量变化，及时地调节资金头寸，确保现金资产的规模适度。银行现金资产规模（存量）的变化，取决于在一定时期内银行业务经营过程中的现金流量的变化情况，当一定时期内现金流入大于现金支出时，银行的现金资产存量就会上升；反之，当一定时期内现金支出大于现金流入时，其现金资产存量就会下降。

3.安全性原则

商业银行大部分现金资产主要由其在中央银行和同业的存款及库存现金构成，其中，库存现金是商业银行业务经营过程中必要的支付周转金，它分布于银行的各个营业网点。在银行的业务经营过程中，需要对库存现金进行保管、清点、运输等管理活动。由于库存现金是以现钞的形式存在的，因此，必然面临被盗被抢和清点、包装差错及自然灾害损失的风险。

3.2　贷款业务管理

3.2.1　贷款政策依据

我国《贷款通则》规定，贷款的发放和使用应当符合国家的法律、行政法规、行政规章的规定，应当遵循盈利性、安全性和流动性原则。借款人和贷款人的借贷活动应当遵循平等、自愿、公平和诚实信用的原则。贷款人开展贷款业务，应当遵循公平竞争、密切协作的原则，不得进行不正当竞争。目前，贷款是我国商业银行最主要的资产业务，但是随着我国金融改革的深入和发展，银行资产多元化，贷款在资产业务中的比例会逐步下降。

1. 贷款人

贷款人是指提供贷款的银行和非银行机构。贷款人必须是经中国人民银行批准经营贷款业务，持有中国人民银行颁发的《金融机构法人许可证》或《金融机构营业许可证》，并经市场监督管理机关核准登记注册的银行和非银行金融机构。按照我国《贷款通则》的规定，贷款人的权利包括：要求借款人提供与贷款有关的资料；根据借款人的条件决定是否放贷、贷款金额、期限和利率等；了解借款人的生产经营活动和财务活动；依照合同约定，从借款人账户划收贷款本息；对未能履行合同规定义务的借款人，依合同要求借款人提前偿还贷款或停止支付借款人尚未使用的贷款；在贷款将要或已经受到损失时，可以依合同规定采取使贷款免受损失的措施等。按照我国《贷款通则》的规定，贷款人应该做到：公布贷款的种类、期限、利率，并向借款人提供咨询，公开贷款要审查的资信内容和发放贷款的条件；在收到借款人提供的符合申请贷款要求的有关资料后，应该在规定时间内答复贷或不贷。短期贷款的答复时间不能超过1个月，中长期贷款的答复时间不能超过6个月（国家另有规定者除外）。此外，贷款人有义务对借款人的债务、财务、生产经营情况保密，但依法查询者除外。贷款人发放贷款，必须严格执行中国人民银行规定的资产负债比例管理指标。

2. 借款人

借款人是指从经营贷款业务的金融机构取得贷款的法人、其他经济组织、个体工商户和自然人。借款人必须具有如下资格：经市场监督管理机关或主管机关核准登记的企业、事业法人、其他经济组织和工商户，具有中华人民共和国国籍和具有完全民事行为能力的自然人。借款人申请贷款，应当具备产品有市场、生产经营有效益、不挤占挪用信贷资金、恪守信用等基本条件，并且应当符合以下要求：有按期还本付息的能力，原应付贷款利息和到期贷款已清偿；没有清偿的，已经做了贷款人认可的偿还计划；除自然人和不需要经市场监督管理部门核准登记的事业法人外，应当通过市场监督管理部门办理年检手续（已开立基本账户或一般存款账户）；除国务院规定外，有限责任公司和股份有限公司对外股本权益性投资累计额未超过其净资产总额50%；借款人的资产负债率符合贷款人的要求；申请中期、长期贷款的，新建项目的企业法人所有者权益与项目所需总投资的比例不低于国家规定的投资项目的资金比例。借款人不得在一个贷款人同一辖区内的两个或两个以上的同级分支机构取得贷款，不得向贷款人提供虚假的或隐瞒了重大事实的资产负债表、利润表等，除国家另有规定外，借款人不得用贷款从事股本权益性投资，不得用贷款在有价证券、期货市场从事投机经营；除依法取得经营房地产资格的企业外，不得用贷款从事房地产业务，依法取得经营房地产资格的企业，不得用贷款从事房地产投机活动；不得套取贷款牟取非法收入；不得违反国家外汇管理规定使用外币贷款等；不得采取欺诈手段骗取贷款。

3.贷款的程序

按照我国《贷款通则》的规定，自借款人申请贷款到银行收回贷款，一般要经过如下程序：

（1）借款人申请。借款人首先要向贷款人提交《借款申请书》。申请书中要说明借款用途、偿还能力、还款方式等，并同时提交如下资料：借款人和保证人的基本情况；经财政部门或会计（审计）师事务所核准的上年度财务报告和借款前一期的财务报告；原有不合理占用贷款的纠正情况；抵押物、质押物清单和有处分权人同意抵押或质押的证明，以及担保人拟同意担保的证明文件；如果申请中、长期贷款，借款人除提交上述资料外，还要提供项目建议书和可行性报告；贷款人认为需要提供的其他资料。

（2）评估借款人的信用等级。信用分析是良好贷款的先决条件。银行的信贷部门负责对大多数的贷款申请进行分析并提出建议，必须对三个问题给出令人满意的答案，即：借款人的资信状况是否良好，贷款协议是否经过正确的策划并形成文件，银行能否在客户违约时对其资产和收入具有完全的请求权。因此，贷款人要根据借款单位的领导者素质、经济实力、资金结构、经济效益和发展前景等因素评定借款人的信用等级。通过对客户资信的分析，确保贷款到期时借款人能够偿还本息，并且在经营出现问题时也有足够的偿还能力。需要分析借款人的以下情况，即品质、能力、现金、抵押、条件、控制，简称"6C分析法"。

我国商业银行对借款人客户的信用等级评价，主要分析以下因素：

①企业基本情况分析，了解企业名称、营业执照号码、注册地址、注册资本、实收资本、财务负责人、基本开户银行、企业类型、成立日期、法定代表人、在职人数、银行账号、经营范围及主导产品（或主要服务项目）等。

②企业财务分析，分析企业的资产负债表、利润表、补充资料等，了解企业的偿债能力、盈利能力、运营风险等基本财务状况。

③企业基本素质分析，主要分析人力资源素质，包括领导者素质、高级管理人员素质、从业人员素质、企业的法人治理结构、企业的经营目标与目标管理、制度建设与实施、营销策划、投资融资管理、日常财务管理等。

④企业的发展前景，分析宏观经济政策的影响程度及其趋势、行业及股东背景、成长性与抗风险能力等。

⑤企业的综合能力分析，分析企业的发展简史，研究总结企业其他需要说明的问题。

⑥金融机构的初审意见，评级可由贷款人独立进行，内部掌握，也可由有权批准的评估机构进行。

（3）贷款调查。贷款人受理借款人申请后，应当对借款人的信用等级以及借款的合法性、安全性、盈利性等情况进行调查，核实抵押物、质物、保证人情况，测定贷款的风险度。

（4）贷款的审批。贷款人应当建立审贷分离、分级审批的贷款管理制度。审查人员应当对调查人员提供的资料进行核实、评定，复测贷款风险度，提出意见，按规定权限报批。在贷款的审批环节，要加强原则性，杜绝人情贷款和行政贷款。

（5）签订借款合同，办理贷款担保。所有贷款都应当由贷款人与借款人签订借款合同。借款合同应当约定借款种类，借款用途、金额、利率，借款期限，还款方式，借贷双方的权利、义务，违约责任和双方认为需要约定的其他事项。保证贷款应当由保证人与贷款人签订保证合同，或保证人在借款合同上载明与贷款人协商一致的保证条款，加盖保证人的法人公章，并由保证人的法定代表人或其授权代理人签署姓名。抵押贷款或质押贷款应当由抵押人或出质人与贷款人签订抵押合同或质押合同，需要办理登记的，应依法办理登记。

（6）贷款的发放。贷款人要按借款合同规定按期发放贷款。贷款人不按合同约定按期发放贷款的，应偿付违约金，借款人不按合同约定用款的，应偿付违约金。

（7）贷后检查。贷款发放后，贷款人应当对借款人执行借款合同情况及借款人的经营情况进行追踪调查和检查。贷后检查的主要内容包括：贷款是否按原定用途使用，有无挪用、变相挪用、套用贷款的现象；商品和原材料入库保管情况，商品或产品的适销程度，存货和应收账款占用情况、积压情况等；贷款的物质保证是否充足；落实贷款人的还款来源，督促解决影响贷款按期偿还的不利因素。

（8）贷款的收回。借款人应该按照合同的规定，按时、足额偿还银行贷款本息。

不按合同规定偿还贷款的，应该承担违约责任，并加收利息，任何单位和个人不得干涉。

①按期偿还。借款人主动按期偿还。借款到期，借款人主动签发转账支票，注明所还贷款的合同号码、借据编号，提交贷款人银行，由贷款人从借款人存款账户上收回贷款并注销合同与借据。如果是分期偿还的贷款，银行会计部门要在卡片账上记录分期偿还金额。贷款人到期主动从借款人存款账户上扣回到期应偿还的贷款。《贷款通则》规定，贷款人有权在贷款到期时，依合同约定，从借款人账户上划收贷款本息。

②借款人提前偿还贷款。依据《贷款通则》的规定，借款人提前偿还贷款，应该与贷款人协商一致确定。

③展期偿还。借款人不能按期偿还贷款且符合展期的条件时，短期贷款要在贷款到期前10天向贷款人提出书面申请，中期贷款要在贷款到期前1个月向贷款人提出书面申请，说明延期的理由，并提出

具体展期时间。贷款人收到申请后，按程序审批后执行。一笔贷款只能展期一次，短期贷款不能超过原贷款期限；中期贷款不能超过原贷款期限的一半；长期贷款不能超过3年。

④逾期偿还。贷款到期或展期后到期，借款人不能按合同约定偿还，又不符合展期贷款条件的，就形成逾期贷款。对逾期贷款，商业银行应该在贷款到期的次日将贷款转入"逾期贷款"账户专门管理，并可以加收利息。银行要查明原因，督促借款人采取偿还贷款的必要措施，以免形成呆账贷款。

3.2.2 贷款分类

1.我国商业银行贷款分类

（1）按贷款期限长短划分。按贷款期限长短，贷款可分为短期贷款、中期贷款和长期贷款。短期贷款，是指贷款期限在1年以内（含1年）的贷款。中期贷款，指贷款期限在1年以上（不含1年）5年以下（含5年）的贷款。长期贷款，指贷款期限在5年（不含5年）以上的贷款。此外还有临时贷款，指不足3个月的贷款。

（2）按贷款保障程度划分。按贷款的保障程度，贷款可分为信用贷款、担保贷款和票据贴现。

（3）按贷款人承担的责任划分。按贷款人承担的责任，贷款可分为自营贷款、委托贷款和特定贷款。自营贷款是金融机构以合法方式筹集资金，自主发放的贷款。委托贷款是金融机构接受资金所有者的委托，按委托人指定的贷款对象、金额、期限、用途、利率等代为发放并监督使用和代为按期收回的贷款。特定贷款，是指经国务院批准并对贷款可能造成的损失采取相应补救措施后责成国有独资商业银行发放的贷款。

（4）按借款部门划分。按借款部门，贷款可分为工业企业贷款、商业企业贷款、农业贷款和其他部门贷款。工业企业贷款包括商业银行对生产企业、交通运输和物资供销企业发放的贷款。商业企业贷款是指商业银行对国内商业批发、零售企业和对外贸易企业发放的贷款。农业贷款包括商业银行对农林牧副渔业企业发放的贷款。其他部门贷款包括商业银行对联营企业、旅游企业、服务企业、金融企业等发放的贷款。

（5）按贷款用途划分。按贷款用途，贷款可分为生产经营性贷款、消费贷款和科技开发贷款。生产经营性贷款，又可分为流动资金贷款和固定资产贷款。流动资金贷款是商业银行对企业用于购买和储备劳动对象、劳动产品、商品等资金不足所发放的贷款。固定资产贷款是商业银行对企业购建和改造劳动手段资金不足发放的技术改造贷款和基本建设贷款。消费贷款，是商业银行对消费者个人购买耐用消费品或支付其他费用资金不足所发放的贷款。科技开发贷款，是商业银行对工业企业、交通运输企业、商业服务业、科技生产联合体中的科研单位，以及实行企业化管理的科研单位，因研究、仿制、消化新技术，试制新产品，推广新技术而资金不足所发放的贷款。

（6）按贷款的质量划分。按贷款的质量和风险程度划分，可以把商业银行贷款分为正常贷款、关注贷款、次级贷款、可疑贷款和损失贷款等。

2.信用贷款

信用贷款是仅凭借借款人本人的信用，不必提供任何担保而发放的贷款。信用贷款的借款人应该是经济实力强、经营管理水平高、信誉好、信用等级高、与贷款人业务往来时间长的老客户。信用贷款的特点是：手续简便，风险相对较大，利率比其他贷款高。

3.担保贷款

担保贷款依据担保物的不同，可以分为保证贷款、抵押贷款、质押贷款三种类型。

（1）保证贷款。保证贷款是按照《中华人民共和国担保法》（以下简称《担保法》）规定的保证方式，以第三人承诺在借款人不能偿还贷款时，由保证人按约定条件承担还款责任的贷款。贷款保证人应该是具有代被保证人清偿债务能力的独立法人、其他组织或公民。

（2）抵押贷款。抵押贷款是按照《担保法》规定的抵押方式，不转移借款人或第三人对抵押物的占有，而作为债务担保由贷款人对借款人提供贷款。如果贷款到期，借款人不能偿还贷款，贷款人有权依法通过折价、拍卖、变卖等方式处置抵押物，优先收回贷款本金、利息、违约金、损害赔偿金，以及为实现抵押权而花费的费用。贷款人对抵押物的选择，必须符合以下原则：第一，法律、法规允许买卖的原则。第二，减少风险的原则。第三，抵押物优选原则。第四，易于拍卖的原则。

（3）质押贷款。质押贷款是按照《担保法》规定的质押方式，以借款人或第三人提交的动产或权利为质物，并移交贷款人占有作为债务担保发放的贷款。如果贷款到期，借款人不能履行债务，贷款人有权依法处置质押物优先收回贷款本息、违约金、损害赔偿金、质物保管费和为实现质权的有关费用。质押贷款的质物分为：

①动产。这是指虽经过移动，但并不改变其自身使用价值和价值的财产。

②权利。权利包括票据和单据，如汇票、支票、本票、存款单、仓单、栈单、提单等；有价证券，包括债券和依法可转让的股份与股票；依法可转让的无形资产中的财产权。贷款人对借款人提供的质物有妥善保管的责任。如果因保管不善致使质物灭失或毁坏，贷款人应当承担民事责任。贷款人应与借款人以书面形式订立质押合同。

4.消费贷款

消费贷款是工商企业、银行和其他金融企业对消费者个人发放的，用于购买耐用消费品和支付其他费用的贷款。本节主要介绍商业银行的消费贷款业务。

（1）消费贷款的种类。①按贷款的偿还方式划分。按贷款的偿还方式，消费贷款可分为一次性偿还贷款和分期偿还贷款。一次性偿还贷款是指额度不大的贷款，一次发放，到期连本加息一次收回。分期偿还贷款，适用于额度较大的消费贷款，如购买私人住房、汽车贷款，可在一次发放一笔较大额度的贷款后，分若干年、月，逐年、逐月偿还，到期还清本息。②按贷款用途划分。按贷款用途，消费贷款可分为私人住房贷款、汽车消费贷款、耐用消费品贷款、助学贷款、小额生活费贷款等。私人住房贷款分为购建房贷款和房屋装修贷款。私人购建房贷款是对私人因购买、建造自住房资金不足时，由商业银行发放的贷款，一般采取抵押担保方式发放，用所购建的住房作为贷款担保。私人住房贷款又分为政策性住房贷款和普通商业性住房贷款。汽车消费贷款是商业银行向申请购买汽车的借款人发放的人民币担保贷款。凡具有完全民事行为能力，具有稳定的职业和偿还贷款本息的能力，能够提供有效抵押物或货物，或有足够代偿能力的个人或单位作为保证人并能支付规定限额的首付款的个人，以及具有还款能力，在贷款人指定的银行存有不低于规定数额的首付款和贷款人认可的担保的企事业法人，都可向经中国人民银行批准的商业银行申请期限最长不超过5年的汽车消费贷款。耐用消费品贷款，即银行对购买高档耐用消费品资金不足的消费者提供的贷款。助学贷款，是根据国家规定对符合条件的在校经济困难的非义务教育学生发放的，用于资助其缴纳学费、住宿费和生活费用的贷款。小额生活费贷款，主要是由商业银行对农村农户发放的农户生活贷款和灾区口粮贷款。

（2）消费贷款的提供方式。消费贷款一般有直接信贷、间接信贷、循环透支三种提供方式。直接信贷方式，即根据消费者的申请，直接对消费者发放贷款。因为贷款是直接提供给购买消费品的消费者的，所以也称买方消费信贷。间接信贷方式，即贷款人不直接对消费者发放贷款，而是将贷款直接提供给销售消费品的经销商，由经销商将消费品赊销给消费者。具体做法有两种：第一，贷款人直接将贷款提供给赊销消费品的销售商；第二，消费品经销商以分期付款方式对消费者赊销商品后，贷款人将贷款提供给经销商，贷款人凭分期付款合同向消费者分期收款。循环透支消费信贷方式，主要是消费者个人信用卡透支信贷的贷款。消费信用卡的持卡人与发卡人（一般是银行）协商一个透支额度，持卡人（即消费者）使用信用卡购买消费品或支付劳务费时，在商店或劳务服务部门的销售账单上签字；商品或劳务的提供者定期将账单转交发卡银行；银行扣收手续费后全部支付，然后再定期将已支付的账单转交持卡消费者；消费者可一次或分期向银行付清透支款项。

3.2.3 贷款质量管理

贷款质量是按照贷款风险程度不同划分、评价贷款的方法，通过贷款质量评价能够揭示贷款的实际价值和风险程度，真实、全面、动态地反映贷款的质量，发现贷款发放、管理、监控、催收以及不良贷款管理中存在的问题，加强信贷管理，并为判断呆账准备金是否充足提供依据。

1.贷款风险的分类

依照国际通行做法，按贷款风险程度进行分类，能揭示贷款的内在风险，及时、准确、全面地反映贷款的风险价值。1998年以前，我国实行的贷款分类方法基本上是沿袭财政部1988年《金融保险企业财务制度》中的规定，把贷款划分为正常、逾期、呆滞、呆账，后三类合称不良贷款（简称"一逾两呆"）。这种分类方法简单易行，在当时的企业制度和财务制度下，发挥着重要作用。但是，随着改革开放的深入，"一逾两呆"的局限性开始显现。一是对信贷资产质量的识别滞后，未到期贷款不一定都正常；二是标准宽严不一，不利于衡量贷款的真实质量，逾期贷款的标准过严，过期一天就算不良贷款，而国际惯例一般过期90天以上才划分为不良贷款；而"两呆"的定义作为不良贷款又过宽，逾期两年以上或虽未满两年，但经营停止、项目下马才划为呆滞。此外，相关的会计准则规定，逾期两年的贷款才能挂账停息，从而导致银行的收益高估；对呆账准备金的规定，又使得银行的经营成本低估，其后果是银行不得不为虚增利润而付出超额纳税和超额分红的代价。同时，坏账难以及时核销，贷款损失难以及时弥补，又意味着银行真实资本的减少。这些虽然不是"一逾两呆"本身的弊病，但是都从制度上削弱了银行抵御风险的能力。中国人民银行在比较研究各国在信贷资产分类方面做法的基础上，结合我国国情，制定了《贷款风险分类指导原则》。《贷款风险分类指导原则》规定，中国人民银行采用贷款风险分类方法，按风险程度，将贷款划分为五类，即正常、关注、次级、可疑、损失。

（1）贷款分类的标准。①五级分类的定义。正常类：借款人能够履行合同，有充分把握按时足额偿还本息。关注类：尽管借款人目前有能力偿还贷款本息，但是存在一些可能对偿还产生不利影响的因素。次级类：借款人的还款能力出现了明显的问题，依靠其正常经营收入已无法保证足额偿还本息。可疑类：借款人无法足额偿还本息，即使执行抵押或担保，也肯定要造成一部分损失。损失类：在采取所有可能的措施和一切必要的法律程序之后，本息仍然无法收回，或只能收回极少部分。从上述定义不难看出，贷款风险分类的标准有一条最核心的内容，就是贷款归还的可能性。而决定贷款能否偿还，借款人的还款能力是最主要的因素。在法制健全的情况下，借款人的还款能力几乎是唯一重要的因素。在我国当前情况下，有些借款人明明有能力还款，却偏偏赖账不还，而银行又无法通过法律程序迅速地保全资产。因此还款意愿也影响着还款的可能性。但是究其实质，还款能力还是占主导地位的因素之一。②五级分类的标准。正常类贷款是指借款人的财务状况无懈可击，没有任何理由怀疑贷款的本息偿还会出现问题。关注类贷款是指贷款的本息偿还仍然正常，但是发生了一些可能会影响贷款偿还的不利因素。如果这些因素继续下去，则有可能影响贷款的偿还。因此，对这类贷款要给予关注，或对其进行监控。这类贷款的损失概率充其量不超过5%。逾期90天到180天的贷款，至少要被划分为关注类。次级类贷款是指借款人依靠其正常经营收入已经无法偿还贷款本息，而不得不通过重新融资或拆东墙补西墙的办法来归还贷款。贷款本息损失的概率为30%～50%。从期限上考察，逾期在181天到360天的贷款，至少要被划分为次级类。可疑类贷款具备次级类贷款的所有情况，但是程度更加严重。如果是有抵押担保的贷款，即使履行抵押担保，贷款本息也注定要发生损失。只是由于该贷款正在重组等原因，对损失的程度尚难以确定，故为"可疑"。一般来说，这类贷款的损失概率为50%～95%。从期限上考察，逾期在360天到720天的贷款，至少要被划分为可疑类贷款。损失类贷款是指无论采取什么措施和履行什么程序，贷款都注定要遭受损失，或者虽然能够收回极少部分，但其价值已经微乎其微，从银行的角度看，已没有意义将其作为银行的资产在账面上保留。不用说，这类贷款的损失概率基本上为95%～100%。如果贷款逾期720天以上，肯定要被划分为损失类，并应该在履行必要内部程序之后，立即冲销。

（2）贷款分类的范围。从广义上说，贷款分类应称为资产分类。

因为，分类的原则和标准几乎适用于所有的金融资产。从整个资产负债表的资产方来看，凡是有市场价格的都按市场价格定值。没有市场价格的，可以运用贷款分类的方法为其分类。但是由于信贷资产是资产的主要内容，贷款分类从覆盖范围来看，也可以涵盖资产分类的大部分内容。进一步来说，贷款分类的标准与定义适用于所有的信贷资产，包括商业性贷款、消费者贷款、透支、应收利息与有价证券投资。贷款分类方法也适用于表外项目，包括信用证、担保以及具有约束力的贷款承诺。但是，由于各类资产的性质不同，监管当局在对银行的资产进行评估的时候，不能不加区别地对所有资产都使用同样的贷款分类标准。例如，对于商业性贷款分类要完全使用该方法，对于消费者信贷和住房按揭贷款，由于借款人没有财务报表，并且分别监控的成本较高，因此主要根据逾期的时间长短和以往逾期的次数对这类贷款分类。这样，在客观上五级分类中的关注类和可疑类就不适用，所以这类贷款一般只分为正常、次级和损失类。贷款分类的结果按风险程度加权汇总，就得出风险贷款的价值。风险贷款价值和账面价值的差额，就是对银行所面对的信用风险的量化结果。这种风险或损失虽然还没有实际发生，但是已经客观存在。根据审慎的会计准则，银行应该针对每笔风险贷款计提专项呆账准备金，弥补和抵御已经识别的信用风险。对于可以认定是无法收回的贷款，则要计提100%的呆账准备金。在经过所有必要的程序之后，仍然无法收回的贷款，则要冲销。但是要特别说明，冲销呆账，只是银行内部的事情，不等于放弃债权，对外要保密，并且不能放弃催收的努力。核销的呆账一旦收回，还要计入当年的损益，照常缴税。理想的情况下，计提呆账准备金和冲销呆账的过程应该是动态的；贷款质量下降，呆账准备金就增加；贷款质量改善，呆账准备金就减少，就像一个蓄水池一样。冲销呆账也是一样，认定损失了就冲销，收回了再入账。

2.贷款风险管理

贷款风险管理是指银行运用系统的、规范的方法对贷款业务活动中的各种风险进行识别、估计和处理，防止和控制贷款风险，从而保障贷款的安全性、流动性和盈利性。强化贷款风险管理是改善银行信贷资产质量状况、提高资产效益的主要途径。

（1）贷款风险识别。贷款风险识别就是对贷款预期风险的类型及其根源作出判别，这是贷款风险管理的第一阶段。风险识别正确与否对风险管理成败关系极大。一般来说，正确识别贷款风险将为成功的风险管理奠定基础。相反，如果对贷款风险作出错误的识别、判断或疏漏一些重大的风险征兆，那么，无论贷款风险管理的后续工作做得多么精心、多么严密，最终将不可避免地导致风险管理的失败。

贷款风险识别的基本要求包括：①正确判断贷款风险类型；②准确寻找贷款风险来源。二者是相互联系和相互制约的，不可孤立地进行分析和评价。

（2）贷款风险评估。贷款风险评估是对贷款风险发生的可能性及其损失规模作出评价，这是贷款风险管理的第二阶段，也是整个贷款风险管理的重点和难点。贷款风险评估的基本要求包括：①估计贷款风险发生的可能性；②度量贷款风险可能造成的损失规模。采取的方法应坚持以定量分析为主、定性分析为辅的原则。

（3）贷款风险处理。贷款风险处理是在识别和评估贷款风险之后，采取有效措施对贷款预期风险进行防范，以及对贷款风险加以消除，将风险损失降到最低程度，这是贷款风险管理的最终阶段。贷款风险处理的具体方法包括：①拒绝或避免贷款风险，银行对一些高风险的贷款项目作出主动放弃的决策。②降低贷款风险，银行通过对不同贷款方案的比较，选择贷款机会成本和风险损失程度低的方案，进行贷款并跟踪监测。③转移或分散贷款风险，银行通过贷款担保或向保险机构投保等方式将贷款风险转移给担保者或保险公司。④贷款风险补偿，银行通过呆账准备金，对已发生的坏账贷款进行核销。控制贷款风险具有很强的实践性，在很大程度上取决于信贷人员的经验、知识和判断能力，并呈现在一个不断变化、充满了不确定性的客观世界里，影响贷款偿还的因素千差万别，对贷款构成风险的因素不断发生，因此，要将风险控制的方法公式化，既不可能，也不应该。

3.贷款风险处置

当银行发现一笔贷款存在问题时，信贷人员必须立即考虑采取何种措施来解决这些问题。问题贷款的处理办法包括更换借款人、贷款重组、采取法律措施依法收贷等。

（1）更换借款人。对于问题贷款，银行可以要求借款人将贷款转让给条件较好的第三方，或直接由第三方向银行申请贷款并归还原借款人的问题贷款。第三方可能包括借款人的股东母公司、关联企业、借款人的债务人、准备收购或兼并借款人的第三方或其他银行的债权人等。由于种种原因，这些第三方可能会承担借款人的原有债务，如借款人的股东可能认为借款企业有良好的发展前景，出资挽救会获得较大的未来回报；借款人的母公司可能担心子公司破产或陷入危机会影响整个企业集团的安全；关联企业因与借款人有着较强的业务依赖关系，它们可能会伸出援助之手。其他银行或债权人愿意将资金提供给借款人并同意用这部分资金归还银行贷款，可能认为这是与借款人建立合作关系的极好机会，或者认为借款人的问题是可以解决的；收购兼并方收购原借款人，必须承担其所有债务。在实际操作中，更换借款人可能会出现一些变异的情况，如只更换借款人而不更换保证人或担保物，不更换借款人而只更换保证人或担保物等。此外，资产证券化、贷款出售等也属于这种情况。如此可能演变为：银行债权转为股权、债权停息挂账若干年、收购兼并方只承担部分债务而另一部分由银行核销。

（2）贷款重组。如果贷款存在的问题是短期的或暂时的，而且企业管理层有能力、有诚意解决这些问题，那么，银行就可以采取贷款重组的方式解决问题。贷款重组的措施很多，主要有以下六种：①贷款展期。对于那些因贷款期限设计与借款企业生产经营周期不匹配致使企业不能按期偿还的贷款，银行可以适当延长贷款期限，办理贷款展期。②借新还旧。借新还旧是指用新借的贷款归还旧的贷款。利用借新还旧的机会，银行可以要求借款人提供较好的担保措施，将信用转为抵押、质押、追加抵押物、更换更加优质的抵押物、更换保证人、增加保证人等，从而将贷款风险部分转嫁给第三方。此外，银行还可以要求借款人归还部分贷款本金、利息然后再给予借新还旧。③还旧借新。还旧借新是指先归还旧的贷款，银行才借给企业新的贷款。银行在运用还旧借新对贷款进行重组时应注意追踪归还旧的贷款的资金来源，以此判断企业经营的困难程度，同时通过借新之机要求债务人改善担保条件，或归还部分贷款本金和利息。④减免利息或本金。当银行确信借款人具有合作诚意、还款意愿较强，重组后有足够的还款能力且还款来源可靠时，可以考虑部分减免借款人贷款利息或本金，以降低借款人还款负担与还款压力，鼓励其努力还款。⑤以物抵债。以物抵债就是债务人以抵押物或以其他资产所有权的转移来抵销银行贷款。银行在以物抵债的操作过程中要考虑抵押物的变现情况，如抵押物的变现性差，银行收回这些资产后难以及时处理，不仅无法增强资产的流动性，还可能产生保管成本。以物抵债只是解决问题贷款的权宜之计，如果总额过大，银行就会因实物资产的迅速增加而影响资产的流动性。⑥追加贷款。如果贷款不能按时偿还是由于企业生产经营资金或项目投资资金不足，不能形成生产能力或不能及时生产出产品而造成的，在这种情况下，银行可在充分论证，确认其产品有销路、有较好经济效益的前提下，适当追加贷款。银行在作出追加贷款的决策时应该慎重，以避免贷款损失的进一步扩大。其他贷款重组方式还包括限制借款企业的经营活动、追加担保物、重新规定还款方式及每次还款金额、债转股等。

（3）清算抵押物。如果贷款重组无助于改善借款企业的经营状况或借款人不能履行贷款重组协议项下的义务，银行应考虑如何处理抵押物。抵押物处理时一般要取得法律的许可并通过协议转让、拍卖、变卖等方式进行。处理抵押物可能会导致借款企业宣布破产，如果抵押物处理所得不足以偿还贷款本息，银行应做好继续参与破产分配或核销的准备。

（4）贷款诉讼。如果抵押（质押）物的处分收入或保证人的收入不足以偿还贷款本息，或贷款没有设定担保责任，银行应当对借款人或保证人提起诉讼，要求法院予以解决。由于通过法院解决债务问题，需要花费一定的诉讼成本，因此银行在诉诸法律之前，应当作出利弊权衡。此外，银行在向法院提起诉讼时，应对借款人和保证人的财产和收入情况进行调查。如果经调查其财产和收入的确存在，则应在胜诉以后，通过没收财产、拍卖资产、扣押收入和清算债务等方式，抵偿贷款本息。

（5）申请破产。在借款企业通过上述几种办法仍不能归还贷款的情况下，唯一的选择只能是依法申请破产。如果债务人尚存有一些破产财产，那么破产之后，其债务就可以按顺序偿还，但在清偿顺序上，银行债权并不具有较早的顺序，因此破产这种办法对企业、银行和企业的其他债权人都十分不利。因为破产是在资不抵债的情况下按照法律程序清偿债务，银行选择让企业破产的办法，等于选择了让银行部分贷款白白损失，故破产只能是在万不得已的情况下作出的最后选择。企业申请破产时，银行要及时向法院申报债权，并会同有关部门对企业资产和债权债务进行全面清理。对破产企业已设定财产抵押或担保的贷款应优先受偿；无财产担保的贷款按法定程序和比例受偿。

（6）呆账核销。经过充分的努力，最终仍然无法收回的贷款，应列入呆账，由贷款损失准备金冲销。对于已核销损失类贷款，银行应继续保留对贷款的追索权。

专栏 3-1 ▬▬▬▬▬▬▬▬▬▬▬▬▬▬▬▬▬▬▬▬▬▬

《绿色信贷指引》简介

2012 年 2 月 24 日，中国银监会印发了《绿色信贷指引》。《绿色信贷指引》是我国绿色信贷体系的核心，也是境内所有银行业金融机构发展绿色信贷的纲领性文件。该指引适用于在中华人民共和国境内依法设立的政策性银行、商业银行、农村合作银行、农村信用社。

该指引把绿色信贷主要归纳为三个方面：一是银行发挥资源配置的功能，将信贷资金重点投放到低碳经济、循环经济、生态经济等领域，促进绿色产业、绿色经济的发展；二是银行加强环境和社会风险管理，建立起全面的环境和社会风险管理体系，在向客户提供金融融资等服务时，评价、识别企业和项目潜在的环境与社会风险；三是银行积极制定政策，提升自身环境和社会表现，从而实现银行的可持续发展。围绕绿色信贷这三个方面的内涵，该指引从银行组织管理、政策制度及能力建设、流程管理、内控管理与信息披露、监督检查五个方面提出要求，督促银行业金融机构从战略高度推进绿色信贷，加大对绿色经济、低碳经济、循环经济的支持，防范环境和社会风险，提升自身的环境和社会表现，并以此优化信贷结构，提高服务水平，促进发展方式转变。

该指引的推出不仅具有导向的作用，更具有重大的现实意义。一是引导资金流向绿色产业。该指引引导银行业金融机构从高污染、高能耗以及产能过剩行业压逐渐退出，引导资金更多投向低能耗、低排放、少污染的环境和社会风险较低的领域，如节能环保产业，新能源、可再生能源以及其他绿色产业。二是引导企业绿色发展。该指引促使银行业金融机构在面对企业和项目融资时，将环境和社会风险考虑在内，对企业和项目的环境和社会风险进行动态评估和监控，这种绿色信贷形成的外部压力会迫使企业规范其经营行为，从而防范和降低环境和社会风险。从这个方面考虑，《绿色信贷指引》与国际众多金融机构采纳的《赤道原则》有很多相通之处。但《赤道原则》是一个自愿性的标准和原则，我国推出的《绿色信贷指引》则对我国的银行业有很强的规范性、导向性作用。三是促进银行自身可持续发展。银行信贷客户对环境和社会产生的不良影响可能导致银行经营风险的上升，以及社会声誉受损，以致危及银行的可持续发展。推行绿色信贷，把环境和社会责任标准融入银行与客户的合作中，同时不断动态评估和监控，有助于银行业金融机构环境和社会风险的管理，从而实现可持续发展。

3.3 贴现业务

票据贴现是商业银行主要的资产业务之一。票据贴现是指商业银行应客户的要求，以现款或活期存款买进未到期的票据，银行扣除自贴现日至到期日的利息，票据到期后银行向债务人索取票据所载金额。

3.3.1　票据贴现的主要对象

可以在商业银行进行贴现的票据主要有如下几种：

1.商业汇票

商业汇票是收款人或付款人签发，由承兑人承兑，并于到期日向收款人或被背书人支付款项的票据。商业汇票分为两种：商业承兑汇票和银行承兑汇票。由付款人承兑的商业汇票称为商业承兑汇票，由银行承兑的商业汇票称为银行承兑汇票。商业承兑汇票的流动性根据承兑人的信用而定，如果承兑人信用好，流动性就高，银行也愿意予以贴现；相反，承兑人信用不好，流动性就差，银行则不愿意予以贴现。银行承兑汇票是由银行承兑，其可靠性好，持票人急用款项时，可持票向往来银行申请贴现。

2.银行票据

银行票据是由银行发出的以银行为付款人的票据。由于银行票据的出票人和主要债务人均是银行，因此其信用比一般商业汇票信用可靠。

3.商业期票

商业期票是交易成立时，买方向卖方发出的同意于若干日后支付一定金额给卖主或持票人的本票。这些商业期票也作为银行贴现的对象，但应注意的是这些期票不是以真实交易为基础，信用可靠性较差。

4.债券

债券，特别是政府或政府机构发行的公债、国库券或其他短期债券是商业银行十分愿意贴现的票据。

3.3.2　票据贴现的基本要素

商业银行票据贴现的基本要素有贴现额、贴现期和贴现率。

1.贴现额

贴现额按汇票的票面金额来核定。

2.贴现期

贴现期是指贴现银行向贴现申请人支付票款之日起至该汇票到期日为止的期限。

3.贴现率

贴现率是指一定时期的贴现付息同贴现额的比率。

上述三个基本要素确定以后可以计算出银行实际付给贴现申请人的金额。银行办理贴现时应对贴现申请人和票据进行审查，如果不符不能贴现。商业银行进行审查的主要内容有如下几点：（1）票据的各项内容是否合法、齐全；（2）票据的安全性如何；（3）背书人的信用程度及人数多少；（4）票据的期限；（5）贴现数额的限度。

3.3.3　票据贴现与贷款的区别

票据贴现与贷款同属商业银行主要的资产业务，但两者存在较大的区别：

1.期限不同

票据贴现的期限大多数在6个月以内，而贷款期限较长，即使是短期贷款也多数为6个月以上1年以内，而中长期贷款均为1年以上。

2.收息方法不同

票据贴现是贴现日预先扣收利息，而贷款利息往往是按月（或季度）结算并收取利息。不少贷款是还清本金时一并计算利息并收取。

3.当事人不同

票据贴现的当事人有银行、票据出票人、承兑人以及持票人即申请贴现人，而贷款的当事人为银行、借款人和保证人等。

4.清偿方式不同

票据贴现是一种票据买卖关系，申请贴现人是向银行卖出票据，票据由承兑人承兑到期承担无条件清偿的责任，贴现银行在票据到期日凭票向承兑人收款，只有在票据被拒付时，才向申请人追索。贷款一般由借款人还本付息，如果是担保贷款，担保人承担连带责任。

3.4　商业银行的证券投资管理

3.4.1　银行的证券投资

商业银行的投资是对有价金融证券的投资。由于法律规定商业银行不能进行实业投资，并且其物业投资也只能为自用物业，因此，银行的投资便限制为对金融证券的投资。在美国及采取美国式分业银行体制的国家，银行的证券投资一般是在一定期限内支付固定利息的固定收入债券，而在采取德国式全能银行体制的国家，银行的证券投资则可以包括非金融公司的普通股票。

1.银行证券投资的作用

银行的证券投资是银行资产管理的重要组成部分，由于银行的证券投资既有相当的流动性，又创造较高的收入，因此，它是银行克服资产流动性与盈利性矛盾的重要手段。银行为了应付不可预见的临时流动性需求，往往持有超过法定准备金额度的现金。银行法定准备金、超额准备金、在银行的存款以及托收中现金等现金头寸的总和统称为银行第一准备金。不过，银行的第一准备金不产生任何收入。超额准备金的数额越大，银行的经营成本便越高，而盈利水平则越低。因此，银行通常将用于满足短期流动性需求的现金投资于货币市场证券，特别是短期国库券。这种投资具有一定的收益性，并且能够在极低的成本下出售而换取现金。该类短期货币市场证券投资被称为银行的第二准备金。此外，银行用于满足较长期流动性需求的资金往往被投资于收益较高、到期期限较长的证券。当银行需要满足其客户的流动性需求时，可以将这些证券出售而取得现金。这类证券投资被称为银行的第三准备金。

银行的证券投资对于银行的资产管理具有重要意义，其基本作用可以归纳如下：第一，证券是银行满足现金需求的重要流动资产，因为这些证券投资极易变现。第二，随着经济周期的变化，贷款的需求也在变化。第三，证券投资是银行收入的重要来源，而且这种投资的成本很低。

2.银行证券投资的特点

银行的证券投资主要是购买具有固定收入的债券类金融资产。这些金融资产具有一些共同特点，这些特点体现了银行证券投资管理的方向与内容。银行证券投资的主要特点包括：

（1）债券类金融资产都有一定的到期期限。例如，货币市场的证券到期期限从1天到1年以内，资本市场债券的到期期限则从1年到30年不等。

（2）证券的利息收入与证券的资本增值一般应缴纳收入所得税，而证券的资本损失则可以从银行应缴税收入中扣除。不过，有些证券享受免缴收入所得税的优惠。例如，美国联邦政府与地方政府的债券可以免缴地方当局收入所得税。

（3）债券类金融资产可以具有各种不同的特殊规定。例如，有抵押保证性、可提前赎回性、可转换性等。

（4）债务类资产均有四种风险。第一，流动风险；第二，利率风险；第三，违约风险；第四，购买力风险。

3.银行证券投资的分类

银行的证券投资可以根据金融证券的不同性质分为不同的种类。为了方便起见，我们将银行证券投资分为三大种类：货币市场投资工具、资本市场证券与创新的投资工具。

（1）货币市场投资工具。货币市场投资工具包括所有到期期限在1年以内的金融工具与证券。商业银行最普遍使用的货币市场投资工具包括银行间的同业拆借资金（在美国称为联邦基金）、中央政府通过财政部发出的短期债券、大工商机构的商业票据、金融机构的可转让存单、银行承兑汇票、回购协议等。货币市场投资工具具有很高的流动性，其市场风险低。并且，由于货币市场投资工具的到期期限很短，这些工具的价格变动风险很小，但是，它们的再投资收益变化风险很大。银行是货币市场投资工具的投资者。

（2）资本市场证券。这类金融资产包括所有到期期限在1年以上的证券。银行主要投资的债券类证券有中长期国库券、其他中央政府机构债券、地方政府债券，以及高等级（如 A 级以上）公司债券等。这些证券具有期限长、收益高的特点。国库券没有违约风险，而且其流动性也很强。其他政府部门的债券的流动性次之，地方政府债券流动性更次。公司债券收益性高，而流动性水平与地方政府债券类似，但其违约风险较高。因此，商业银行往往对持有公司债券采取谨慎态度。

（3）创新的投资工具。20世纪80年代以来，商业银行大幅度地减少了传统的证券投资，特别是地方政府的债券投资，而大量购入新出现的金融投资工具。这些工具可划分为抵押贷款保证的证券、资产保证的证券以及共同基金股份。抵押贷款保证的证券首先在美国出现，70年代末期，美国政府全国住宅抵押贷款协会（GNMA）发行了由住宅抵押贷款作为保证的证券。这种以住宅抵押贷款为担保的证券一般都是过手证券，过手证券有两类：纯粹的过手证券和全面改进的过手证券。纯粹的过手证券是指代理人实际收到本金与利息后，方才转交给证券持有者；全面改进的过手证券是指不论代理人从抵押贷款中收到本金和利息与否，均应向证券持有人进行支付。金融市场上出现的另类新产品是资产保证的证券。80年代以来，商业银行对其传统的贷款进行了证券化改造，将某些传统的非流动性贷款经过技术性处理后重组为同质量并可分割的标准贷款组合，以此为本金与利息收入保证来发行证券。这种资产保证的证券与抵押贷款保证的证券没有本质差别。最普遍作为本金与现金流入保证的资产是汽车贷款与信用卡应收款两大类。

3.4.2 证券投资组合

银行的证券投资并不是购买单一金融证券，而是购入不同种类与期限的证券，形成证券投资组合。证券投资组合的基本目的是通过对不同类别与不同到期期限证券的搭配来降低投资风险，增加投资收益，以及维护资产的流动性。投资组合是银行资产管理的重要内容。

1.证券组合的原则

对不同规模与不同地区的银行来说，其证券投资组合存在着很大的差异。例如，金融中心城市银行往往选择较灵活与盈利水平较高的投资组合，而中小城市银行则倾向于选择较稳健与流动性高的证券组合。不过，商业银行进行证券组合时都遵守若干基本投资原则。这些基本原则包括以下几点：

（1）银行的投资组合要与流动性需求相配合。因为银行的流动性需求必须得到满足，这就要求银行的证券投资组合能够及时变现。各种证券的到期期限要与计划中的现金需求相吻合，以保证满足银行未来的现金需求。

（2）银行的抵押担保。在主要发达国家，政府在银行财政账户存款通常要求银行有相应的资产作抵押。一般来说，银行用作抵押品的资产是风险程度最低、流动性最高的国库券。因此，银行的投资组合亦需持有相当数量的国库券以满足这一要求。

（3）投资组合的风险分析。商业银行必须做好投资的风险分析，以便有效地规避免风险，保持或提高银行的信用等级。银行投资组合的风险分析要与银行其他的风险一起进行，从而将银行的整个风险控制在一定范围内。

（4）纳税考虑。银行要仔细研究各种会计上的合法避税方法。有些证券投资收入免税，但这些收入一般会降低银行的营业收入。银行应在综合权衡之后，作出相应决策。

（5）投资风险分散原则。证券投资组合的风险分散应表现在证券的不同区域分布、不同种类证券的组合等方面。例如，国库券和地方政府债券，不同地方政府债券，政府债券与公司债券，以及不同的公司债券等都应在银行投资组合中占有一定比例，以达到分散投资组合风险的目的。

（6）利率弹性分析。银行的资金来源与贷款去向均受到利率变化的影响。当利率发生变化时，银行的资金来源与资金使用都会发生相应变化。不过，由于银行负债与资产对利率变化的弹性不同，市场利率变化对利率敏感负债（资产）的影响大于利率非敏感负债（资产）。因此，银行需要对不同金融资产进行利率弹性分析，从而合理地确定银行现金需求及投资组合风险的高低。

2.证券组合决策

银行投资与其他行业的投资一样，银行必须首先对宏观经济环境有准确的了解，才能保证其投资取得最大收益。银行对宏观经济预测的工具主要是计量经济学的各种方法。预测结果准确与否在这里并不是问题的关键，重要的是在进行投资决策时，银行需对宏观经济作出理性的定量预测。在分析宏观经济环境的基础上，银行应该制定合理的投资组合原则。在明确的投资原则制定后，银行便需要确定如何组合银行的投资。

银行证券投资组合的规模由以下主要变量决定：（1）银行全部资

金扣除法定准备金及贷款组合后的余额；（2）银行必须满足的抵押要求；（3）证券投资的利润大小。

3.证券投资组合期限

证券投资到期期限的要求表现在两个方面：证券投资所能允许的最长期限，以及证券投资组合中不同期限的组合。银行限制证券投资的最长期限源于证券质量及利率的变化。证券到期期限越长，其质量波动越大，而且这种波动也变得更难预测。确定投资到期期限的上限可以避免这种风险。银行限制证券投资期限的另一个原因是降低利率变化所引起的风险。如果市场利率上升，长期证券的市场价格便会随之下降，从而其投资收益就会受到不利的影响，通过限制投资期上限，可以降低这种利率风险。与限定投资最长期限相比，调整投资组合的期限就难得多。银行的其他各种投资政策可以定期调整，但其投资组合期限的调整则需要不间断地进行。

以下是三种较常用的方法：（1）循环到期投资组合；（2）等距离到期投资组合；（3）杠铃式到期投资组合。在经济周期的影响下，各种经济变量，如利率等也呈周期性变化。循环到期投资组合或周期性到期投资组合的原则是，在利率处于上升期时银行应持有短期证券，而在利率处于下降期时银行则应持有长期证券。等距离到期投资组合是把投资中的证券大体按到期期限等距离分开，在等距离的时段上，银行持有相同数量的不同期限证券。杠铃式到期投资组合是指把部分现金投到流动性高的短期证券，而把余下部分投到高回报长期证券。倾向于这种方法的投资经理认为，高流动性证券和高回报证券的组合可以弥补证券投资的其他风险。银行究竟应用何种战略取决于自身的实际情况。小银行管理经验较少，等距离到期投资方法显然是较好的选择。对那些有较强能力的大银行，杠铃式到期投资方法则是较佳选择。

专栏3-2 ▬▬▬▬▬▬▬▬▬▬▬▬▬▬▬▬▬▬▬▬▬▬▬▬▬▬

南京银行打造"债券市场特色银行"

2007年7月19日，南京银行在上海上市，成为我国城市商业银行中首批上市银行之一。发行上市期间，"债券市场特色银行"是南京银行广为宣传的经营特色之一。2006年，其资金业务对银行营业净收入的贡献度为12.11%，对营业利润的贡献度为16.17%，高于行业平均水平。银行的资金业务主要是债券业务，2006年，南京银行债券业务在总资产中占比为38.48%，对利息收入的贡献度为31.77%。为了打造"债券市场特色银行"，南京银行采取了如下措施：

（一）设置独立运营机构

为了实现资金业务的专业化管理目标，提高资金运作效率，有效防范资金业务风险，2002年9月，南京银行正式成立了资金营运中心。除资金头寸和同业拆借业务由南京银行计划财务部和资金营运中心共同协作管理以外，南京银行资金业务的日常交易、投资、管理等工作都由资金营运中心负责实施。在部门设置中，按照前、中、后台业务分工协作的配置原则，南京银行资金营运中心内设五个业务部门，其中前台业务部门是投资交易部、结算代理部和票据中心，中台业务部门为综合研究部，后台业务部门为清算结算部。

1.前台

投资交易部负责管理运用南京银行债券投资资金，落实日常债券资产管理、流动性管理，具体包括资金头寸安排、网上资金同业拆借、自营债券回购、自营债券买卖、债券承销、债券分销、公开市场操作等；结算代理部负责结算代理客户的拓展管理工作，包括代理回购、代理债券买卖、代理客户分销、代理结算以及代理客户的理财服务等；票据中心负责南京银行票据贴现、转贴现及再贴现业务的操作。

2.中台

综合研究部负责基础分析研究、宏观经济和行业研究、风险控制、业务创新、产品研发、内部员工培训等工作；负责落实资金营运中心内部资金业务风险控制的具体相关工作，并负责撰写和披露风险报告，包括交易性债券和交易员个人敞口债券评估周报、风险控制月报等。

3.后台

清算结算部负责匡算资金头寸、债券自营和代理的债券结算，办理资金清算及账务核算，会计系统操作与维护，会计资料保管等工作。为了杜绝操作风险，债券后台结算、资金清算、账务核算等工作都采取了经办与复核分离的双人操作模式。

（二）注重推进业务创新

为保持竞争优势，南京银行在机构理财、个人理财和债券结算代理业务领域展开了积极的产品创新，陆续推出银行间债券市场资金联合投资项目、债券市场收益可选择集合信托计划、债券结算代理业务"债市列车"系列产品、金融债理财等新业务品种。南京银行的债券业务主要包括债券结算代理和债券理财两大类。

南京银行债券结算代理业务主要包括：

（1）代理客户债券买入，即企业（机构客户）向南京银行提出债券买入申请，签订债券买卖协议，通过南京银行在银行间债券二级市场上办理债券买入交易，购买的债券可以后期在二级市场卖出获利，或持有到期获息。

（2）代理客户债券卖出，即机构客户向南京银行提出债券卖出申请，签订债券买卖协议，通过南京银行在银行间债券二级市场上进行债券卖出交易。

（3）代理客户债券分销，即机构客户向南京银行提出认购申请，并签订分销协议。机构客户从一级市场买入债券后，可以后期在二级市场上卖出，也可以持有到期获取利息收入。

（4）代理客户债券回购，即机构客户有临时资金需求时，可以通过债券正回购方式融入资金，以在银行间市场购买或分销购入的国债、政策性金融债及中央银行票据等作为质押物，向南京银行进行回购取得资金，也可通过债券逆回购方式融出资金，实现资金流动性管理。

南京银行债券理财业务主要包括：

（1）金梅花债券结算代理业务理财产品，是指企、事业法人有短期富余资金时，不愿意承担市场价格波动的风险，同时又期望得到较高收益率，可以运用协议债券作为载体，通过结算代理方式，使客户在保证流动性充足的前提下盘活资金，提高资金回报率。协议期间如遇临时性资金需要，可以用协议债券做质押回购融入资金调剂使用。

（2）机构资金联合投资项目，是指以中小金融机构为主要参与对象，通过集合投资运作的方式，归集资金并主要投资于银行间货币市场和债券市场，借助南京银行的专业投资实力，在有效控制投资风险的前提下，为项目参与人带来高额的资金回报率。

（三）注意加强风险控制

南京银行根据市场环境和行情的变化特点，在充分研究、分析宏观经济和金融形势、货币政策、供求关系等诸因素的基础上，不断修正和调整风险指标，并据此制定投资策略；制定了包括管理制度、业务操作流程在内的风险控制制度；投入使用了专业技术分析和风险管理软件，开发使用了债券综合业务系统，实现了审批流程和风险监测的电子化、系统化管理，达到了初步的实时监控。

本章小结

1.现金资产是商业银行所有资产中最具流动性的资产。商业银行要维持资产的流动性，保持清偿力和获取更有利的投资机会，必须持有一定比例的现金资产，并对其进行科学管理。因此，现金资产业务是商业银行的一项重要业务。

2.贷款业务又称放款业务，是商业银行的授信业务和最基本的传统业务，也是商业银行盈利资产的重要组成部分。商业银行筹集资金的目的在于运用资金获取利润，贷款就是将筹集的资金贷放给客户，到期收回本息的资金运用形式。贷款业务的风险与收益并存。依照国际通行做法，按贷款风险程度进行分类，能揭示贷款的内在风险，及时、准确、全面地反映贷款的风险价值。

3.票据贴现是指商业银行应客户的要求，以现款或活期存款买进未到期的票据，银行扣除自贴现日至到期日的利息，票据到期后银行向债务人索取票据所载金额。

4.证券投资业务是商业银行优化资产配置、保持资产安全性、流动性的必要手段，也是获取收益的重要渠道。商业银行的证券投资业务既不同于自身的其他资产业务，也不同于一般企业集团的投资。商业银行的证券投资业务因各国的金融监管制度、金融环境和市场发达程度不同而表现出较大的差异。在金融混业经营制度下，商业银行的证券投资领域和范围不断拓宽。

综合训练

3.1 单项选择题

1.商业银行最主要的资产业务是（　　　　）。

A.现金业务　　　　　　　　B.证券投资业务

C.贷款业务　　　　　　　　D.消费信贷业务

2.商业银行最主要的经营收入来源是（　　　　）。

A.同业拆借　　　　　　　　B.贷款业务

C.中间业务　　　　　　　　D.代理业务

3.下列属于货币市场工具的有（　　　　）。

A.银行承兑汇票　　　　　　B.普通股

C.优先股　　　　　　　　　D.债券

4.发放贷款的主要依据是（　　　　）。

A.借款人的抵押资产　　　　B.担保人的信用等级

C.借款人的净现金流量　　　D.借款人经营活动的现金流量

5.按照（　　　　）将贷款分类为正常、关注、次级、可疑、损失。

A.期限　　　　　　　　　　B.保障程度

C.质量状况　　　　　　　　D.偿还方式

3.2 多项选择题

1.商业银行的现金资产包括（　　　　）。

A.库存现金　　　　　　　　B.在途资金

C.在中央银行的存款　　　　D.存放于同业的款项

E.活期存款

2.影响商业银行超额准备金的因素有（　　　　）。

A.存款余额的变化

B.存款准备金率的调整

C.存款结构的变化

D.贷款专项损失准备金提取比例

E.贷款结构的变化

3.以下属于消费贷款的贷款种类是（　　　）。

A.汽车贷款　　　　　　　　B.住房抵押贷款

C.耐用消费品贷款　　　　　D.信用卡透支

E.购买股票

4.商业银行贷款按期限分类可分为（　　　）。

A.短期　　　　　　　　　　B.中期

C.贴现　　　　　　　　　　D.长期

E.不确定

5.商业银行证券投资的目的在于（　　　）。

A.获取收益　　　　　　　　B.分散风险

C.增强流动性　　　　　　　D.改善银行的资产负债表

E.履行社会责任

3.3　思考题

1.商业银行现金资产的主要作用是什么？

2.简述贷款政策的主要内容。

3.商业银行票据贴现的主要品种有哪些？

4.简述贷款五级分类的主要内容。

5.商业银行证券投资的主要特点有哪些？

第4章

商业银行资本管理

学习指南

【学习目标】通过本章的学习，我们将了解商业银行资本的含义及功能；熟悉商业银行资本的构成、充足性及监管；掌握商业银行资本的筹集和管理方式。

【关键概念】资本　核心资本　附属资本　风险加权资产　资本充足率　分子对策　分母对策　外源资本　内源资本

引例

安徽省探索农商行资本补充的有效实践

为了探索创新型资本补充方式，安徽省联社在立足农商行主体地位的同时，注重发挥"小银行、大平台"的服务功能作用，在指导和引领上采取一些切合实际的政策措施。

一方面，加大政策支持。安徽省联社鼓励农商行探索发行二级资本债等创新型资本补充方式，积极支持农商行挂牌上市。比如，2015年出台了推进农商行挂牌上市工作方案，协调推进全省农商行在主板和新三板的挂牌融资工作。其中，对2017年年底前在新三板挂牌和主板上市的农商行给予每家一次性50万元奖励。

另一方面，加强业务指导。农商行的创新型资本补充方式不仅需要达到监管评级、资产规模和业务资质等硬性要求，也面临知识、技术、人才准备不足等实际困难。从2015年起，安徽省联社通过引入券商、业务培训、政策咨询等方式，帮助农商行学习新业务、掌握新政策，内容包括做好定向发行、优先股融资以及二级资本债发行等，稳妥开办债权融资及各类资管等新业务，探索资产证券化、并购重组等新领域，推动农商行积极发行新的资本工具，全面对接多层次资本市场。

自完成农商行全面改制以后，安徽省联社为了把农商行真正推向市场，全面对接主板、中小板、新三板和区域股权市场等多层次资本市场，积极通过资本市场的资本募集以及市场机制约束来推动农商行发展壮大。截至2016年5月末，全系统83家农商行中，已有15家启动挂牌上市工作，其中3家农商行计划在主板上市，其他12家农商行打算在新三板挂牌，并定向募集资本或发行优先股。

安徽省联社推动达到资质的农商行发行二级资本债，增强了农商行的风险抵御能力。马鞍山、桐城2家农商行发行二级资本债7.7亿元。通过发行二级资本债迅速补充附属资本金，解决了燃眉之急。虽然二级资本债的本质是债，不能长期补足资本，但有缓冲作用。特别是在资本充足率接近监管阈值的时候，发行二级资本债有助于农商行不降低监管评级、不妨碍正常的业务经营，也给农商行提供了一个改善经营状况、调整资产结构的缓冲期。

安徽农商行系统对发行资本债的积极性很高。以2016年为例，全系统按计划增资58亿元，其中，通过传统方式增资34亿元，占比为59%，包括利润转增股本7亿元，增资扩股27亿元；有5家农商行计划发行二级资本债24亿元，占比达到41%。这说明，农商行运用创新型资本补充方式将逐步常态化，且越来越受到重视，创新型资本补充方式将逐步成为农商行主要的资本补充方式之一。

银行是依靠公众信任而经营风险的企业，资本对银行的意义，不仅在于资本为银行经营提供了必要的资金来源，更重要的是充当了银行抵御风险的防线、维护公众信任的工具。

4.1 商业银行资本概述

4.1.1 商业银行资本的含义

商业银行资本通常是指金融机构的所有者投入的资金总和。对于商业银行而言，所有者是指其持股股东，包括普通股股东和优先股股东。商业银行的所有者提供了部分财富——货币，以期获得满意的收益率，有时他们能够获得满意的回报，有时却不能。例如，若金融机构破产，则股东将无法收回投资。因此，对于商业银行资本的概念可以这样理解：它是银行股东或其他投资人为赚取利润而投入银行的初始资金，与保留在银行的所有未分配利润的总和，这些资金可供银行长期保留或较长时间使用。

4.1.2 商业银行资本的构成

商业银行的资本主要由两部分组成，即核心资本（一级资本）和附属资本（二级资本）。

1.核心资本

核心资本又称一级资本，是银行资本中最重要的组成部分，占银行全部资本的50%以上。其主要包括实收资本、资本公积、盈余公积、未分配利润和少数股权。

（1）实收资本：投资者按照章程或合同、协议的约定，实际投入商业银行的资本。

（2）资本公积：包括资本溢价、接受的非现金资产捐赠准备和现金捐赠、股权投资准备、外币资本折算差额、关联交易差价和其他资本公积。

（3）盈余公积：包括法定盈余公积、任意盈余公积和法定公益金。

（4）未分配利润：商业银行以前年度实现的未分配利润或未弥补亏损。

（5）少数股权：在合并报表时，包括在核心资本中的非全资子公司中的少数股权，是指子公司净经营成果和净资产中不以任何直接或间接方式归属于母银行的部分。这部分资本是我国商业银行的资产负债表中的所有者权益，可完全用于弥补银行损失。

2.附属资本

附属资本又称二级资本，也是银行资本的组成部分，主要包括重估准备、一般准备、优先股、可转换债券和长期次级债务。

（1）重估准备。商业银行经国家有关部门批准，对固定资产进行重估时，固定资产公允价值与账面价值之间的正差额为重估储备。若监管当局认为，重估作价是审慎的，这类重估准备可以列入附属资本，但计入附属资本的部分不得超过重估储备的70%。

（2）一般准备。根据全部贷款余额一定比例计提的，用于弥补尚未识别的可能性损失的准备。

（3）优先股。商业银行发行的、给予投资者在收益分配、剩余资产分配等方面享受优先权利的股票。

（4）可转换债券。商业银行依照法定程序发行的、在一定期限内依据约定条件可以转换成商业银行普通股的债券。

（5）长期次级债务。其是指原始期限最少在5年以上的次级债务。经监管当局认可，商业银行发行的普通的、无担保的、不以银行资产为抵押或质押的长期次级债务工具可列入附属资本，在距到期日最后5年，其可计入附属资本的数量每年折扣20%。商业银行的这部分资本只能在一定条件下弥补银行损失。按照规定，附属资本不得超过核心资本的100%；计入附属资本的长期次级债务不得超过核心资本的50%。

3.资本的扣除项目

根据规定，我国商业银行在计算资本充足率时，需要从上述两项资本中扣除下列项目：（1）商誉；（2）商业银行对未并表银行机构的资本投资；（3）商业银行对非自用不动产、对非银行金融机构和企业的资本投资。

4.1.3　商业银行资本的功能

商业银行与其他类型金融机构的最大区别在于可以吸收公众存款，其经营状况的好坏直接关系到众多存款人的利益，因此各国金融监管机构都对商业银行的设立制定了严格的标准，如经营范围的大小、资本充足水平、贷款集中程度、流动性水平、风险准备金比例等，其中最重要的就是开业资本是否充足。

1.经营功能

商业银行资本的经营功能表现在：（1）在开业之前，为商业银行的注册、组建和开业提供所需资金。资本为银行购买土地、修建新建筑、购买设备、雇用管理者和职员提供了启动资金，并为银行提供了领取营业执照、组织经营所需的营运资金。（2）开业后，银行拓展新的业务、开发新的计划都需要大量的资本，用于承担相应的风险。新资本的注入使银行能够在更多的地区开展业务，通过建立新的分支机构、开办新的业务来满足扩大了的市场和客户需求。此外，银行开发新的业务、实施新的计划是存在一定市场风险的，一旦项目失败，发生的损失也必须由资本进行弥补。

2.防御功能

商业银行资本与风险是紧密相联的。在经营活动中，所有者将面对来自各方面的风险，包括信用风险、流动性风险、利率风险、经营风险、汇率风险和犯罪风险等。银行虽然可以利用提高贷款质量、资产分散化组合或存款保险等多种手段防范风险，但是都要靠银行资本作为最后一道防线。根据巴塞尔委员会的资本监管协议，商业银行经营风险越大，应当保留的资本金越多，从而使银行资本具有了防范银行风险暴露的功能。

3.保护功能

商业银行资本是吸收存款的基础，为银行对外融资提供保护，同时银行资本可用来承担资产损失，为银行破产提供保护，为银行提供缓冲的机会。另外，银行拥有较多的资本，能够增强公众信心，防止挤兑发生。公众的信心对于银行来说非常重要，是关系到生死存亡的头等大事。由于普通公众并不具备专业财务知识，因此选择银行时考虑更多的是银行规模是否足够大、信誉是否良好。鉴于资本是银行规模最直接的反映，商业银行需要拥有充足的资本，以吸引更多的客户，维持在公众心目中的形象；否则当经济不景气时或发生意外事件时，挤兑行为会给银行带来灭顶之灾。

4.2　商业银行的资本充足性管理

银行资本的充足率是金融监管的重要内容，如何确定适宜的资本水平是商业银行经营管理者必须面临的风险与收益均衡决策。

4.2.1　最佳资本需求量原理

银行最佳资本需求量原理认为，银行资本既不应过高也不应过低。银行资本过高会使财务杠杆比率下降，增加筹集资金的成本，最终影响银行利润；资本过低会增加对存款等其他资金来源的需求，使银行边际收益下降。

4.2.2　资本充足性的衡量

随着金融理论和实践的不断发展，商业银行资本量的计算与衡量方法从最简单的单一比率测算，现已发展成为日益复杂的综合计量体系，不断地迈向科学化与精确化。

1.资本与存款比率

资本与存款比率方法出现于20世纪初，是最早的衡量商业银行资本的指标。这一指标显示了银行资本对存款的保障力度，以及应对流动性冲击的能力。第二次世界大战前，各国普遍规定商业银行资本必须至少达到存款总额的10%以上。在美国，这种方法曾以法律的形式确定下来。然而，商业银行逐渐意识到，流动性危机应该是资金运用不当所致，即贷款与投资的变现能力不足，而不是存款本身。因此，这种衡量方法也逐渐被资本与总资产比率所取代。

2.资本与总资产比率

该指标克服了资本与存款比率的不足（没有考虑资金运用），方便直观、简单明了，能在一定程度上反映银行应对资产意外损失的能力，从而被世界各国所采纳。该比率一般规定在8%左右。不过，该比率并没有反映商业银行资产的结构。就流动性和抗风险能力而言，短期证券、短期贷款、现金资产、长期贷款和长期投资是截然不同的，不能等量齐观。因此，资本与总资产比率用于经营决策和金融监管还不够科学。

3.资本与风险资产比率

随着商业银行业务的扩展，资本与总资产比率的缺陷日益显现，于是，商业银行与金融监管当局共同设计出了资本与风险资产比率，认为该比率至少要达到15%以上才能说明商业银行的资本是充足的。风险资产指不包括商业银行第一和第二级准备金、同业拆借、短期国债在内的资产，因为这些资产本身没有风险，或者仅有较小的风险，不需要资本支持。中长期贷款、长期债券、股票投资等资产需要资本支持，或者说资本保障。换言之，不同种类的风险资产所承担的风险大小有着较大的差别。风险较高的资产，如信用级别较低的贷款、股票投资等，需要较多的资本作保障；而风险较低的资产，如政府的债券等，则不需要太多的资本作后盾。该指标较好地体现了资本抵御资产意外损失的能力，比前两个指标更具科学性。但是，该比率没有对风险资产的结构作深入分析，其处理方法仍然过于简单化。

4.分类比率法——纽约公式

人们认识到资本与风险资产比率的不足之处后又提出了分类比率法，或称为资产结构比率法。其1952年由美国纽约联邦储备银行设计，因此也称为纽约公式。根据商业银行资产风险程度的不同，它将全部资产分作六类，分别对每类资产规定了相应的资本要求比率，从而实现了资本要求的进一步细化和精确化。

（1）无风险资产。无风险资产包括库存现金、同业拆借、短期国债等第一、第二级准备金等流动性很强的资产。这类资产风险极小，不需要资本担保，即资本要求比率为0。

（2）风险较小的资产。该类资产包括5年期以上的政府债券、政府机构债券、优质的商业票据、安全性较好的信用担保贷款等。这类资产流动性较高，风险较低，风险权数被定为5%。

（3）普通风险资产。该类资产包括除了政府公债之外的证券投资和证券贷款，即有价证券资产，其风险较大，流动性也比较差，故风险权数被定为12%。

（4）风险较高的资产。该类资产包括对那些财务状况较差、担保不足、信用水平较低的债务人的贷款，其风险权数被定为20%。

（5）疲软资产或有问题资产。该类资产包括那些逾期未还的贷款、可疑贷款、拖欠的债券等，这类资产遭受损失的概率极大，因而风险权数被定为50%。

（6）亏损资产或固定资产。固定资产原则上说应当由银行动用资本购买，因为它是银行生存、发展、开展业务的根本物质条件，是资本的物化形式；亏损资产则指已经给银行造成损失、完全不可收回的资产。这类资产应当由银行资本金抵偿，因而需要100%的资本保障。这样，商业银行只要对其资产按照各自的风险权重进行加权平均，便可以求得商业银行所需的最低资本量。分类比率法克服了以前三种资本衡量方法的不足，具有相当的科学性，其基本思想为权威的《巴塞尔协议》所采纳。

5.综合分析法

以上衡量商业银行资本的指标都是从资产（或存款）数量及结构这方面来进行评估。实际上，影响商业银行资本量的因素较多，包括商业银行的经营管理水平、盈利状况、资产与负债结构、银行股东状况等。因此，商业银行所需资本量的测算方法应基于对各种因素的综合考虑与分析。综合分析法最早于20世纪70年代在美国出现。该方法认为，影响资本充足率的定量与定性因素主要有8个，即：（1）商业银行的经营管理质量；（2）资产的流动性；（3）收益及留存盈余额；（4）存款结构的潜在流动性；（5）商业银行股东的信誉与特点；（6）各种间接费用的负担状况；（7）营业程序的有效性；（8）商业银行适应本地区现在与将来行业竞争的能力。综合分析法虽然较为全面，但一些指标难以量化，在实际操作中不可避免地带有一定的主观性，因而也就影响了分析结论的准确性、公正性和可比性。因此，在实际工作中，人们常常把综合分析法与资本风险资产比率法、资本资产比率法结合起来运用。

专栏4-1 ━━━━━━━━━━━━━━━━━━━━━━━━━━━━━━

巴塞尔协议的演进

1.《巴塞尔协议I》：国际银行业监管标准的统一

作为信用中介，银行自面世以来就从未离开过风险，20世纪70年代后，在全球化的浪潮下，银行跨境经营不断发展，国际银行体系面临的风险有所上升，西方国家开始寻求建立跨国的银行监管合作机制。人们普遍认为，1974年美国富兰克林国民银行和德国赫斯塔特银行的倒闭，直接促使了1975年巴塞尔委员会的成立。委员会成立后，陆续颁布了一系列政策文件，并于1988年正式发布了《统一资本计量和资本标准的国际协议》，即《巴塞尔协议I》。该协议旨在增强银行体系稳健性，消除国际银行之间的不公平竞争，其主要内容包括：一是资本定义，将资本划分为核心资本和附属资本；二是资本充足率，资本与风险加权资产的比率不低于8%，其中核心资本与风险加权资产的比率不低于4%；三是风险加权资产计量，根据资产类别、性质和债务主体计量信用加权资产，风险权重为0、10%、20%、50%和100%。

《巴塞尔协议I》强化了银行监管当局以及股东、董事和管理层的资本意识，有助于增强银行的稳健性和安全性，具有划时代意义。但它的计量方法较为粗略，仅考虑了信用风险，未涉及银行面临的其他风险。随着金融创新的发展，银行衍生品交易产生的损失事件不断增加，巴塞尔委员会于1996年颁布了《关于市场风险资本的补充规定》，将市场风险纳入风险加权资产计量框架，对银行提出了更高的资本监管要求。

2.《巴塞尔协议II》：资本监管框架的修订和完善

进入20世纪90年代后，西方国家以放松监管为特征的金融自由化日益盛行，各类金融创新日趋活跃，金融产品复杂化程度不断提升。1988年的资本协议虽然具备较强的可操作性和一定的可比性，但其简单的风险权重框架难以适应日渐复杂的金融市场环境。1997年的东南亚金融危机及其所引发的动荡，使得国际监管界迫切感到修订银行业监管标准已刻不容缓。于是，巴塞尔委员会启动了资本协议的修订工作，并于2004年发布了修订的《统一资本计量和资本标准的国际协议修订框架》，即《巴塞尔协议Ⅱ》。

从内容上看，《巴塞尔协议Ⅱ》建立了三大支柱：第一支柱是最低资本要求，它延续了《巴塞尔协议Ⅰ》规定的8%的最低资本充足率要求；提出了全新的信用风险内部评级法；首次纳入了操作风险计量，从而确立了以信用、市场和操作风险为基础的风险计量框架。第二支柱是监督检查，要求银行开展内部资本充足评估程序（ICAAP），强化监管机构的职责，对第一支柱形成了有效补充。第三支柱是市场纪律，强化了银行披露资本充足率等信息的监管要求。《巴塞尔协议Ⅱ》是对《巴塞尔协议Ⅰ》的补充和完善，是国际银行监管理念的又一次进步，但实施过程中也逐渐表现出资本标准不严、交叉性风险覆盖不足、模型比较复杂、存在监管套利机会等问题，逐渐成为其日后广受争议的焦点。

《巴塞尔协议Ⅲ》：全球金融危机后的全面改革

2008年的全球金融危机暴露了监管领域的诸多漏洞，如宏观审慎不足，对系统性风险缺乏监管协调，公司治理理念方面存在缺陷，银行持有的资本在危机时不能有效吸收损失等。基于此次危机的教训，巴塞尔委员会自2009年开始着手准备新一轮的改革方案。2010年11月举行的二十国集团（G20）首尔峰会，一致通过了巴塞尔委员会提交的资本监管和流动性监管方案。2010年12月，巴塞尔委员会正式发布《巴塞尔协议Ⅲ》。根据2012年G20领导人洛斯卡沃斯峰会要求，金融稳定委员会（FSB）把推动和监督《巴塞尔协议Ⅲ》的实施列为其国际监管改革的重中之重。

《巴塞尔协议Ⅲ》侧重于提高资本质量和资本数量，其RWA计量框架基本沿用《巴塞尔协议Ⅱ》的模式。一是建立了更为严格的资本定义，提出了更高的资本要求，普通股充足率为 4.5%，一级资本充足率为 6%，总资本充足率为 8%；二是从宏观审慎视角提出了储备资本缓冲、逆周期资本缓冲、全球系统重要性银行附加资本等要求，以应对经济周期和防控系统性风险；三是首次提出了流动性风险定量监管的国际统一标准；四是引入了 3% 的杠杆率监管指标。《巴塞尔协议Ⅲ》是应对危机的产物，它的一个重要特点是，不仅注重微观审慎监管，同时也引入了宏观审慎监管的理念。

2017 年 12 月 7 日，巴塞尔委员会宣布完成《巴塞尔协议Ⅲ》的最终方案。

4.3 商业银行的资本结构管理

根据《巴塞尔协议Ⅲ》对银行资本的规定，银行的最低资本限额应与银行资产结构所决定的资产风险相联系；同时，银行持股人的股本被认为是最重要的第一类资本或核心资本。因此，对商业银行资本的结构管理涉及资本结构和资产结构两个方面。

4.3.1 分子对策

分子对策是针对《巴塞尔协议Ⅲ》中的资本计算方法尽量地提高商业银行的资本总量，优化资本结构。银行的资本计划应建立在其管理目标所需的银行资本金以及金融当局所规定的银行最低资本限额要求的基础之上。因此，商业银行应当首先考虑提高核心资本金，使核心资本水平达到 4%。当然，提高核心资本往往会带来股东权益与每股盈利的稀释，或者股息发放太少引起股价下跌等不良后果，因此银行不可能急速提高核心资本额。筹集附属资本成本较低，并且常会给银行带来杠杆收益，但《巴塞尔协议Ⅲ》对之却有所限制，即附属资本不能超过总资本的 50%，次级长期债务不能超过核心资本的 50% 等，因而附属资本的扩张要受到监管数量制约。对于涉及资本的筹集方式，内源资本和外源资本各有优劣，在作出决策前必须作谨慎的综合分析。

1.内源资本的筹集

资本的内部筹集是商业银行获取资本最经济和最便捷的方法。概括起来，资本内部筹集可以采用两种具体方法，即收益留存和增加各种准备金。实际上，提取呆账损失准备金，或者提取证券损失准备金，对商业银行非常有利，因为其既增加了银行资本，又几乎不要求银行为之付出任何代价。但各国金融监管机构往往对准备金的提取有上限规定，有的国家还规定准备金仅能打折计入资本总额，而且提取过多的准备金会影响商业银行的资本利润总额。鉴于提取准备金这一筹资手段的上述不足，留存盈余便成了商业银行内源资本的主要来源。

留存利润对筹集资本的贡献度取决于两个因素：一是银行资本利润率，二是分红率。银行的资本利润率会从两个方面来影响留存利润的多少，一方面，资本利润率不能低于红利与资本的比率，否则，留存利润会为负值，不仅不能为资本增长做贡献，反而会使资本的绝对额下降；另一方面，留存在银行内部的那部分利润的投资收益不得低于股东经过风险调整后的其他投资回报率，即不得低于留存利润的机会成本，否则股东宁可将这部分利润拿在自己手中进行其他投资。因此，依赖留存利润获得资本成长必须满足一个前提条件，那就是银行必须有足够高的资本利润率。留存利润与分红率成反比，分红率的高低首先取决于资本利润率。在此前提下，银行具体确定分红率时还要考虑两个问题：第一，由它所计算的红利与资本的比率一般不能低于经过风险调整后的、股东其他投资的回报率；第二，一般不能低于前一年度的分红率。如果银行不能满足这两个条件，股东对银行的信心将下降，会引起股价下跌，不利于股东价值的最大化。

2.外源资本的筹集

外源资本的筹集，是指商业银行采用发行普通股、优先股及以长期债券的形式从外部获取资本的筹资方式。银行通过提取留存盈余和各种准备金来增加资本的内部筹集方法虽方便可靠、成本低廉，但内部资本的筹集量毕竟是有限的，而且还受到各种客观条件的制约。因此，仅依靠内部资本筹集往往难以满足银行的资本需求。

第一，商业银行资本外部筹集的决策总是在资本内部筹集决策之后进行的，因此影响商业银行资本外部筹集的第一个因素便是内部资本筹集的结果。

第二，在确定外部资本筹集量之后，商业银行应当考察不同筹资方式的优劣。

（1）普通股的发行成本最高，优先股次高，债券的发行成本则相对最低；

（2）发行普通股会削弱商业银行原有股东的控制权，而发行优先股与债券则不会；

（3）优先股与债券由于其利息率固定，因此在银行收益上升时能带来杠杆收益，但如果收益下降，则会更严重地影响其利润水平；

（4）债券具有必须偿还的缺陷，普通股与优先股则没有，因而普通股与优先股的资金来源更可靠；

（5）发行普通股会因为总股本的扩大，使得平均的每股股东权益和每股盈利下降，从而影响普通股的市价，发行债券与优先股则一般不会产生这种对股东权益与每股收益的稀释影响；

（6）金融管理机构往往对债券与优先股计入总资本额时有限制性规定，例如，要求折算后计入，而对普通股则没有这样的要求，因而普通股对增加资本作用最大。

因此，商业银行应当仔细考虑各种筹资方式的差别，结合本行的情况，选择最有利的外部筹集方式。由于优先股对其持有人的保障程度较低，商业银行如果过分地依赖优先股作为资本筹集方式会受到社会舆论的批评，引起金融监管机构的注意。同样，债券在总资本中所占的比例太高，也会影响商业银行的信誉，从而加大了其进一步扩大债务资本的难度，且受到附属资本不能超过核心资本的限制。发行普通股一般会对商业银行的股东权益与每股收益带来稀释作用，从而影响普通股的市价，尤其当支付的股息红利较少时，普通股市价将会更低。这样无疑会给进一步扩大股本、增发普通股带来困难。因此，商业银行不应只顾眼前利益，还要考虑长远的资本筹集的便利。

第三，银行应当把握好最佳的发行时机，这往往是决定外部资本筹集成功与否的关键环节之一。

一般来说，比较有利的发行时机是当证券的市场价格比较高、投资者投资热情高涨的牛市到来时，因为此时发行证券容易受到投资者欢迎，也较易获得金融管理机构的批准，同时还能确定较高的发行价格。在选择发行时机时，银行还应考察自己目前的信誉状况和竞争对手的情况，一般在本行信誉上升或竞争对手经营遭到挫折时发行比较有利。此外，各种重大政治经济事件、自然突发事件等都对商业银行的证券发行有较大影响。

第四，银行应当确定合理的证券发行价格，这也是决定证券发行成功与否的关键。证券发行价格的高低直接影响投资者的投资热情，因为定价过高会降低投资者对银行证券的需求，可能会使发行计划无法完成；定价太低则会导致资本筹集金额太低，无法满足银行的需要。通常，新发行证券的价格往往参照市场中现有的本银行同类证券价格而制定，因此商业银行应当采取积极措施来提高银行实力，从而促使本银行证券价格的提高，这样就使资本的进一步筹集更为顺利。

第五，在发行证券筹集资本时，银行应进行广泛的公关宣传活动，一方面有利于提高银行的信誉及社会形象，另一方面有利于外部资本筹集。

4.3.2 分母对策

《巴塞尔协议Ⅲ》中规定的资本比率计算公式中，分母是经风险加权的表内资产与经信用转换和风险加权的表外资产之总和。因此，《巴塞尔协议Ⅲ》的分母对策关键在于：银行不断优化资产的结构，尽量降低风险权数高的资产在总资产中的比重，提高风险权数低的资产在总资产中的比重，同时还要加强表外业务项目的管理，尽量选择转换系数较小以及相应风险权重较小的表外资产。这样必然会降低商业银行的风险资产额，从而提高资本与风险资产的比重。

1.压缩银行的资产规模

银行的资产规模越大，对资本的要求也就越高。一些资本不足的银行则可以通过出售一部分高风险、有问题、市价水平较高的金融资产以减少银行资产规模，提高资本与资产的比率。银行资产构成有其自身的特点：第一是现金存量较高；第二是金融债权比例较高；第三是房产等固定资本相对较少。因此，压缩银行资产规模应在银行资产管理的要求下从现金存量和金融债权着手。银行现金存量受到四个方面的约束。首先要满足客户提取存款进行日常交易的要求；其次要满足金融管理当局对法定准备金的规定；再次，必须在央行或其他往来行存有足够的清偿支票存款；最后，应满足向代理行支付现金以换取服务的需要。银行满足以上四个方面需求的能力大小反映了其流动性的强弱。

银行的流动性与盈利性往往有矛盾，但与银行的安全性又往往是一致的。银行现金存量应直接满足流动性要求，这是银行现金管理的最基本内容。降低现金存量是可行的，也是有效的。银行金融债权主要包括证券投资和各种贷款。由于它们是银行收入的基本来源，在资产中所占比例很高。银行证券投资主要包括银行持有的高流动性及低风险的金融证券，既可满足银行的流动性需求，又能因获取较高利息收入而满足银行的盈利要求。因此，简单地压缩其规模的做法不适用于这类资产管理的目标，银行应该进行有效的投资组合，以达到降低风险、提高流动性与盈利性的目的。贷款构成了银行资产项目中的主要部分，是银行资产管理中最重要的内容之一。宏观经济环境及银行信用环境的变化会影响银行贷款规模及质量。银行贷款总额的大小一般可用存贷比来衡量，存贷比的大小往往受经济景气度的影响。如果经济不景气，银行则缩小贷款规模以减少经营风险。

2.调整资产结构

银行可以在总资本额和总资产额不变的情况下调整资产结构以提高资本充足率。银行的证券投资的金融资产多为信誉等级很高的金融证券，而且银行的证券投资并不是投资于单一金融证券，而是投资于不同种类、不同期限的证券，既可以投资于货币市场、资本市场的融资工具，也可投资于创新的金融工具，其目的是银行通过投资组合来降低投资风险，降低风险资产数量及权数，实现流动性和盈利性的均衡。贷款是银行持有的变现力较差的资产。从贷款管理的要求看，银行可以通过减少高风险贷款和增加低风险资产的办法减少风险资产总量。20世纪80年代后，随着贷款总体风险的增大，银行资产组合不再分别局限于贷款业务或证券投资业务，而是打通了贷款与证券投资业务。例如，许多大银行通过购买债券和票据等证券投资来充分利用由于贷款组合减少而闲置出来的资金。

分子对策和分母对策在于减少银行的经营风险和财务风险，提高银行的安全性和流动性。一般来说，商业银行可以同时采用两种对策，以实现经营状况的最优化。国际清算银行对十国集团（共12个国家）从1989年至1996年银行业资本充足率变化（总共96例）的研究表明，有18家银行同时利用分子对策和分母对策以提高资本充足率，占总数的19%；有70家银行利用分子对策使资本充足率提高，但采用分母对策反而使资本充足率下降。也就是说，国际银行业在提高资本充足率时主要采用的是分子对策（占总数的92%），少数机构采用分母对策。这反映了这样一个事实：商业银行所处经营环境波动性加大，银行在经营中所承担的风险不断增加。

本章小结

1.商业银行资本金就是指银行投资者为了正常的经营活动及获取利润而投入的货币资金和保留在银行的利润。一般而言，资本比例增加，银行的安全性也随之提高。商业银行资本金与一般企业资本金在包含的内容、在全部资产中所占比例、固定资产的形成能力与其资本金的数量关联性三方面存在区别。

2.银行的资本充足性是指银行资本数量必须超过金融管理当局所规定的能够保障正常营业并足以维持充分信誉的最低限额。同时，银行现有资本或新增资本的构成，应该符合银行总体经营目标或所需资本的具体目的。随着金融竞争的日益激烈，商业银行的经营风险增加，自身拥有充足的资本和监管当局对银行资本充足性要求都具有十分重要的意义。

3.按照银行最佳资本需要量的原理，银行的资本既不能过高，也不能过低。过高会使银行的财务杠杆比率下降，增加筹集资金的成本，最终影响银行利润；过低会增加银行对存款等其他资金来源的需求，使银行的边际收益下降。商业银行常采用分子（资本）对策和分母（资产）对策来优化资本结构。采用分子对策提高资本总量和优化资本结构是涉及内源资本和外源资本的筹集成本比较；采用分母对策时，需要压缩银行的资产规模，调整资产结构。

综合训练

4.1 单项选择题

1.按照《巴塞尔协议Ⅲ》的要求，商业银行的资本充足率至少要达到（　　）。

A.4%   B.6%

C.8%   D.10%

2.在商业银行中，起维护市场信心、充当保护存款者缓冲器作用的是（　　）。

A.银行现金流   B.银行资本金

C.银行负债   D.银行准备金

3.下列属于债务性资本工具的是（　　）。

A.优先股   B.普通股

C.可转换债券   D.资本溢价

4.商业银行的资本是由（　　）构成的。

A.实有资本和虚拟资本   B.核心资本和附属资本

C.金融资本和产业资本   D.固定资本和流动资本

5.以下属于银行资本的内部融资方法的是（　　）。

A.发行普通股   B.银行利润转增资本

C.发行长期次级债务   D.出售资产与租赁设备

4.2 多项选择题

1.以下属于商业银行可用头寸的是（　　）。

A.库存现金   B.法定存款准备金

C.超额存款准备金   D.同业存款

E.持有债券

2.商业银行资本的作用有（　　）。

A.资本可以吸收银行的经营亏损，维持银行的正常经营

B.资本为银行的注册、组织营业以及存款进入前的经营提供启动资金

C.资本有助于树立公众对银行的信心

D.资本为银行的扩张，银行新业务、新计划的开拓与发展提供资金

E.资本有助于保证单个银行增长的长期可持续性

3.商业银行核心资本包括（　　　）。

A.股本　　　　　　　　　　B.普通准备金

C.公开储备　　　　　　　　D.未公开储备

E.重估储备

4.《巴塞尔协议Ⅲ》对商业银行的（　　　）提出了资本拨备要求。

A.流动性风险　　　　　　　B.信用风险

C.市场风险　　　　　　　　D.操作风险

E.信贷风险

5.（　　　）是《巴塞尔协议Ⅲ》的三大支柱。

A.最低资本要求　　　　　　B.监管当局的监督检查

C.市场约束　　　　　　　　D.公司治理结构

E.内部控制

4.3　思考题

1.简述商业银行资本的构成。

2.商业银行资本金的主要功能是什么？

3.商业银行资本充足率的度量指标有哪些？

4.影响商业银行资本需要量的主要因素有哪些？

5.简述商业银行的资本结构管理的主要内容。

第5章

商业银行表外业务

学习指南

【学习目标】通过本章的学习，我们将了解金融服务类中间业务和表外业务的异同点；掌握支付结算类、代理类、银行卡、信息咨询、担保与承诺类等表外业务的基本操作流程与管理方法。

【关键概念】表外业务 中间业务 支付结算 代理业务 信用卡业务 信息咨询业务 担保 承诺

引例

紫金农商银行城东支行大力推动中间业务发展

面对日益激烈的市场竞争，紫金农商银行城东支行始终秉承"以效益为中心"的经营理念，持续加快转型步伐，不断拓展中间业务。

一是开拓传统中间业务市场。坚持"零售下沉"的经营理念，将线下网点作为零售业务营销的主阵地，加强柜面营销和厅堂服务，通过服务分层、业务分流、产品分销，积极宣传网银结算优势，大力营销手机银行、直销银行等电子银行产品，进一步提升柜面替代率和获客率，促进结算业务收入增长。加强与客户的沟通交流，深入开展市场摸排，全面掌握行业发展现状和客户融资需求，着力加大对银承、保函、信托等传统业务产品的营销，"深挖"公司类中间业务收入增长潜力。同时加大对理财、基金、贵金属等个人中间业务的营销推广，举办贵金属展销会、理财沙龙等活动，强化组合营销观念，充分挖掘客户潜力，提高代销手续费收入。

二是开拓新兴中间业务市场。在努力提高传统中间业务收入的同时，"细拓"新型中间业务收入渠道，通过并购贷款、银团贷款、贸易融资等多种业务模式，不断增强公司类中间业务创收能力。打破规模限制瓶颈，化被动为主动，为客户量身定制综合化的金融服务方案，推广"信用证+福费廷""进口代付"等融资模式，持续拓宽中收渠道。

三是强化考核推动。在绩效考核中引入营销计价到人考核办法，对理财、贷记卡等业务明确计价标准，由一级支行直接考核分配到人，提升员工营销积极性。为加大业务推动力度，该行先后开展贵金属、电子银行业务等专项竞赛，通过提高奖励标准有效推动了业务指标的完成，从而实现零售类中间业务收入增长。

问题：

1. 紫金农商银行城东支行推出了哪些中间业务产品？

2. 推动中间业务发展会对银行产生什么影响？

5.1 表外业务概述

20世纪80年代以来，随着金融市场的快速发展，金融工具的不断创新，各国商业银行的表外业务得到迅猛发展。目前，欧美主要国家银行业的表外业务收入占比超过40%，成为银行重要的收入来源。在我国，随着金融体制改革的深入和利率市场化的深化，表外业务由于具有形式灵活多样、资金占用较少、具有较高的综合收益等优势，得到商业银行的青睐。近年来，表外业务异军突起增长迅速，已成为商业银行重要的业务模式。

巴塞尔委员会关于表外业务的表述

表外业务分为狭义和广义两种。狭义的表外业务是指商业银行所从事的、按照现行的会计准则不记入资产负债表内、不形成现实的资产负债，但在一定条件下，有可能转变为银行的资产和负债的业务，因而，又称或有资产、或有负债。它分为担保、贷款承诺、金融衍生业务和投资银行业务四大类，通常要求在会计报表的附注中予以揭示。广义的表外业务是指不在资产负债表上反映的所有业务，包括或有债权、或有债务类表外业务和金融服务类表外业务。广义表外业务既包括狭义的表外业务，也包括银行为客户提供金融服务，从中收取手续费，却不承担任何资金损失，不对表内业务产生影响的业务，因此不构成银行的或有资产和负债。后者分为代理服务、信托服务、咨询服务、支付结算服务及与贷款和进出口有关的服务五大类。

5.1.1 表外业务的含义

表外业务是指商业银行从事的，按通行的会计准则不列入资产负债表内，不影响其资产负债总额，但能影响银行当期损益，改变银行资产报酬率的经营活动。

表外业务有狭义和广义之分。狭义的表外业务指那些未列入资产负债表，但同表内资产业务和负债业务关系密切，并在一定条件下会转为表内资产业务和负债业务的经营活动。通常把这些经营活动称为或有资产和或有负债，它们是有风险的经营活动，应当在会计报表的附注中予以揭示。广义的表外业务则除了包括狭义的表外业务之外，还包括结算、代理、咨询等无风险的经营活动，所以广义的表外业务是指商业银行从事的所有不在资产负债表内反映的业务。

按照巴塞尔委员会提出的要求，广义的表外业务可分为两大类：一是或有债权/债务，即狭义的表外业务，包括：①贷款承诺，这种承诺又可分为可撤销承诺和不可撤销承诺两种；②担保；③金融衍生工具，如互换、期货、期权、远期合约、利率上下限等；④投资银行业务，包括证券代理、证券包销和分销、黄金交易等。二是金融服务类业务，包括：①信托与咨询服务；②支付与结算；③代理人服务；④与贷款有关的服务，如贷款组织、贷款审批、辛迪加贷款代理等；⑤进出口服务，如代理行服务、贸易报单、出口保险业务等。

商业银行的表外业务是相对于资产负债表内业务而言的，是指不列入商业银行的资产负债表的业务，其既不在资产方反映，也不在负债方反映。表外业务是银行充当中介提供的非资金服务，通过服务而完成某项特殊交易的同时，银行也获得了收益。表外业务的实质是在不影响资产负债总额和结构的条件下增加银行盈利。表外业务是在表内业务基础之上发展起来的，本身虽不属于银行的资产或负债，但它与表内业务有着密切关系，在一定条件下可以转化为表内业务，如或有负债和或有资产，这些项目因银行要承担连带责任，一旦发生就会进入资产负债表内项目。同时，表外业务也具有风险性，主要有市场风险，即由于利率、汇率的变动而遭受的损失；信用风险，即由于客户违约使银行产生的风险；流动性风险，即由于金融工具出售困难而带来的风险。

表外业务也可以划分为有风险的表外业务和无风险的表外业务两大类。无风险表外业务是指银行只提供金融服务而不承担风险的业务，如结算业务、代理业务、咨询业务等；有风险的表外业务也称狭义上的表外业务，是指银行在提供金融服务时要承担一定的风险。狭义上的表外业务又分为传统业务和创新业务两种。前者多指银行的承诺、担保等业务；后者多指互换、期货、期权等衍生金融工具业务。金融创新不断地创新着金融衍生工具，从而使表外业务随着金融工具的衍生和再衍生而扩大增加，时至今日，西方商业银行表外业务收益大都超过了表内业务收益。

5.1.2　商业银行表外业务与中间业务

在中国，商业银行的表外业务习惯上称为中间业务或中介业务，但在业务类型的划分上有自己的标准和依据。商业银行中间业务是指不构成商业银行表内资产、表内负债，形成银行非利息收入的业务，可分为支付结算类、银行卡类、代理类、担保类、承诺类、交易类、基金托管类、咨询顾问类和其他类共计九大类。本章介绍几种常见的表外业务或中间业务。

专栏 5-2

商业银行中间业务暂行规定

根据中国人民银行颁布实施的《商业银行中间业务暂行规定》，我国商业银行中间业务分为以下九类：

（1）支付结算类中间业务，是指由商业银行为客户办理因债权债务关系引起的与货币支付、资金划拨有关的收费业务。

（2）银行卡类中间业务，是指与由经授权的金融机构（主要指商业银行）向社会发行的具有消费信用、转账结算、存取现金等全部或部分功能的信用支付工具有关的业务，包括借记卡、贷记卡等。

（3）代理类中间业务，是指商业银行接受客户委托、代为办理客户指定的经济事务、提供金融服务并收取一定费用的业务，包括代理证券业务、代理保险业务、代收代付等。

（4）担保类中间业务，是指商业银行为客户债务清偿能力提供担保，承担客户违约风险的业务，主要包括银行承兑汇票、备用信用证、各类保函等。

（5）承诺类中间业务，是指商业银行在未来某一日期按照事前约定的条件向客户提供约定信用的业务，主要指贷款承诺，分为可撤销承诺和不可撤销承诺两种。

（6）交易类中间业务，是指商业银行为满足客户保值或自身风险管理等方面的需要，利用各种金融工具进行的资金交易活动，包括金融衍生业务，如远期外汇合约、金融期货、期权和互换等。

（7）基金托管类中间业务，是指有托管资格的商业银行接受基金管理公司委托，安全保管所托管的基金的全部资产，为所托管的基金办理基金资金清算、款项划拨、会计核算、基金估值、监督管理人投资运作等业务。

（8）咨询顾问类中间业务，是指商业银行依靠自身在信息、人才、信誉等方面的优势，收集和整理有关信息，并通过对这些信息以及银行和客户资金运动的记录和分析，形成系统的资料和方案，提供给客户，以满足其业务经营管理或发展需要的服务活动，主要包括信息咨询业务、资产管理顾问业务、财务顾问业务和现金管理业务。

（9）其他类中间业务，包括保管箱、见证业务以及其他不能归入以上八类的业务。

5.2 结算业务

结算业务是商业银行最基本的传统中间业务。结算是指各部门、单位和个人因商品交易、劳务供应和资金调拨等所发生的货币收付行为和债权债务的清偿。结算分为现金结算和转账结算两类，转账结算又可分为国内结算和国际结算。转账结算业务是商业银行利用某种结算工具，通过一定的结算方式，为客户代收代付资金的业务。其结算工具主要是"三票一卡"，即汇票、本票、支票和信用卡。

5.2.1 支付结算概述

1.支付结算的概念和意义

支付结算是银行代客户清偿债权债务、收付款项的一项传统业务。对商业银行来说，这是一项业务量大、收益稳定的典型中间业务。根据中国人民银行 2002 年发布的《商业银行中间业务参考分类及定义》，支付结算类业务"是指由商业银行为客户办理因债权债务关系引起的与货币支付、资金划拨有关的收费业务"。世界各国的商业银行关于货币支付及资金清算的手段工具大体相同。目前，我国商业银行的支付结算业务也基本与国际接轨。支付结算是在银行存款业务基础上产生的中间业务，也是当前我国商业银行业务量最大的一项中间业务，商业银行通过支付结算业务成为全社会的转账结算中心和货币出纳中心。它不仅能为银行带来安全、稳定的收益，同时也是集聚闲散资金、扩大银行信贷资金来源的重要手段。规范和发展商业银行的支付结算业务，对市场经济的健康稳定发展，具有不可估量的重大社会意义：①加速资金周转，促进商品流通，提高资金运转效率；②节约现金，调节货币流通，节约社会流通费用；③加强资金管理，提高票据意识，增强信用观念；④巩固经济合同制和经济核算制；⑤综合反映结算信息，监督国民经济活动，维护社会金融秩序的稳定等。

2.支付结算的任务、原则和纪律

1997年中国人民银行颁布的《支付结算办法》规定："支付结算工作的任务，是根据经济往来组织支付结算，准确、及时、安全办理支付结算，按照有关法律、行政法规和本办法的规定管理支付结算，保障支付结算活动的正常进行。"凡参与支付结算活动的当事人，包括银行、单位和个人都必须遵循下列三项基本原则：①恪守信用、履约付款；②谁的钱进谁的账，由谁支配；③银行不垫款，不得损害社会公共利益。

关于结算纪律的要求有：①单位和个人办理结算时，必须严格遵守银行结算办法的规定，不准出租、出借账户；不准签发空头支票和远期支票；不准套取银行信用。②银行在办理结算时，要严格遵守结算办法的规定，向外寄发的结算凭证和收到的凭证，要及时处理，不准延误、积压，不准挪用、截留客户和他行的结算资金；未收妥的款项，不准签发银行汇票、本票；不准向外签发未办汇款的汇款单；不准拒绝受理客户和他行的正常结算业务。

5.2.2 结算工具

票据和结算凭证都是办理支付结算的工具，票据凭证是出票人自己承诺或委托付款人在见票时或在指定日期无条件支付一定金额并可以流通转让的有价证券。票据是国际通行的支付结算工具，广泛使用的有汇票、支票、本票三大类。由于票据具有要式性、无因性和流通性等特点，票据的签发、取得和转让必须具有真实的交易关系和债权债务关系，因而票据凭证既具有支付功能，也具有汇兑功能和信用功能。

1.汇票

汇票有银行汇票和商业汇票之分。

（1）银行汇票。银行汇票是出票银行签发的，由签发银行在见票时按照实际结算金额无条件支付给收款人或者持票人的票据。从理论上看，银行汇票有三个基本关系人，即出票人、收款人和付款人。但由于银行汇票是自付证券，其出票人即付款人，因而具有本票的性质，因此实际关系人只有两个，即出票人和收款人。我国的银行汇票主要用于转账，但填明"现金"字样的汇票也可用以支取现金。凡国内的企业单位和居民个人需要支付的各种款项均可使用银行汇票。银行汇票一律记名，提示付款期限为自出票日起1个月，持票人如超过付款期限提示付款，则付款人不予受理。

（2）商业汇票。商业汇票指由出票人签发的委托付款人在指定日期无条件支付确定的金额给收款人或者持票人的票据。凡在银行开立账户的法人及法人内部独立核算的单位之间，必须具有真实交易关系的债权债务清算，才能使用商业汇票。商业汇票有出票人、收款人和付款人三个基本关系人，由于出票人可记明自己是收款人或付款人，故基本关系人也可只有两个，即出票人和收款人或出票人和付款人。商业汇票作为一种有价证券，以一定的货币金额表现其价值，代表了财产所有权和债权。为维护社会金融秩序，必须强调出票人不得签发无对价的商业汇票，严禁用虚假商业汇票骗取银行或其他票据当事人的资金。商业汇票按承兑人的不同，有商业承兑汇票和银行承兑汇票之分。

①商业承兑汇票是由收款人签发，经付款人承兑，或由付款人签发并承兑的票据。在银行开立账户的法人之间进行购销活动等真实的商品交易，可使用商业承兑汇票。商业承兑汇票一律记名，汇票承兑期限由交易双方商定，最长不超过6个月。

②银行承兑汇票是由收款人签发，并由承兑申请人向开户银行申请，经银行审查同意承兑的票据。银行对承兑申请人的审查有以下三个方面：首先，必须是在本行开立存款账户的法人及其他经济组织；其次，必须与本行具有真实的委托付款关系；最后，资信状况良好，

具有支付汇票金额的可靠资金来源。

凡不符合上述条件者银行一律不予受理。目前我国的非银行金融机构不能办理商业汇票承兑业务。银行承兑汇票的收款人或背书人需要资金时，可持未到期的银行承兑汇票并填写贴现凭证，向其开户银行申请贴现。贴现银行需要资金时可用未到期已贴现的银行承兑汇票向央行申请再贴现，也可向其他银行申请转贴现。

2. 支票

支票是出票人签发的，委托办理支票存款业务的银行在见票时无条件支付确定的金额给收款人或者持票人的票据。支票的出票人，为经中国人民银行当地分支行批准办理支票业务的银行机构、开立可使用支票存款账户的单位和个人。支票是一种支付凭证，有三个关系人，即出票人、收款人和付款人。按其支付方式分，我国的支票可分为现金支票和转账支票，现金支票可以转账，转账支票不能支取现金。我国支票的提示付款期限为自出票日起 10 日内，超过提示付款期限提示付款的，开户银行不予受理，付款人不予付款。

根据《支付结算办法》第 125 条的规定：出票人签发空头支票、签章和预留银行签章不符的支票、支付密码错误的支票，银行应予以退票，并按票面金额处以 5% 但不低于 1 000 元的罚款；持票人有权要求出票人支付支票金额 2% 的赔偿金。对屡次签发类似支票的出票人，银行应停止其签发支票。

3. 本票

依据出票人不同，本票可分为商业本票和银行本票两种。银行本票是银行签发的，承诺自己在见票时无条件支付确定的金额给收款人或者持票人的票据。我国的企业、单位和个人在同一票据交换区域需要支付各种款项，均可使用银行本票。银行本票分为定额和不定额两种，目前流行的主要是不定额本票。本票的付款期限我国过去规定是 1 个月，自 1997 年 12 月开始延长至 2 个月。对超过付款期限提示付款的，代理付款人不予受理。银行本票见票即付，视同现金，它具有信誉高、支付能力强的特点。

汇票、本票和支票都可流通转让，票据收款人在票据到期日前，可将票据及其所载权利自由转让给他人，受让人也可同样再转让给他人。票据转让的方式一般有交付转让和背书转让两种，无论是出让和受让都有法律明文规定，受法律保护。

在所有票据中，只有远期汇票在到期前才需办理承兑。即期汇票和已到期汇票，仅需付款提示，无须办理承兑；本票是承兑式信用证券，无须申请承兑。银行对远期商业汇票承兑，意味着同意贴现，故存在一定风险，必须坚持谨慎原则，进行严格审查。

5.2.3 支付结算方式

1.汇款

（1）国内汇兑。国内汇兑指汇款人委托银行将其款项汇付给收款人的结算方式。凡企业、单位和个人的各种款项结算，均可采用汇兑结算方式。汇兑分为信汇和电汇两种，由汇款人选择使用。汇出银行受理汇款人签发的汇兑凭证，经审查无误后，应及时向汇入银行办理汇款，并向汇款人签发汇款回单。汇款回单只能作为汇出银行受理汇款的依据，不能作为该笔汇款已转入收款账户的证明。汇入银行对开立存款账户的收款人，应将汇给其的款项直接转入收款人账户，并向其发出收账通知。收账通知是银行确已将款项转入收款人账户的凭据。银行给企业、单位或个人的收付款通知和汇兑回单，应加盖银行转讫章。

（2）国外汇款。国外汇款指商业银行凭借自己的资信，通过国外分支行或代理行之间的资金划拨，为各类客户办理汇款受授或了结债权债务关系的一种业务。国外汇款的方式与国内汇兑相同。根据结算工具传递方向与资金运动方向是否一致，国际汇款可分为顺汇和逆汇两种。两者一致的称为顺汇，又称汇付法；两者相反的称为逆汇，又称出票法。

顺汇又可分为电汇（T/T）、信汇（M/T）和票汇（D/D）三种。电汇成本较高，故费用较高；信汇、票汇成本较低且银行无偿占用客户款项的时间较长，故费用较低。国际汇款结算方式一般涉及四个当事人，即付出款项的汇款人、接受汇款的收款人、办理汇出汇款的银行（汇出行）、受汇款行委托解付汇款的银行（汇入行或解付行）。

此外，如汇出行和汇入行之间没有建立直接账户往来关系，还要有其他代理行参与汇款业务。银行汇出的汇款如发生收款人不在当地或收款人拒收等情况，可以退汇。退汇是指汇款在解付以前撤销手续。若汇款已解付而汇款人要求退汇，汇入行不能向收款人追索，只能由汇款人自己向收款人交涉退回。在票汇的情况下，在寄发汇票之前可要求注销汇票退款；如汇款人已将汇票寄出而又要求退汇，则汇出行一般不予受理。汇款人若遗失汇票，可以书面形式向汇出行提出申请，要求挂失止付。如在挂失止付前汇款已被冒领，则由汇款人自行负责。汇出汇款后如超过预计解付期限而收款人尚未收到款项，汇款人可持汇款回单向汇出行查询，经查明如未接到国外付款行的解讫通知，汇出行应立即向汇入行查询。国外汇入汇款，原则上应在汇款头寸收妥后解付。若双方约定或代理合约已有规定，可在汇款头寸收到之前根据通知列明的提前解付办法，经上级批准后垫款解付，但仍须严格审查，谨慎从事。在汇入行通知收款人取款后，若超过一定期限（该期限各国有不同规定）收款人仍不来取款，该项汇款就告失效，由汇入行通知汇出行注销；票汇超过规定期限后，收款人来银行取款时，汇入行要在取得汇出行的重新授权后才能照付。汇款结算中使用何种货币，一般由汇款人确定。汇款人从现汇账户中支取原币，以原币汇往国外时，无须按买卖价折算；如需汇出不同货币时，应按买入价和卖出价套算后汇出。当汇出行向汇款人收取本币、汇出外币时，按银行买入外汇汇率计算。汇入行代解汇款时，如汇款货币是本币，则不存在货币套算问题；如汇款货币是外币，汇入行可根据收款人的意见直接支付外币或套算成本币解付。

2.托收结算

（1）国内托收结算。①托收承付。这是指根据购销合同由收款人发货后委托银行向异地付款人收取款项，由付款人向银行承认付款的结算方式。托收承付是我国特有的异地结算方式，主要限于国有企业和经银行审查同意的集体企业，收付双方使用托收承付必须签有符合《中华人民共和国合同法》的购销合同，并在合同上注明使用托收承付结算方式。对托收承付的回单和承付通知，要加盖业务公章。收款人对同一付款人发货托收累计三次收不回货款的，收款人开户银行应暂停向该付款人办理托收；付款人累计三次提出无理拒付的，付款人开户银行应暂停其对外办理托收。②委托收款。这是指收款人委托银行向付款人收取款项的结算方式。凡在银行开立账户的企业、单位和个人凭已承兑商业汇票、债券、存单及付款人债务证明办理款项结算的，均可使用委托收款结算方式。委托收款在同城、异地均可使用。在同城范围内，收款人收取公用事业费，可使用同城特约委托收款，这一收款方式必须具有双方事先签订的经济合同，由收款人向开户银行授权，并经开户银行同意，报经中国人民银行当地分支行批准。

（2）国际托收结算。国际托收结算是指债权人为向国外债务人收取款项而向其开发汇票，并委托银行代收的一种结算方式。债权人办理托收时，要开出一份以国外债务人为付款人的汇票，然后将汇票以及其他单据交给当地托收银行，委托当地托收银行将汇票及单据寄交债务人所在地的代收银行，由代收银行向债务人收取款项并寄给托收行转交委托人（债权人）。在国际托收中，托收行不承担有关票据的责任，只需将汇票和单据寄交代收行办理。代收行只需核对各项单据有无缺漏，并按委托书所载明的收款办法收款，至于票据到期是否照付，完全取决于付款人的信用，代收行不承担付款责任。托收结算方式不仅可用于国际贸易结算，也同样适用于非贸易结算，如外币旅行支票的托收以及外币汇款中的逆汇等。托收有光票托收和跟单托收之分。光票托收是指委托人开立的汇票不附带货运单据。有时汇票也附带发票等票据凭证，但只要不附带货运单据的就都属于光票托收。光票托收虽然简单易行，但因缺乏切实可靠的单据作保证，故在进出口贸易中并不广泛使用，通常只用于收取出口货款的尾数、佣金、代垫费用等款项。跟单托收是指委托人将附有货运单据的汇票送交托收银行代收款项的托收方式。根据不同的交单方式，跟单托收有付款交单和承兑交单两种。付款交单指代收银行在进口商付清了货款之后，才把货运单据交给进口商的一种交单方式。根据汇票的不同期限，有即期付款交单和远期付款交单之分。远期付款交单，是指代收行把远期汇票及单据向进口商提示，进口商审核无误后即在汇票上签字承兑，但单据仍由代收行保留。待汇票到期付清货款后，代收行才将全部货运单据交给进口商提货。承兑交单是指代收行收到托收行转来的远期汇票和货运单据后，立即通知付款人到该行取单。付款人审核无误后即在远期汇票上签字承兑，然后代收行将货运单据交给付款人提货。待汇票到期进口商才向代收行交付货款。承兑交单取决于进口商的信用，必须对进口商的付款有充分把握，如对进口商的信用了解不够，则风险较大，出口商一般不愿使用。

3.信用证结算

信用证结算通用于国际和国内，是当今世界国际贸易领域使用最广泛的结算方式。信用证是指开证银行根据申请人的要求和指示，向受益人开立的具有一定金额、在一定期限内凭规定的单据在指定地点付款的书面保证文件。信用证结算方式就是付款人根据贸易合同，请当地银行开立以收款人为受益人的信用证，银行经审核同意并收取一定保证金后即开具信用证，收款人接到信用证后履行合同，开证银行接到有关单据后向收款人付款，付款人再向开证银行付款的结算方式。

信用证结算涉及的基本当事人有：①开证申请人，一般为进口商或购货商；②开证行，即应开证申请人要求开立信用证的银行；③受益人，即信用证保证金额的合法享有人，一般为出口商或销货商。

信用证结算的其他当事人有：①通知行，即代理开证行将信用证或开证电报的内容通知受益人的银行；②保兑行，指接受开证行的委托和要求，对信用证的付款责任以本行名义实行保付的银行；③议付行，指具体办理议付的银行；④偿付行，一般指开证银行的付款代理行。信用证可从不同的角度划分为若干种类。

根据开证行是否可以撤销信用证，可分为可撤销信用证和不可撤销信用证；根据是否要求受益人提供规定的单据，可分为光票信用证和跟单信用证；根据有无另外保证可划分为有保兑信用证和无保兑信用证；根据受益人可否转让使用信用证的权利，可分为可转让信用证和不可转让信用证；根据付款要求划分，可分为即期付款信用证、远期付款信用证、承兑信用证和议付信用证。

此外，还有预支信用证、背对背信用证、对开信用证和循环信用证等。在国际贸易中普遍使用的是不可撤销的跟单信用证，这种信用证需出口商提供货运单据后，才由开证银行付款。

信用证结算方式的基本特点是：①有银行信用作为保障。由开证行负第一付款责任，付款承诺是一定要兑现的，因而出口商收款有保证。②信用证是独立的文件。它虽然以贸易合同为依据，但不依附于贸易合同。开证行只对信用证负责，只要表面上"单证一致""单单一致"，银行就要履行付款责任。③只管单据。在信用证结算方式下，受益人要保证收款，就一定要提供相应单据，开证行要拒付也一定要以单据上的不符点为理由。

4.保函结算

保函是指银行应某商业交易一方当事人的要求，以其自身的信誉向商业交易的另一方担保该商业交易项下的某种责任或义务的履行，而作出的一种具有一定金额、一定期限、承担某种支付责任或经济赔偿责任的书面付款保证承诺。保函有两个基本特征：

（1）保函是由保证人向债权人为债务人作保证，保证其履行合约中的义务。因此保函有三个当事人：委托人，一般是债务人；受益人，一般是债权人；保证人，通常是银行或其他金融机构。

（2）在保函中，委托人负有首要责任，只有在委托人不清偿债务时，保证人才有责任支付，保证人的责任是从属性的。随着国际贸易的发展，国际市场上的竞争日趋激烈，国际贸易方式也相应发生了一些变化，招标购买和投标竞卖已成为当前的一种趋势，这使得保函结算方式在贸易合同项下有了广泛的发展。一般来说，贸易合同项下的保函，主要有投标保函、履约保函、定金保函、付款保函、质量保函、延期付款保函和补偿贸易保函等类型。

5.3 代理业务

委托代理业务是指商业银行接受政府、单位和个人的委托，代理客户交办的经济事务的业务。

5.3.1 代理收付款业务

代理收付款业务是指商业银行利用自身结算便捷的优势，接受客户的委托，代为办理指定款项的收付事宜。在企业单位和个人的日常经济生活中，除了一般交易款项的收付之外，还有大量的定期或不定期、金额不同的款项的收付，如职工工资、退休金、水电煤等公用事业费的支付，以及劳务费、管理费、运费、罚没款、赔偿金，股票、债券、基金等本息红利的收付等。这些款项涉及面广，收付频繁，金额一般都不大，但是牵涉经济单位大量的精力和时间。商业银行通过开展代理收付款业务，既能帮助企事业单位和个人从这些繁杂琐碎的具体工作中解脱出来，又能帮助银行稳定和扩大存款资金的来源。委托人在委托商业银行代理收付款业务时首先应与银行签订有关的代理协议，明确代理收付款的内容、对象、范围、金额、时间、方式以及银行的代理费等问题。商业银行代理收付款业务时，只负责按照协议规定的内容办理具体的收付款业务，不承担收付双方的法律纠纷责任。

5.3.2 代理融通业务

代理融通业务，又称代收账款或应收账款权益出售，是指商业银行接受客户委托以代理人的身份代为收取应收款项，并为委托人提供资金融通。工商企业在日常经营活动过程中经常采取赊销的方式来提高产品销售额，特别是随着国际经济一体化程度的不断加深，国际市场的竞争日趋激烈，生产企业和出口商为了争取和扩大海外市场，往往会容忍销售资金一时无法到位的情况。如果买方无法及时付款，或暂时无法支付销售款项，卖方就会陷入资金周转不灵的困境，这就需要一种方式来维持或保证正常的生产及交易关系的延续。商业银行资金实力雄厚，国内外的分支机构众多，具有较高的信誉，有能力为工商企业代理资金融通。代理融通业务通常涉及三方当事人：需要资金融通的工商企业、商业银行以及赊欠购货款的买方。一般的操作过程是：销售方把应收的赊销账款转让给代理融通的银行，由银行向销售方提供资金融通，到期时再向赊购一方收取账款，而获取资金融通的工商企业付给银行一定的手续费和融通资金的利息。由于企业和赊购的客户之间的业务往来一般都具有延续性，特别是那些业务密切的企业之间更是如此，因此代理融通业务具有长期性和巨大的发展潜力，是西方商业银行很重视的一种中间业务。银行从事代理融通业务时事先都要对申请资金融通的客户进行资信调查，设立融通的资金额度，并且对申请资金融通的企业保留追索权。商业银行从事代理融通业务，必须投入大量的人力、物力和财力对有关的客户进行深入细致的资信调查。更为重要的是，银行要随时应对潜在的债务风险以及欺诈风险。

5.3.3 代理行业务

代理行业务是指商业银行将部分业务交由指定的其他银行代为办理的一种业务形式。代理行业务可以分为两种形式：国内银行之间的代理以及国际银行之间的代理。国内银行之间开展代理业务的原因在于即使每个商业银行的分支机构再多，也不可能将业务辐射到所有地区和领域，有些业务就需要其他银行来代理。在实行单一银行制的国家中，代理行制就显得更为重要和普遍。例如，美国长期以来一直实行单一银行制度，其国内的代理行业务便十分发达。我国的国有大型银行一直实行总分行制度，每个银行的分支机构遍布全国，行内的业务不需要代理，所以代理业务不多。

改革开放以来，随着我国较完整的金融体制的建立，不同所有制形式的银行和非银行金融机构纷纷建立，国内的代理行业务也逐渐发展起来。比如，目前我国地方性商业银行的许多业务都由各地的其他商业银行代理。国际银行间的代理业务形成原因与国内银行十分相似。一家跨国银行规模再大，也不可能在世界的每个角落都设有分支机构，代理行制就可以很好地解决国际业务量不断增加与分支机构不足的矛盾。一家跨国银行的国际业务延伸到一个没有分支机构的国家或地区时就可以请当地的另一家金融机构代理相关的业务，当然，这种代理并不是免费的。代理的具体业务一般包括：为对方接收存款、发放贷款、划拨资金、进行国际结算以及买卖有价证券等。代理行关系一般来说都是双向的，即互为代理关系，许多跨国金融机构的海外代理机构往往要远多于分支机构，因为建立一家分支机构的成本要远大于寻求一家代理银行所付出的成本。

5.3.4 代理承销、兑付债券和代理保险

代理承销、兑付债券和代理保险是指商业银行利用自己的机构网点和专长代理发行国家债券、地方政府债券、企业债券、股票及代办保险业务，以及代理支付债券的利息、开设股票基金账户、办理股票资金转账业务等。对商业银行来说，代理此类业务既安全又可以获得可观的代理费用，同时还能增加存款资金的来源。因此，此类代理业务也成为商业银行之间竞争的一项重要中间业务。

5.3.5 代理清欠

代理清欠是指商业银行接受单位和个人的委托对委托人被拖欠的款项进行催收和清理，并按清欠款项的金额、性质以及难易程度收取业务费。商业银行在代理清欠业务时要求债权方和债务方必须是独立核算的经济单位，需清欠的款项必须是在合法经营过程中发生的，并要求委托方提供有关交易合同、发货单以及其他有关的证明文件。银行同意受理后，委托方与银行签订代理协议书，对代理清欠的内容、方式、有效期限、代理的费用以及双方的权利义务关系等作出明确的规定。

5.3.6 代理保管

代理保管是指商业银行以自己所拥有的保管箱、保险库等设备接受单位和个人委托代为保管各种贵重金属、文件、珠宝首饰以及股票、债券等有价证券。代理保管的方式主要有：出租保险箱，密封保管等，而银行根据保管物的性质收取不同的保管费。

5.3.7 代客理财

代客理财是指客户将一定的资金交存银行，委托银行代其管理，而银行则根据事先双方签订的协议灵活地投资于报酬率较高的资产，到期按协定支付给客户一笔高于同期存款利率的收益。银行只收取代理费，不承担投资风险和损失。

5.3.8 现金管理

现金管理是指商业银行协助企业科学地分析现金流量，帮助企业能够更加科学合理地管理现金余额，既不至于积压资金造成资源的浪

费，又能有效地保证资金的灵活周转，同时获取更多的收益。商业银行可从中获得手续费。

专栏 5-3

制约A分行中间业务结构优化的因素

1.中间业务产品种类不完善，创新能力不足

我国银行各大类中间业务都已经涉及，但开放的中间业务产品较少，品种单一。据统计，美国的花旗银行中间业务种类达到了近5 000种，目前A分行中间业务品种很少，据统计2009年A分行收费性中间业务为666项，而且产品的组合性不强，功能分散，未形成服务价值高、市场影响力大的特色品牌产品。此外，受传统经营思维模式影响，银行中间业务主要为传统的结算类、代理类等，诸如咨询业务、现金管理、风险管理、投资银行业务、外汇买卖及金融衍生等技术含量、附加值高的业务未得到应有的开拓或涉及较浅，缺乏应有的创新能力。由此可知A分行各中间业务产品不完善，只有努力提高各大类中间业务产品创新能力，均衡发展各类中间业务，形成一条满足客户需求的金融产品的产业链，才能推动A分行中间业务结构优化，提高经营效益。

2.中间业务缺乏专门有效管理

银行的中间业务一般分散在各个部门中，分散管理，没有形成专门管理部门。围绕任务发展业务，有一定的随机性和盲目性，没有长远规划和强有力的研发动力。同时，由于分工不明确，也容易出现相互推诿和扯皮的现象，对外部市场反应迟钝，应对措施制定不及时。因此，银行应当成立专门的中间业务管理部门，并按照银行自身特点确定本行的中间业务发展长期规划，配备相适应的人才和资金进行研发和创新，满足中间业务发展的需要。

3.中间业务高端人才不足

中间业务与传统信贷业务不同，且随着客户对金融服务水平、金融产品的要求日益提高，对从业人员的知识和素质的要求也不断提高，除对传统信贷业务知识的了解外还要掌握一些非银行业务知识，

包括证券、保险等。此外，高素质中间业务从业人员数量偏少也制约了我国银行业发展中间业务，以A分行为例，虽然目前有一些高素质的中间业务人员，但随着经济发展，相关金融业务量不断增多，往往一个客户经理需要为上百个客户服务，这种现状不仅会对对新中间业务产品的推广十分不利，并会极大程度地降低银行中间业务的服务质量。

5.4　信用卡业务

信用卡不但是支付手段的创新，更是货币定义的创新，信用卡的产生开创了新一代电子货币。虽然近年来第三方支付发展迅速，但其并未取代信用卡，相反，和银行信用卡的发展是相辅相成的。信用卡业务仍是商业银行发展最快的一项金融服务业务。

5.4.1　信用卡的定义

信用卡是商业银行或发卡公司发行的具有储蓄、支付、结算、信贷、购物等多种功能的信用流通工具。信用卡的种类繁多，主要有贷记卡和借记卡。信用卡业务是指商业银行利用具有授信额度和透支功能的银行卡提供的银行服务。

5.4.2　信用卡的功能

1.支付功能

支付功能是信用卡最基本的功能。支付功能是指信用卡可以代替现金，持卡人凭卡可以到特约商户购物或消费。从这个意义上讲，信用卡是银行创造的信用流通工具，属于广义的货币范畴。

2.结算功能

持卡人凭卡办理转账结算，到异地采购采用信用卡结算方式，比其他结算方式具有方便、快捷的优越性。

3.消费信贷功能

信用卡是一种消费信贷工具。持卡人在自己的账户存款不足以支付时，可以在银行信用限额内透支，即先消费后补款，发卡银行以贷款方式为持卡人提供信贷服务，持卡人按贷款期限和利率在约定的时间内以存款方式偿还贷款。例如，国际上著名的万事达卡（Master Card）和维萨卡（VISA）都属于具有消费功能的贷记卡。

5.4.3　信用卡业务流程

商业银行或信用卡公司的信用卡业务是一个复杂的系统工程，它涉及发卡人、持卡人和特约商户等多边信用关系。信用卡业务流程就是控制、协调和处理多边之间支付关系的过程，主要反映发行、授权和清算三个基本系统。整个业务流程一般包括市场营销、指定和委托代办行、发卡、客户服务、授权、清算等具体环节。

1.市场营销

信用卡市场的主体是持卡人和潜在持卡人，具体讲，包括个人、公司和公共部门。信用卡的营销就是对市场细分和运用促销策略不断开拓市场渠道，争取客户的过程。信用卡的市场细分就是把营销力量集中于三个方面：商人市场即商户推广、开拓潜在持卡人市场和鼓励原有持卡人更多使用信用卡的营销活动。通过广告宣传、人员促销等手段和提高服务质量、价格优势等策略来争取并留住持卡人。

2.指定和委托代办行

信用卡机构要选择具有条件的营业机构作为信用卡的代办机构，办理信用卡的存款、取款、转让和收单等业务，实现信用卡业务联营。

3.发卡

（1）信用卡的申请与审批。客户办理信用卡要携带有效身份证件到发卡银行填写申请书，或发卡银行将申请书寄给潜在持卡客户，以吸引他们申请。对收到的申请书，发卡行要对其项目、内容进行认真审查，确保真实、准确、完整。同时，对担保人说明担保责任，确定持卡人的资信状况。

（2）开立账户与制卡。经审查核实后，对同意发卡的，根据申请的批示，将有关资料输入电脑，按有关会计制度设立账户。打卡人员制作磁卡，将卡交客户。

4.客户服务

将信用卡交付客户的同时，告知信用卡的一些特点。接受客户的各种咨询。

5.授权

授权是发卡银行为控制超限额购物消费和取现，防止欺诈、减少损失而向客户和网点提供的一种有效的审批手段。商业银行成立信用卡授权机构，受理特约商家、取现网点、异地信用卡收单行的授权请求，处理信用卡交易的清分、对账、查询查复、业务统计、止付名单管理等业务。授权系统通过自动授权网络和人工电话授权来完成。

6.清算

信用卡的资金清算是指发卡银行与代理行之间代收、代付信用卡资金的结算，包括收单行与特约商户、收单行与营业网点、收单行与ATM、收单行与发卡行之间相互的资金往来清算。发卡行同时又是收单行的，凭持卡人在商店消费的签购单，向商店付款，扣除一定比例的佣金费用。他行发卡本地收单的，收单行凭签购单向商店付款后，与发卡行进行资金清算。发卡行应定期向持卡人发出月单，持卡人应视存款余额情况补充存款或偿还贷款。

5.5 信息咨询业务

商业银行的信息咨询业务是指商业银行从事的、以出售和转让客户需要的信息以及有偿提供智力服务为业务内容的业务形式。一方面，商业银行在长期的经营过程中收集和积累了大量的经济数据和资料，可以向客户提供各方面信息的咨询；另一方面，商业银行以行业特有的专门知识、信息和技能优势接受客户的委托，借助科学的手段和方法进行企业资信的调查、项目技术的可行性论证、专题性的调研分析等，以帮助客户作出最恰当的决策。商业银行从事的咨询业务，根据不同的性质，可以分为三大类：评估类信息咨询、委托中介类信息咨询以及综合类信息咨询。

5.5.1 评估类信息咨询

（1）项目评估。项目评估是指商业银行接受委托，在可行性研究的基础上对拟在建项目、建设项目的必要性和技术上的合理性进行全面审查和评价，为委托方（包括政府、企业以及个人）的投资决策提供依据，同时也为银行的信贷业务提供决策依据。项目评估是降低投资风险、合理有效地配置资源、提高经济效益的重要手段。商业银行依据委托方提供的委托书、项目建议书和可行性研究报告等资料运用相应的技术手段对项目的技术设计、市场前景、经济效益等方面作出综合评价，得出定性结论。

评估的主要内容有：①项目概论；②市场预测；③技术和设计分析；④投资计划；⑤财务预算和效益分析；⑥社会效益分析；⑦不确定性分析；⑧总结和建议。

项目评估的程序一般是：①委托方向商业银行提出评估委托书；②银行接受委托书后，预审评估条件是否齐全完备，并同委托方签订评估合同书；③银行评估小组到委托单位进行考察评估；④编写评估报告，并报评审小组审定；⑤向委托单位通报评估结果。

（2）企业信用评估。企业信用评估是指商业银行从事的企业信用认定业务。银行对企业的信用认定是企业参与市场活动的"身份证"，也是促进企业完善内部控制、改善经营管理、提高经济效益、提升信誉等级的有效措施。按国际惯例，企业信用等级的评估主要包括四方面内容：资金信用、经济管理、经济效益以及发展前景。评定的级别有 AAA、AA、A，BBB、BB、B，CCC、CC、C共九个等级。

企业信用评估的程序为：①委托方（企业）提出申请，与受托方（商业银行）签订合同；②受托方组织评估小组到委托方进行调查，写出评估报告；③受托方的专家评审委员会进行评审并确定企业的信用等级；④颁发信用等级证书，继续跟踪监测，并根据监测结果及时调整信用级别。信用等级证书的有效期为1年。

（3）验证企业注册资金。这是指商业银行接受市场监督管理部门的委托对准备注册登记的企业或已经登记开业的新老企业的自有资金数额的真实性以及合法性进行验证和核实。验证的要求主要有两个方面。一是注册资金的真实性，即企业的注册资金必须是自有资金和实有资金，借入资金不能作为注册资金；企业可以专利、技术以及商标投资，但是，这部分投资不能作为注册资金。二是注册的资金必须合法，不符合国家法律规定的任何资金来源，都不能作为合法资金进行注册。

5.5.2　委托中介类信息咨询

商业银行从事的委托中介类信息咨询主要包括资信咨询、专项调查、技术贸易中介以及委托常年咨询顾问等业务。

1. 资信咨询

资信咨询是指商业银行以中间人的身份、以公平的态度和公正的立场根据相关资料对企业的资信作出公正的评价，以满足在生产经营活动中的交易双方了解彼此信用程度的需要。资信咨询有一般性的资信咨询和风险性的资信咨询。前者要求委托方必须签订咨询委托书，并提供有关的资料，明确咨询内容，确定经济责任和费用；银行则依据合同为委托方提供其交易方的资信状况等有关情况。对于后者，银行除了向委托方提供其要了解的另一方的一般资信资料以外，还负有监督和保证按期付款（交货）的经济责任。

2. 专项调查咨询

专项调查咨询是指商业银行根据委托方特定的目的和要求在指定的范围内收集、加工和整理各种资料，编撰咨询报告，为委托方提供决策依据。调查的内容涉及经济领域的方方面面，如对企业欲投产的某个商品的市场状况、资金的需求以及经济效益进行分析和预测；对企业所在行业的现状、发展趋势等的调查；对参与合资合作企业有关情况的调查等。专项调查的程序包括：①委托方递交委托书；②双方签订合同，明确咨询项目和完成期限以及服务费用；③受托银行组织人力进行调查，送交调查报告。

3. 技术贸易中介咨询

商业银行从事技术贸易中介咨询主要通过与科研部门、技术部门、管理部门等的合作参与技术的转让、开发、咨询、服务以及技术协作，从中获取一定的中介费用。对于这类中间业务，商业银行应注意客观和公正地评价和介绍技术贸易项目。

4.委托常年咨询顾问

委托常年咨询顾问是指商业银行接受客户的委托对其日常的经营管理提供咨询。由于这种业务的经常性和重复性特点,银行便可以委托群体或个人以常年咨询顾问的方式定期或不定期地为客户提供经营管理等方面的咨询服务,协助企业作出正确的经营决策。

5.5.3 综合类信息咨询业务

1.企业管理咨询

商业银行根据企业要求组织专门人员对企业经营管理中存在的有关问题进行调研和分析,为企业提供有针对性的解决方案,从而改善企业的经营状况、提高经济效益。企业管理咨询主要包括两个方面的内容:综合管理咨询和专题管理咨询。前者是指银行对企业经营全部过程以及战略决策、方针等重大全局性的业务活动进行咨询。后者是指银行对企业经营管理的某个方面、某个环节进行咨询,如企业的组织结构、新产品的开发、市场营销策略、企业物流等。

2.常年经济咨询

常年经济咨询是指商业银行充分运用自身的网络优势和丰富的信息资源优势,通过提供信息资料、召开信息发布会以及举办各种讲座等形式把包括金融、行业产品、宏观经济等各方面的动态信息随时传达给客户。

5.6 担保与承诺业务

5.6.1 担保业务

1.担保的定义

担保是指受合同双方当事人(即委托人)的请求,受托人以担保人的身份向合同的受益人出具书面保证,保证在委托人不能履行债务或合同义务时,受托人承担赔偿责任。银行作为受托人出具的书面担保称为银行担保,由此形成了商业银行的担保业务。在担保业务中,银行作为担保人开出的保函叫作银行保函。保函是用担保人的资信来担保交易合同双方的合法权益。保函的产生基础是交易合同，但又不依附于合同，是一种独立信用文书。担保人依据保函条款对受益人进行赔偿，而不受合同的约束；受益人如果按保函规定条款提供了委托人违约的证明资料，担保人应给予赔偿。

2.担保业务的种类

（1）履约担保。履约担保是银行应委托人（即开立保函的申请人）的请求，向受益人出具的保证委托人履行合同的书面担保。担保银行保证在委托人违约时进行赔偿。例如，在国际工程招标中，招标人要求中标人在签约时必须提供担保人开具的、载明如果出现中标人不履约的情况，立即给予赔偿的保证书。担保金额一般为合同金额的2%～5%。

（2）投标担保。投标担保是指银行应投标人（即保函申请人）的请求，向招标人（即保函受益人）开立的一种书面担保。其保证如果投标人中标而不签约，担保银行向招标人进行赔偿。担保金额一般为投标报价的1%～5%。

以上两种担保通常用于国际工程承包业务中，可统称为合约担保。

（3）还款担保。还款担保是贷款人要求借款人提供的由银行出具的承诺，在借款人不能如期偿还贷款本息时，担保银行偿还贷款本息的担保书。它是我国企业向境外筹资时，我方银行常用的一种保函。

（4）付款担保。付款担保是银行应进口方的要求向出口方开具的保函，当进口方不履行付款责任时，由担保银行付款。此种担保在国际贸易中常用，其作用与跟单信用证基本相同。申请人委托银行开具保函时，应提交开立保函申请书，详细说明开具保函的原因及条件。银行接受委托可开具保函，保函中规定了担保人应承担的责任和受益人的索赔条件等。保函开出后，意味着银行代替申请人对外承担了偿付义务，双方确立了一种信用关系。如果委托人不能履行合约，担保银行必须负责赔偿。担保银行为了保证在赔偿后向委托人取得偿付，往往要求委托人提供担保，即反担保，可采用资金、动产或不动产作抵押的方式。如经担保银行同意，客户也可在申请书中写明作贷款处理的条款，不另办反担保。

（5）担保信用证。担保信用证又称备用信用证，是指银行对受益人提供担保的一种特殊信用证。银行接受申请人的委托承担汇票义务，当受益人出示汇票和表明备用信用证的申请人未能履约的书面证明时，银行即予赔偿。备用信用证作为一种特殊信用证，实质上是对汇票受益人的一种担保。具体来说，备用信用证是银行代表客户以信用证形式开出的向第三者保证必须履行债务的不可撤销的信用证。当客户不履行债务时，银行须代客户履行支付债务的责任。备用信用证多用于金额保证，如商业票据和履约保证。

5.6.2 承诺业务

1.承诺的定义

承诺是法律上的一种契约，是指银行向客户许诺对未来交易承担某种信用责任。承诺与承担现行风险的担保不同，它只会在未来某个时候使银行面临风险。

2.承诺业务的种类

（1）贷款承诺。贷款承诺是法律上的一种约束，即银行许诺保证在未来一定时期内履行对客户按双方商定条件发放约定金额贷款。根据贷款承诺协议，银行在承诺期内向客户收取承诺费，不必负担其他任何成本。贷款承诺银行承担相关风险，主要有两种：一是流动性风险，即实际贷款发生时，银行无力筹措承诺契约所规定的贷款金额；二是企业信用风险，即在贷款承诺期内客户信用等级降低、财务状况恶化，使贷款承诺无法履行。贷款承诺包括可撤销贷款承诺和不可撤销贷款承诺两种形式。

（2）票据发行便利。票据发行便利是以债券证券化为特征而产生的一种贷款新品种，它使得投资人和筹资人可以绕过银行直接进行交易，在双方融资的过程中，商业银行常以证券承销人或债券及票据的持有人身份出现。票据发行便利的具体操作程序是：短期票据发行人（即借款人）可以在一定时期内发行一连串的票据，据以进行周转性借款，安排发行便利的银行作为承销银行，按承销合约承购票据发行人售不出去的票据来提供信用支持，从而形成了循环包销便利或购买票据便利等具体方式，其统称为循环保证融资。票据发行便利既是一种银行承诺业务，又是银行担保业务。如果银行通过提供票据发行便利，即替票据发行人提供筹资担保，本质上就把承诺转化成了贷款担保业务了。也就是说，商业银行代借款人发行票据，然后将所筹资金交付借款人使用，一旦筹资计划不能如期实现，银行需要负责向票据发行人提供贷款用以满足其资金需要。因此，承诺、担保业务在一定条件下会转化为银行的资产业务。

5.7 表外业务的管理

由于表外业务既可以给银行带来可观的收益，也可能使银行陷入更大的困境，尤其是具有投机性的表外业务，其经营风险难以估算，所以自20世纪80年代后期开始，商业银行都加强了对表外业务的管理，各国金融管理当局和巴塞尔委员会也都制定和颁布了一些对表外业务的监管措施。现在，对表外业务的管理实际上已成了商业银行内部管理的重要内容，也是金融当局实行宏观金融监控的一个重要方面。

5.7.1 商业银行对表外业务的管理

商业银行对表外业务的管理措施主要有以下几个：

1.建立有关表外业务管理的制度

这些制度主要有以下几方面：

（1）信用评估制度。加强对交易对手的信用调查和信用评估，避免与信用等级较低的交易对手进行交易。在交易谈判中，坚持按交易对手的信用等级确定交易规模、交割日期和交易价格。有的银行对一些期限较长的表外业务，还要求定期重新协商合同条款，避免风险转嫁。

（2）业务风险评估制度。对表外业务的风险建立一整套评估机制和测量方法，在定性分析的基础上进行定量分析，确定每笔业务的风险系数，并按业务的风险系数收取佣金。例如，美国银行对期限短、风险系数较小的备用信用证所收的佣金率为担保金额的25个到50个基本点，而对期限长、风险系数大的备用信用证则收取125到150个基本点的佣金率，无追索的贷款出售佣金率较低，只有15个基本点。

（3）双重审核制度。表外业务潜在风险大，为了做到防患于未然，商业银行都吸收了巴林银行的教训，实行双重审核制度，即前台交易员和后台管理人员严格分开，各负其责，以便于对交易活动进行有效监管。前台交易员要根据市场变化，及时调整风险敞口额度，后台管理人员则做好跟踪结算，发现问题及时提出建议或向上级部门报告，以便及时采取补救措施。

2.改进对表外业务风险管理的方法

经过多年的实践，人们总结出了一些行之有效的表外业务风险管理方法：

（1）注重成本收益率管理。表外业务的业务收费率不高，但每笔业务的成本支出并不和业务量成正比，因此银行从事表外业务就有成本收益率问题。只有每笔业务成交量达到一定规模，才能给银行带来较大的业务收入，使银行在弥补成本开支后，能获得较多的净收益，提高银行的资产利润率，增强银行抗风险的能力。当然，这是以每笔表外业务的风险系数既定为前提的，倘若风险系数过大，银行就应当谨慎从事，甚至放弃这笔业务。

（2）注重杠杆比率管理。表外业务财务杠杆率高，可"以小搏大"。如果说按原有杠杆率来从事表外业务，在市场波动较大的情况下，一旦失误，可能使银行所利用的表外业务工具因价格（如股指、汇率、利率等）急剧下跌遭受惨重损失而将银行全部资本赔光。所以许多商业银行在从事表外业务时，都不按照传统业务的杠杆率行事，而是根据银行本身的财务状况及每笔业务的风险系数，运用较小的财务杠杆率，以防万一预测失误，使银行陷入危险的境地。

（3）注重流动性比例管理。为了避免因从事表外业务失败而使银行陷入清偿力不足的困境，许多商业银行针对贷款承诺、备用信用证等业务量较大，风险系数也较高的特点，适当提高流动性比例要求。

有的还在贷款承诺中要求客户提供补偿余额，在备用信用证项下要求客户提供押金，以降低风险，保证银行拥有一定的清偿能力。

5.7.2 对表外业务活动监管

国际上对表外业务活动监管通常有以下几个方面：

1. 完善报告制度，加强信息披露

巴塞尔委员会要求商业银行建立专门的表外业务报表，定期向金融监管当局报告交易的协议总额、交易头寸，反映对手的详细情况，使金融监管机构尽可能及时掌握全面、准确的市场信息，以便采取适当的补救措施。不少国家金融监管机构还要求银行对表外业务的场外交易状况作详细说明，包括报告某些表外业务如期权交易的经营收入。1993 年《巴塞尔协议》就要求商业银行将交易账簿和贷款账簿相分离。贷款账簿记载为日常存、放款进行套期抵补的期权头寸等，这些头寸主要受长期信用风险影响。交易账簿记载其他期权头寸，这些头寸主要受短期市场风险影响。这种短期风险又可分为特殊风险与一般风险两类，应分别实施监管。这些规定为建立期权交易报告制度确立了基础。

2. 依据资信认证，限制市场准入

一些国家金融监管当局为了规范表外业务，抑制过度投机，规定凡从事某些表外业务如远期利率协议、互换等交易活动的商业银行和其他机构，必须达到政府认可的权威的资信评级机构给予的某个资信等级，其目的是使这些表外业务的交易能被限制在一些资金实力雄厚、信誉卓著的交易者之间，以降低信用风险。

3. 严格资本管制，避免风险集中

《巴塞尔协议Ⅲ》对商业银行从事表外业务提出了严格的资本要求。认为将所有的表外项目都包括在衡量资本充足的框架中是十分重要的。考虑到对某些表外项目的风险估测经验是有限的，而且对某些国家来说，当这类表外业务的金额很小，尤其是以多种新的创新工具的形式出现时，即使使用复杂的分析方法和详细频繁的报告制度，也很难作出正确的统计，因此巴塞尔委员会采用了一种适用性较强的综合方法来加以处理，即通过信用转换系数把各类表外业务折算成表内业务金额，然后根据表外业务涉及的交易对手方或资产的性质确定风险权数，再用这些权数将上述对等金额进行加总，汇总到风险资产总额中去，最后再按标准资本比率对这些项目分配适宜的资本。

《巴塞尔协议Ⅲ》将表外项目分成五类，并分别规定了信用风险转换系数：

（1）贷款的替代形式（如负债的普通担保、银行承兑担保、可为贷款和证券融资提供金融担保的备用信用证），信用风险转换系数为100%。

（2）与特定交易相关的或有负债（如履约担保书、投标保证书、与交易有关的担保书和用于特别交易的备用信用证），信用风险转换系数为50%。

（3）短期可自动清偿和与贸易相关的、由于货物的移动所产生的或有负债（如有海运船货作抵押的跟单信用证），信用风险转换系数为20%。

（4）初始期限超过一年的其他承诺、票据发行便利（NIFS）和循环承购便利函（RUFS），信用风险转换系数为50%。初始期限在1年之内的，或者是可以在任何时候无条件取消承诺的，其信用风险转换系数可以为0。

（5）同利率和汇率有关的项目（如汇率互换、利率互换、期权、期货），采用特殊的方法换算。1988年7月，《巴塞尔协议》规定可用"初始风险暴露法"和"现时风险暴露法"两种，现在统一规定只用现时风险暴露法一种。在现时风险暴露法中，各种期限的不同项目规定不同的信用风险转换系数。

专栏5-4 ▬▬▬▬▬▬▬▬

银监会为什么要整治"表外业务"？

在金融去杠杆的背景下，银行业重点领域的风险问题仍是监管部门关注的重点。央行发布的《中国金融稳定报告（2017）》指出，银行业的表外业务继续增长，其风险隐患值得关注。

根据该报告，截至2016年年末，银行业表外业务余额为253.52

万亿元，表外资产规模相当于表内总资产规模的109.16%，比上年年末提高12.04个百分点。银监会党委书记、主席郭树清同志主持召开党委扩大会议，传达学习全国金融工作会议精神，表示把主动防范化解系统性金融风险放在更加重要的位置，着力防范流动性风险、信用风险、影子银行业务风险等重点领域风险。有计划、分步骤，深入整治乱做表外业务等市场乱象。那么，这里提到的"表外业务"具体指什么？为何要将其纳入全面风险监管之中？"表外业务"是不计入资产负债表内的其他业务，指商业银行从事的、按照现行的会计准则不计入资产负债表内，不形成现实资产负债，但能改变损益的业务。表外业务根据特征和法律关系，可分为担保承诺类、代理投融资服务类、中介服务类、其他类等。这里的"表"就是资产负债表。在银行业发展初期，以存贷业务为主的表内业务是商业银行主要的利润来源。但随着金融市场的发展和金融管制的放松，国内外商业银行更全面深入地参与金融市场，逐步突破单一传统的表内业务模式，转向发展形式多样、利润也更加丰厚的表外业务。

随之而来的，是表外业务收入在营业收入中的占比逐年提高，目前欧美主要国家银行的表外业务收入占比已经超过四成；国内银行业在金融改革的推进下，表外业务也进入了飞速发展通道。"表外业务"本身具有不确定性和隐蔽性等特点，存在着风险，且其风险表现形式较表内业务更为分散、隐蔽性更强。表外业务是多元化经营业务，涉及的流程多、部门广，防范风险的难度较大。而且一项表外业务常常涉及多种风险，各种风险之间的弥补关系也更为复杂，增加了风险决策的两难性。

另外，许多表外业务并不在财务报表上反映，现有的会计信息很难全面反映表外业务的规模与质量，经营具有一定的隐蔽性，致使金融监管机构难以了解银行的全部业务范围，无法正确评价其经营成果，难以对银行的表外业务活动进行有效的监督与管理。不仅如此，银行的部分表外业务的开展也还没有金融法规的严格限制，尤其是金融衍生工具类表外业务，大多数不需要相应的资本准备金，并且没有规模限制，自由度较大，潜伏着巨大的风险。再有，对于担保类表外业务，虽然在出具之时不确立债权与债务关系，但客户一旦违约，所产生的风险与贷款风险无异，风险产生后银行往往处于不利的法律地位。因此，银行要更加注重表外业务风险管理，并加强对表外业务的风险监督，促进表外业务的持续健康发展。

5.7.3 调整会计揭示方法

表外业务具有自由度大、透明度差的特点，传统的会计原则不能充分予以揭示，这是因为传统的会计原则强调"权责发生制原则"、"历史成本原则"和"充分揭示原则"。按"权责发生制原则"的要求，资产和负债都要按过去已发生的交易事项来记载。预计未来资源流入和流出，则无法形成资产和负债，不能在财务报表上反映出来。而表外业务大多以契约或合约为基础，它所体现的交易都要在未来的某一时刻履行或完成，这类未来交易能否发生，要取决于利率、汇率等的变化，这就使得未来的资源流入流出时间及金额都有很大的不确定性，因而不能在现有财务报表上反映。按"历史成本原则"的要求，财务报表上记载的是一种账面成本，与现实成本不同，二者有时有很大差距。许多表外业务是按市价来进行交易的，并且往往采用柜台交易方式，难以在市场上找到参考价格，所以无法及时反映市场价格瞬息万变的情况，也就难以对表外业务盈亏和风险程度作出恰当的估计。

按"充分揭示原则"的要求，一个公开发布的财务报告应揭示对报告使用者有重要影响的全部经济信息，而会计记录又必须以信息资料可以货币化计量为基础，因此表外业务中许多具有重要决策意义的非量化的会计信息就无法得到充分反映。以上这些会计原则使得有关表外业务的真实信息被扭曲或掩盖了，不利于对表外业务加强管理。国际会计准则委员会针对传统会计制度的缺陷，对表外业务的会计揭示问题作了一些规定。

第一，规定在对表外业务进行会计揭示时，一般仍要坚持标准会计的"权责发生制原则"和"审慎原则"。当权责发生制原则与审慎原则不一致时，应适用审慎原则，即只有当收入和利润已经以现金或其他资产形式实现，而其他资产也可合理地、确定地最后变为现金时，才能计入损益。

第二，规定表外业务各项目应在资产负债表的正面、合计金额的下端用附注形式反映出来。其中，或有负债应通过"承诺和背书""担保""保证和作为附属抵押品的资产"等来反映；承诺应通过"销售和回购产生的承诺""其他承诺"来反映；利率合约、汇率合约的估价也要反映。

第三，规定对表外业务中的避险交易和非避险交易有不同处理方法。避险交易是为减少现有资产、负债、表外头寸的利率、汇率价格风险而进行的交易。在对属于避险交易的业务进行确认后，应按市价转移。非避险交易是指一般买卖或投机交易，这类交易应按市价估价，并应计入完成交易的全部成本。如果持有的金融工具头寸数目巨大，而抛补价与现有市价相差较大，对所用市价还应作调整。若是长头寸，应扣除适当贴水；若是短头寸，则加适当升水。美国会计准则委员会还规定：所有会计主体，还应提供有关利率、比率、价格或其他市场风险的数量信息，例如，当期头寸及当期业务的详细信息，市场变化对权益或年度收入可能产生的影响，利率重订的缺口分析，金融衍生工具头寸及其他头寸的期末风险值及当期平均风险值等，以便评价银行等运用衍生工具的业绩。

本章小结

1. 表外业务是指商业银行从事的，按通行的会计准则不列入资产负债表内，不影响其资产负债总额，但能影响银行当期损益，改变银行资产报酬率的经营活动。表外业务有狭义和广义之分。狭义的表外业务一般是指有风险的经营活动，应当在会计报表的附注中予以提示。广义的表外业务除了包括狭义的表外业务，还包括传统的无风险的中间业务。

2. 支付结算是银行代客户清偿债权债务、收付款项的一项传统业务。对商业银行来说，这是一项业务量大、收益稳定的典型中间业务。

3. 委托代理业务是指商业银行接受政府、单位和个人的委托，代理客户交办的经济事务的业务。商业银行通过开展代理收付款业务，既能帮助企事业单位和个人从这些繁杂琐碎的具体工作中解脱出来，又能帮助银行稳定和扩大存款资金的来源。

4.信用卡是商业银行或发卡公司发行的具有储蓄、支付、结算、信贷、购物等多种功能的信用流通工具。信用卡的种类繁多，主要有贷记卡和借记卡。信用卡业务，是指商业银行利用具有授信额度和透支功能的银行卡提供的银行服务。信用卡业务是近年来商业银行发展最快的一项金融服务业务。

5.商业银行的信息咨询业务是指商业银行从事的、以出售和转让客户需要的信息以及有偿提供智力服务为业务内容的业务形式。商业银行从事的咨询业务，根据不同的性质，可以分为三大类：评估类信息咨询，委托中介类信息咨询以及综合类信息咨询。

6.担保业务是银行以自己的信誉为申请人提供履约保证的行为。银行在提供担保时，要承担申请人违约风险、汇率风险和国家风险。贷款承诺是银行与借款人之间达成的一种具有法律约束力的契约。它可使借款人灵活地使用贷款金额、期限，提高资金使用效率，又可使银行凭其信誉而获得较高的收益。

7.表外业务因灵活性大、透明度差而有较高的风险，它既可给银行带来可观的收益，也可能使银行陷入更大的困境，所以有必要对表外业务活动加强管理。商业银行内部要建立信用评估、风险评估和双重审核制度，注重杠杆比率管理和流动性比例管理。巴塞尔委员会要求商业银行建立专门的表外业务报表，定期报告有关表外业务的情况，并对表外业务的风险衡量作了具体规定。

综合训练

5.1　单项选择题

1.表外业务是指不构成商业银行表内资产，表内负债，形成银行
（　　）的业务。

A.投资收入   B.额外收入

C.非利息收入   D.利息收入

2.在中间业务中，商业银行作为（　　　）为客户提供服务。

A.债权人　　　　　　　　　　B.债务人

C.中间人　　　　　　　　　　D.经纪人

3.支付结算类业务是在商业银行（　　　）的基础上产生的。

A.存款业务　　　　　　　　　B.贷款业务

C.中间业务　　　　　　　　　D.表外业务

4.商业银行在办理代理业务过程中（　　　）。

A.可以为客户垫款　　　　　　B.可以收取手续费

C.要承担经济损失　　　　　　D.可以参与利益分配

5.以下不属于承诺业务的是（　　　）。

A.贷款承诺　　　　　　　　　B.回购协议

C.票据发行便利　　　　　　　D.备用信用证

5.2　多项选择题

1.商业银行基本的国内结算方式有（　　　）。

A.汇兑　　　　　　　　　　　B.委托收款

C.托收承付　　　　　　　　　D.信用证

E.代付款

2.信用卡按清偿方式划分，可分为（　　　）。

A.借记卡　　　　　　　　　　B.准贷记卡

C.贷记卡　　　　　　　　　　D.双币卡

E.外汇卡

3.（　　　）属于商业银行的委托及代理业务。

A.代理债券业务　　　　　　　B.保管箱业务

C.保证业务　　　　　　　　　D.委托贷款业务

E.证券投资业务

4.担保和类似的或有负债业务包括（　　　）。

A.银行提供的票据发行便利

B.远期利率协议

C.跟单信用证

D.预付款保函

E.投标保证书

5.关于银行承诺，以下说法正确的是（　　　）。

A.承诺是银行对自己的客户作出的承诺

D.可撤销的承诺比不可撤销的承诺风险大

C.包销票据发行便利比非包销票据发行便利的风险大

D.票据发行便利可使银行获得较多的手续费收入

E.票据发行便利可分散银行信贷集中造成的风险

5.3　思考题

1.什么是表外业务与中间业务？

2.商业银行常用的支付结算工具有哪些？

3.代理类中间业务有哪些种类？

4.信用卡的主要功能有哪些？

5.国际上通常采取哪些措施加强对表外业务活动的监管？

第6章

商业银行国际业务

学习指南

【学习目标】通过本章的学习，我们将了解商业银行国际业务的基本知识；掌握商业银行外汇存款业务、外汇贷款业务以及外汇买卖业务的类型和操作要点。

【关键概念】外汇　汇率　代理行　外汇监管　外汇账户　现汇贷款　出口信贷　政府贷款　银团贷款　外币兑换

引例

烟台银行首开NRA账户　实现国际业务新突破

2019年6月，烟台银行威海分行成功为一家注册地为韩国的境外企业开立了境外机构境内银行结算账户（NRA账户）。该账户的开立将烟台银行国际业务的服务对象由境内延伸至境外，标志着烟台银行成为山东省城商行中首家开办NRA账户的银行，实现了国际业务新突破。

NRA账户（Non-Resident Account），是指境外合法注册成立的机构在境内银行开立的外汇或人民币账户。境外企业开立NRA账户，不仅可以通过境内银行叙做国际结算、外汇买卖、理财产品等业务，而且便于境内母公司对境外子公司的资金使用进行监管，能有效节约成本，提升效率。

身处沿海开放城市，烟台银行充分认识到了NRA账户的重要性，经过深入调研和充分论证，并与主管部门沟通，开办了NRA账户。依托NRA账户体系，有利于扩大客户群，提升品牌形象，同时进一步促进烟台银行跨境金融业务的发展，对引入境外优质资金服务实体经济、支持地区建设、深化对外金融合作具有积极作用。

烟台银行以此为契机，积极寻找拓展外汇账户业务的新途径，并在此基础上多渠道整合跨境、离岸和在岸服务，探索开展NRA福费廷、外保内贷等业务，着力打造多元化、差异化的国际业务产品体系，实现国际业务更快、更好发展。

问题：

1.什么是NRA账户？

2.烟台银行如何进一步拓展国际业务？

随着金融市场的逐步完善并趋于一体化，以及先进技术被广泛应用，商业银行国际业务的发展空间得以拓展，银行业务国际化也成为各商业银行寻求自身发展的手段，越来越多的商业银行不断扩大国际业务的范围与规模，到海外设立分支机构，提高金融服务的水平和质量，加入跨国银行的行列中。

6.1 国际业务概述

经济贸易在全球范围的迅速发展，为商业银行开展国际业务创造了条件，金融创新以及国际资本的频繁流动，加速推动了商业银行的国际进程，成为银行业的重要发展特征。国际业务是指由涉外贸易、涉外服务、涉外交往、涉外清算、外币兑换、涉外融资、涉外资金、涉外债权和涉外投资等政治经济活动所引起的相关银行业务。商业银行的国际业务主要包括外汇买卖、国际结算、国际信贷、国际贸易融资以及离岸金融业务。国家外汇管理局是我国进行外汇管理和制定外汇政策的职能机关，与中国人民银行合署办公。商业银行办理外汇业务必须严格遵循国家外汇管理局相关的外汇政策。

6.1.1 国际业务基本知识

1.外汇的含义

外汇是以外币表示的可以用作国际清偿的支付手段和资产，以及用于国际结算的支付凭证。广义的外汇指的是一国拥有的一切以外币表示的资产。国际货币基金组织（IMF）对外汇的定义是：货币行政当局（包括中央银行、货币管理机构、外汇平准基金及财政部等机构）以银行存款、财政部国库券、长短期政府债券等形式保有的在出现国际收支逆差时可以使用的债权。我国于2008年8月6日修正颁布的《中华人民共和国外汇管理条例》规定：外汇，是指下列以外币表示的可以用作国际清偿的支付手段和资产：①外币现钞，包括纸币、铸币；②外币支付凭证或者支付工具，包括票据、银行存款凭证、银行卡等；③外币有价证券，包括债券、股票等；④特别提款权；⑤其他外汇资产。

2.外汇汇率

外汇汇率，又称汇价，是一国货币的对外价值，是用一国货币表示的另一国货币的比价，是办理本币与外币、外币与外币间兑换的标准，是开展外汇业务的基础。国际上的贸易和非贸易往来、一个国家国际收支中债权和债务的清偿，都要涉及货币兑换。

（1）汇率的标价。在表述两国货币的汇价关系时，可以选择将外国货币表示为本国货币的价格，也可以选择将本国货币表示为外国货币的价格。前一种方法称为直接标价法，后一种方法称为间接标价法。

（2）汇率的种类。

①官方汇率和市场汇率。官方汇率又称为法定汇率或外汇牌价，由一国政府或其授权的外汇管理当局制定和公布，规定在本国境内的

所有外汇交易的汇率都以其为准。在外汇市场上受供求关系影响、即时波动的汇率，称为市场汇率。

②基本汇率和套算汇率。基本汇率是指由一国货币与某个关键货币的实际价值对比而制定出的汇率。其中，关键货币一般是指：国际上普遍接受的货币，即可以自由兑换的货币；国际贸易交往中广泛使用的计价结算货币；在各国国际储备中占较大比重的货币；各国政府干预市场普遍使用的干预货币。目前，美元是国际上最主要的关键货币，大多数国家都把对美元的汇率作为基本汇率。套算汇率，即交叉汇率，是根据本国货币对关键货币的基本汇率和关键货币对其他国家货币的汇率，套算得到的本国货币对其他国家货币的汇率。

③买入汇率、卖出汇率和现钞价。买入汇率，即买入价，是银行向客户或从同业买入外汇时所采用的汇率。采用直接标价法时，外币折合本币数较少的那个汇率是买入价；采用间接标价法时，本币折合外币数较多的那个汇率是买入价。卖出汇率，即卖出价，是银行向客户或向同业卖出外汇时所采用的汇率。采用直接标价法时，外币折合本币数较多的那个汇率是卖出价；采用间接标价法时，本币折合外币数较少的那个汇率是卖出价。买入价和卖出价的平均数为中间汇率，即中间价。现钞价是银行买入外币现钞的汇率，又称现钞买入价。现钞买入价低于现汇买入价，这是由于现钞买入价必须扣除现钞的运费和保险费。当银行卖出外币现钞时，则采用的是银行现汇卖出价。

④即期汇率和远期汇率。根据外汇买卖交割期的不同，外汇汇率可分为即期汇率和远期汇率。即期汇率又称为现汇汇率，是指外汇买卖双方成交后，当日或两个营业日之内交割款项时使用的汇率。远期汇率是远期外汇买卖的汇率。买卖双方签订合同，约定交割日期，届时不管汇率如何变动，协议双方都按预定的远期汇率、币别和金额进行结算。远期交割的期限一般为1个月、3个月、6个月或1年，到期后可以重新商定汇率做转期。

⑤固定汇率和浮动汇率。固定汇率是由一国政府制定公布的汇率。汇率的上下波动有一定的限度。超过一定的限度，政府有义务通过各种手段对汇率进行干预调节，以保持汇率的稳定。浮动汇率是由

外汇市场供求情况决定的汇率。政府不规定汇率波动的范围，汇率可自由涨跌，政府无义务进行干预。

3.外汇市场

外汇市场是全球最大的金融产品市场。通常所说的外汇交易是同时买入一对货币组合中的一种货币而卖出另一种货币的外汇交易方式。国际市场上各种货币间的汇率波动频繁，且以货币对形式交易，如欧元/美元或美元/日元。外汇市场一般没有具体地点，没有中心交易所，所有的交易都是在银行之间通过网络进行的。世界上的所有金融机构、政府或个人每天24小时随时都可参与外汇交易。

（1）外汇市场的组成。①中央银行。其负责持有及调度外汇储备，维持本国货币对内及对外的价值。在浮动汇率制度下，中央银行经常买进或卖出外汇来干预外汇市场，以维持市场秩序。比如，美国、日本、德国、英国、法国、加拿大与意大利所组成的七大工业国组织（G7）经常举行高峰会议，对主要货币之间的汇率设立协议，限定汇率波动的幅度，以稳定汇价。中央银行有时也会出于调节货币标准或政策上的需要等特殊原因，在公开市场上进行干预。②商业银行。通常，小量现钞买卖、支票兑现大都由商业银行垄断。商业银行国际业务部门的主要业务就是将商业交易与财务交易的客户资产与负债从一种货币转换为另一种货币，这种转换可以即期交易或远期交易的方式办理，由于从事外汇交易的银行为数众多，所以外汇买卖也就日渐普及了。③外汇经纪商。以收取佣金为目的的经纪商活跃在外汇市场上，他们代客户洽谈外汇买卖业务，在买主与卖主之间沟通撮合交易。④基金。其从事着与经纪商大同小异的业务，所不同的是它经常自行买卖，也可随本人的意愿，对客户的交易作选择性的盈亏风险承担，而银行及经纪商也经常是它的交易对象。⑤外汇供需者。其是指由贸易往来，进出口商之间货款的结算，以及运输、保险、旅行、留学、国外公债、证券、基金的买卖、利息支付等而产生的外汇供给者与需求者。⑥外汇投资者。为预测汇率的涨跌，他们以现汇、远期或外汇期货的交易途径，用少量的保证金从事大额外汇买卖交易，行情看涨时，先买入，后卖出；行情看跌时，先卖出，后补回来冲销，用极小的波动赚取中间的差价，获取厚利，所以外汇投资者也经常是外汇的供给及需求者。

（2）主要交易方式。其包括：①实盘交易。外汇实盘交易又称外汇现货交易，是在个人外汇交易中，个人委托银行，参照国际外汇市场上的实时汇率，把一种外币买卖成另一种外币的交易行为。由于投资者必须持有足额的要卖出的外币才能进行交易，与国际上流行的外汇保证金交易相比，其缺少卖空机制和融资杠杆机制，因此也被称为实盘交易。②保证金交易。它又称虚盘交易，即投资者用自有资金作为担保，从银行或经纪商处获得融资来进行外汇交易，即放大了投资者的交易资金。融资的比例大小，一般由银行或者经纪商决定，融资的比例越大，客户需要付出的资金相对就越少。

（3）全球主要外汇市场。全球主要外汇市场是指由银行等金融机构、自营交易商、大型跨国企业参与，通过中介机构或电信系统联结，以各种货币为买卖对象的交易市场。目前，世界上有30多个主要外汇市场，它们位于世界各大洲的不同国家和地区。按传统的地域划分，可分为欧洲、北美洲和亚洲三大部分。其中，最重要的有欧洲的伦敦、法兰克福、苏黎世和巴黎，北美洲的纽约和洛杉矶，澳大利亚的悉尼，亚洲的东京、新加坡和中国香港。著名的金融交易指数有纳斯达克、道琼斯、香港恒生指数及日经指数等。每个外汇市场都有自身的特点，但所有外汇市场都有共性。各外汇市场被距离和时间所隔，它们相互影响又各自独立。一个中心每天营业结束后，就把订单传递到别的中心，有时就为下一市场的开盘定下了基调。这些外汇市场以其所在的城市为中心，辐射周边的其他国家和地区。由于所处的时区不同，各外汇市场在营业时间上此开彼关，相继营业，相互之间通过先进的通信设备和计算机网络连成一体，市场上的参与者可以在世界各地进行交易，外汇资金流动顺畅，市场间的汇率差异极小，形成了全球一体化运作、全天候运行的统一的国际外汇市场。

6.1.2　国际业务的品种和范围

商业银行国际业务的发展，与世界经济和贸易的增长、国际经济关系的日益紧密，以及交通运输、邮电通信等的发展密切相关。

1.国际业务的品种

2005年5月18日，我国银行间外汇市场正式推出了外币买卖业务。该业务是指在银行间外汇市场，通过电子交易与清算平台，为境内金融机构进行外币与外币之间的交易与清算提供便利的安排。该系统为境内金融机构之间进行外币与外币的即期交易和清算所使用，并不涉及人民币和外币的交易。这项业务的推出意味着我国银行间可以在我国银行间外汇市场进行外汇买卖业务。

（1）外汇买卖业务。商业银行的外汇买卖品种较多，包括即期外汇交易、远期外汇交易、掉期交易、套利交易、套汇交易、外汇期货交易和外汇期权交易。我国商业银行的外汇买卖业务主要有自营外汇买卖和代客外汇买卖，包括个人外汇买卖业务和对企业客户的外汇买卖业务。我国商业银行经营的外汇买卖品种较为单一，主要有即期外汇交易、远期外汇买卖、远期结售汇、择期外汇买卖、超远期外汇买卖、掉期外汇买卖、外汇期权和货币互换等衍生品种。

（2）国际结算业务。国际上的各种经济交易必然形成国际上的债权债务关系，用货币收付来清偿位于不同国家的当事人之间的债权债务关系以及实现资金转移的行为被称为国际结算。国际结算依赖于以商业银行为中心的多边清算制度，而以商业银行为中心的国际多边清算应具备两个条件：一是国际结算货币必须具备可自由兑换性，二是商业银行必须在国外设立分支机构或有代理行。国际结算的基本方式有：汇兑业务、托收业务和信用证业务。其中，信用证业务是商业银行国际结算业务中规模最大的。国际结算的支付工具主要有：汇票、本票和支票，其中使用最多的是汇票。

（3）国际贸易融资业务。国际贸易融资业务主要包括：①短期国际贸易融资业务，指的是进口押汇、出口押汇、打包放款、票据承兑融资等；②中长期国际贸易融资业务，主要指的是出口信贷和进口信贷。

（4）国际借贷业务。国际借贷业务是商业银行向国外客户开展的跨国贷款业务。根据借款人的身份不同，它可以分为国际银行间的借贷业务、国际银行对企业的借贷业务和国际银行对政府的借贷业务。

根据放款的规模大小和参与放款的银行的多少，国际借贷业务可分为单一银行放款业务、参与放款业务和国际银团贷款业务（又称辛迪加贷款业务）。

（5）欧洲货币市场业务。欧洲货币市场又称"离岸金融市场"，是指同市场所在国的国内金融体系相分离，既不受所使用货币发行国政府法令管制，又不受市场所在国政府法令管制的金融市场。它是一种新型的国际金融市场，形成于20世纪50年代，于60年代中期以后迅速发展起来。目前，欧洲货币市场已成为国际金融市场的核心，"欧洲"一词不是一个地理概念，而是"外国"的意思。例如，欧洲美元是指在美国之外其他国家或地区流通、借贷的美元；欧洲瑞士法郎则是指在瑞士之外其他国家或地区流通、借贷的瑞士法郎。凡是外汇管制松、税收低的地方都有可能成为离岸金融市场。

2.国际业务范围

（1）国际业务按业务范围划分可分为：外汇存款；外汇贷款；外币兑换；国际结算；结汇、售汇；同业外汇拆借；外汇票据的承兑和贴现；外汇担保；外汇买卖；代理国外信用卡的发行及付款；资信调查、咨询、鉴证业务；发行或者代理发行股票以外的外币有价证券；买卖或者代理买卖股票以外的外币有价证券。

（2）国际业务按银行内部操作职能划分可分为：外汇存款、外汇贷款、外汇担保、外汇结算、外汇会计、外汇资金、外汇买卖、结售汇、外汇票据、外汇借款和拆借、外汇债券等。

专栏6-1 ▬▬▬▬▬▬▬▬▬▬▬▬▬▬▬▬▬▬▬▬▬▬▬▬▬▬▬▬

银行加速"出海"

来自银监会的数据显示，截至2014年年底，共有20家中资银行业金融机构在海外53个国家和地区设立了1 200多家分支机构，总资产1.5万亿美元。

2015年是"一带一路"倡议的破题之年，银监会明确表示，将围绕"一带一路"倡议，继续引导银行业金融机构加大对"一带一路"项目的金融支持力度。从三季报透露出的信息看，随着"一带一路"金融大动脉的建设，各家银行纷纷延伸服务网络，加快国际化步伐。以中国银行为例，截至2015年9月末，海外机构达635家，覆盖44个国家和地区，在"一带一路"沿线18个国家设立了21家分支机构。中国银行跟进"一带一路"境外重大项目约310个，总投资额约2900亿美元，意向性授信金额约750亿美元。中国农业银行方面，2015年亦强调继续稳健拓展国际业务，着重瞄准"一带一路"布局中涉农产业发达的地区，打造具有农行特色的海外服务平台；着力强化对农业"走出去"的金融服务，大力发展跨境人民币、贸易融资等重点业务，切实做好互联互通基础设施和产业转移金融服务。"一带一路"倡议带动了银行多种业务的快速拓展，包括项目融资、境外投资或承包贷款、出口买方信贷、出口卖方信贷、跨境并购与重组、跨境现金管理等；同时，银行还能与"一带一路"沿线国家金融同业建立全面代理行关系，加强在汇兑、结算、融资等领域的合作，并在此基础上创新更加便捷高效的支付工具和方式，推动金融服务升级。值得关注的是，由于"一带一路"涉及多个国家和地区，风险不确定性高，商业银行跨国业务模式面临多重挑战，随着项目的扩展和落实，商业银行更需激发创新活力。

6.1.3　代理行管理

1.代理行的概念

代理行是指相互委托代理各项业务的银行，就是两家银行之间通过签订代理行协议或交换控制文件（密押、费率表、印鉴及其他有关文件），彼此建立起代理行关系，使得两家银行都能在互惠互利的基础上相互提供相当的便利。两家银行彼此互为代理行。代理行业务包括两方面：清算及账户服务、贸易融资。随着金融业的发展和金融产品的日益复杂，代理行业务的服务范围也日趋广泛。专门从事代理行业务的代理行部门是一家银行的对外窗口，肩负着引进和利用国外银行服务、推销自身银行服务的双重职能，承担着监控和防范各类风险的重要任务。

2.代理行关系的建立

通常，当一家银行与另一家银行保持着直接的服务联系时，这两家银行之间存在着代理行关系。为了这种联系的顺利实现，双方银行之间必须事先交换控制文件，如电传或SWIFT密码、有权人签字样本、代理行服务费率表、代理行清单以及各自的介绍、年报等。这些资料的交换成功，即表明两家银行的代理行关系真正确立。

（1）建立代理行的条件。一般来说，往来结算频繁的国家和地区，除了在必要时建立分支机构外，建立的代理行网络应稠密些，反之，可以稀疏些。

（2）代理行的类型。国外代理银行可分为三种：①相互有账户关系的国外代理行。这种代理银行在业务往来中的收付可通过相互开立的账户直接清算。②单方面由我国银行在国外某代理银行开立账户。这种代理银行通过一方开立的账户进行清算。③互相没有账户关系的国外代理银行。这种代理银行只能通过账户行来清算。

3.代理关系的建立和控制文件的交换

商业银行在国外建立代理行，一般需经双方总行互相磋商，然后由双方的总行互换代理关系建立的文件或协议，以明确双方的权利和义务。在互换代理关系文件或协议的同时，还需办理以下手续，即互寄以下控制文件：

（1）互寄签字样本。商业银行通常会配备一种专用的有权人签字样本，由双方的总行互送，据此核对各种文件和凭证签字的真伪。签字样本一般由总行印备，列明总行和各级分支机构有权人的签字字样，并签署包含各级有权人的权力和对各种文件及凭证签字权力等内容的备忘录。签字样本需由专人以密件方式保管，并由专人依照签字样本中的签字核对各种文件和凭证的签字真伪。收到对方寄来的签字样本及以后的补充通知时，应立即通知对方确认收到这些样本和通知。

（2）商定密押。商业银行的密押用于证实发出的电报或电传的真实性。凡涉及发报人授权收报人办理某项业务或发报人申述自己的责任、义务或承诺时，应该在去电中进行密押编制，以此证实该电文确系发报人所发。

（3）互送费率表。费率表是银行对各种业务收费的依据，费率必须制定得适当。如果过高，就会削弱竞争力，影响业务的开展；过低，则会影响利润。经磋商后，双方也可相互免收或减少某种费用，但这种减免收费办法不宜向其他国外代理银行公布。

6.1.4 外汇监管

外汇监管是发展中国家平衡国际收支、维护汇率稳定、促进经济发展的常用手段。我国作为发展中国家，对外汇同样实施了管制，对贸易和非贸易外汇收付管理都进行了严格的规定。商业银行办理结售汇业务的依据是中国人民银行或国家外汇管理局发布的一系列法规文件。

1.外汇监管概述

（1）外汇监管的含义。外汇监管是指一国货币当局通过法律、法令和条例等对外汇资金的收入和支付、外汇存款和贷款以及外汇汇率等方面所采取的各种监督和管理措施。由于世界各国经济发展水平的不一致，各国外汇监管的松紧程度和具体形式各具特色。

（2）外汇监管的对象。外汇监管可分为对人的监管、对物的监管以及对地区的监管三个方面：①对人的监管，又称为对居民和非居民的监管。居民是指在外汇管制国家内居住和营业的本国和外国的自然人和法人；非居民是指在外汇管制国家外居住和营业的自然人和法人。②对物的监管，也称为对各种外汇的监管，主要包括：外国纸币和铸币；用外币表示的有价证券，如公债、债券、股票、银行存折等；用外币表示的支付凭证，如汇票、本票、支票、旅行信用证、信用卡等；贵金属，如黄金、白银等。另外，本国货币的携出入国境，也属于外汇管理的范围。③对地区的监管。有些国家对本国的不同地区实行不同的外汇管理政策，如对本国的出口加工区或自由港实行较宽松的外汇管理。

（3）外汇监管的内容。外汇监管的内容是指一国政府对外汇监管所采取的各种办法和措施，具体包括对贸易外汇、非贸易外汇、资本输入、银行外汇存款、外汇汇率及黄金的监督和管理。

（4）外汇监管的机构。在实行外汇管制的国家，一般都是由政府授权中央银行作为执行外汇管制的机关。意大利专门设立了外汇管制局，负责外汇管制工作；在日本则由财务省负责外汇管制工作；我国的外汇监管机构为国家外汇管理局。

2.结售汇业务

结售汇是结汇与售汇的统称。结汇是指境内所有企事业单位、机关和社会团体（外商投资企业除外）取得外汇收入后，按照国家外汇管理条例的规定，将规定范围内的外汇收入及时调回境内，按照银行挂牌汇率，卖给外汇指定银行。结汇有强制结汇、意愿结汇和限额结汇等多种方式。售汇是指境内企事业单位、机关、社会团体和个人因对外支付需用外汇时，可按照国家外汇管理条例的规定，持有关证件、文件等，用人民币到外汇指定银行购买所需外汇，从用汇单位和个人角度讲，售汇又称购汇。我国曾经采用强制结汇和限额结汇两种方式，即根据外汇收支状况，对一般中资企业经常项目外汇收入实行强制结汇；对于年进出口总额和注册资本达到一定规模、财务状况良好的中资企业以及外商投资企业，可以开立外汇账户，实行限额结汇。在银行结汇制度下，特别是在强制结汇制度下，外汇指定银行会比较被动地从企业和个人手中购买外汇，无法对外汇币种、数量进行选择，由此形成的外汇头寸特别容易遭受外汇风险。根据中国人民银行令〔2014〕第2号《银行办理结售汇业务管理办法》，我国已取消强制结汇和限额结汇，实行意愿结汇的方式。

（1）结汇售汇的概念。结汇售汇是银行根据客户申请，以银行公布的汇率，为客户办理可兑换货币与人民币之间的转换。结汇是将客户名下拥有的可自由兑换外币兑换成人民币，售汇是将客户自有人民币兑换成外币。

（2）结汇售汇的服务对象。结汇售汇适合于所有客户资金在本外币间的转换，尤其是进出口贸易等经常收付的业务需要。结售汇业务涵盖了个人汇兑和资本金结汇。

（3）结汇售汇的基本原则。其包括：①代客结售汇业务，需要按照中国人民银行、国家外汇管理局颁布的结汇、售汇、付汇的各项管理规定及银行相应的操作规程办理，需要审核客户每笔业务的真实性，必要时审核单据的完整性和有效性。②对境内机构的经常项目外汇收入，无论金额大小、结算方式如何，均可直接到银行办理结汇或入账手续；资本项下外汇收入，经国家外汇管理局或银行办理相关资本项目登记手续以后，可到银行办理结汇。外商投资企业资本金结汇的，在授权范围内银行可自行办理。

6.2　外汇存款业务

6.2.1　外汇存款的定义

外汇存款又称"外币存款"，是指以可兑换货币表示的在银行账户里的各种存款。从银行方面来说，外汇存款是其接受顾客的外币现金、外币汇票或支票等信用工具，并对顾客负有定期或不定期偿付义务的授信行为，即对储户发生了债务；而从银行的顾客方面来说，则是将外币现金、外币汇票或支票等信用工具寄存在银行，并可定期或不定期地向银行收回的授信行为，即对银行取得外汇债权。

6.2.2　单位外汇存款

单位外汇存款是存款者以单位或经济组织的名义存入银行的外汇，是法人的外汇存款。

1. 存款对象

单位外汇存款适用于以下对象：①各国驻华外交代表机构、领事机构、商务机构、驻华国际组织机构和民间机构；②在中国境内的"三资"企业；③中国境内的机关、团体、学校、国有企业、事业单位、城乡集体经济组织；④其他经国家外汇管理局同意的企业。

2. 存款来源

下列外汇，可到银行开立外汇存款账户：①经营境外承包工程、向境外提供劳务、技术合作及其他服务业务的公司，在上述业务项目进行过程中收到的业务往来外汇；②从事代理对外或境外业务的机构代收代付的外汇；③暂收待付或暂收待结汇项下的外汇，包括境外汇入的投标保证金、履约保证金、先收后支的转口贸易收汇、邮电部门办理国际汇兑业务的外汇汇兑款、一类旅行社收取的国外旅游机构预付的外汇、铁路部门办理境外保价运输业务收取的外汇、海关收取的外汇保证金和抵押金等；④保险机构受理外汇保险，需向外分保以及尚未结算的保费；⑤货物贸易出口项下的货款收入；⑥国家批准专项用于偿还境内外汇债务并经国家外汇管理局审核的外汇；⑦捐赠协议规定用于境外支付的捐赠外汇；⑧境外借款、发行外币债券或股票取得的外汇；⑨境外法人或自然人作为投资汇入的外汇；⑩外国驻华使领馆、国际组织及其他境外法人驻华机构的外汇；⑪外商投资企业的外汇。

3.存款种类

单位外汇存款分为单位定期外汇存款和单位活期外汇存款两种。

（1）单位定期外汇存款。单位定期外汇存款是规定一定期限，到期凭存单支取的一种存款。存期分为7天通知、1个月、3个月、半年、1年、2年。单位定期外汇存款采取记名式存单方式，整存整取。

（2）单位活期外汇存款。单位活期外汇存款是不受存款期限限制，可以随时办理存取的一种存款。凡开立往来户的存户，要求使用支票的，需经开户银行同意。

单位活期外汇存款和单位定期外汇存款的货币种类有美元、港元、日元、英镑、欧元等。

6.2.3 个人外汇存款

1.个人活期存款

（1）个人向外汇储蓄账户存入外币现钞，当日累计等值5 000美元（含）以下的，可以在银行直接办理。

（2）超过5 000美元的，凭本人有效身份证件、经海关签章的"中华人民共和国海关进境旅客行李物品申报单"或本人原存款银行外币现钞提取单据在银行办理。经办柜员应在相关单据上标注存款银行名称、存款金额和存款日期，并留存"中华人民共和国海关进境旅客行李物品申报单"或银行提取单据和客户有效身份证件复印件作为存款凭条的附件。

2.零余额续存

零余额续存是指客户持有的一本通活期存折未开通汇入款项的外

币子户，需通过零余额转账存入方式激活该外币子户，以划入汇款款项的操作。它仅针对在原活期储蓄存折下开立新的外币子户账号的操作，新开立人民币子户不能进行该项操作。

3.个人定期存款开户

个人定期存款开户比照零余额续存的处理。个人外币现钞定期存款开户可以使用现金或转账方式，现汇定期存款开户必须使用转账方式。

4.取款销户

个人提取外币现钞当日累计等值1万美元（含）以下的，可以在银行直接办理；超过上述金额的，凭本人有效身份证件、提钞用途证明等材料向银行所在地外汇管理局事先报备。银行凭本人有效身份证件和经外汇管理局签章的"提取外币现钞备案表"为个人办理提取外币现钞手续。

6.2.4 外汇账户管理

1.外汇账户的概念

外汇账户是指境内机构、驻华机构、个人和来华人员以可自由兑换货币在经批准经营外汇业务的银行和非银行金融机构开立的账户，也就是可以保留外汇收入的账户。

2.外汇账户的种类

按账户的性质划分，外汇账户可以分为经常项目外汇账户和资本项目外汇账户；按账户的资金形式划分，外汇账户可以分为外币现钞账户和现汇账户。

3.个人外汇账户

国家外汇管理局按账户主体类别和交易性质对个人外汇账户进行管理。商业银行为个人开立外汇账户，应区分境内个人和境外个人。个人外汇账户按交易性质分为外汇结算账户、外汇储蓄账户、资本项目账户。

（1）外汇结算账户是指个人对外贸易经营者、个体工商户按照规定开立的用于办理经常项目项下经营性外汇收支的账户，其开立、使用和关闭按机构账户进行管理。

（2）个人在银行开立外汇储蓄账户应当出具本人有效身份证件，

所开立账户户名应与本人有效身份证件上记载的姓名一致。

（3）个人开立外国投资者投资专用账户、特殊目的公司专用账户及投资并购专用账户等资本项目外汇账户及账户内资金的境内划转、汇出境外，应经国家外汇管理局核准。

4.经常项目外汇账户

（1）服务对象。符合下列条件之一的境内机构可以向所在地外汇管理局申请开立经常项目外汇账户：①经有权管理部门核准或备案具有涉外经营权或有经常项目外汇收入；②具有捐赠、援助、国际邮政汇兑等特殊来源和指定用途的外汇收入。境内机构指境内的国家机关、企事业单位、社会团体、部队等，包括外商投资企业但不包括金融机构。

（2）经常项目外汇账户管理。其包括：①经常项目对公账户（除开立外币现钞账户外）的开立、变更和销户均不需要外汇局事先核准。②企业开立经常项目账户，银行审核企业开立账户申请书及企业营业执照、法人代表身份证原件和复印件等，为企业办理开户手续。③境内机构经常项目外汇账户已取消限额管理。

5.资本项目外汇账户

（1）服务对象。按照国家外汇管理局的规定，下列资本项目外汇可以开立外汇账户：①境内机构借用的外债、外债转贷款和境内中资金融机构的外汇贷款；②境内机构用于偿付境内外外汇债务本金的外汇；③境内机构发行股票收入的外汇；④外商投资企业中外投资方以外汇投入的资本金；⑤境外法人或者自然人为筹建外商投资企业汇入的外汇；⑥境内机构资产存量变现取得的外汇；⑦境外法人或者自然人在境内买卖B股的外汇；⑧经国家外汇管理局批准的其他资本项目下的外汇。

（2）账户种类。①国内外汇贷款专用账户：收入范围是债务人贷款收入及其划入的还款资金，支出范围是债务人偿还贷款、经常项下支出及经批准的资本项下支出。境内机构由于外汇贷款业务而需开立或注销国内外汇贷款专用账户的申请，由银行负责审核办理，并定期向国家外汇管理局登记报送。②外币股票专户：境内机构发行外币股票收入的外汇，经批准可以开立外币股票专户。其收入为发行外币股票收入的外汇，支出为经证券监督管理部门批准的招股说明书规定的用途。③外汇资本金账户：外商投资企业中外投资方以外汇投入的资本金，经批准可以开立外汇资本金账户。其收入为外商投资企业中外投资方以外汇投入的资本金，支出为外商投资企业经常项目外汇支出和经国家外汇管理局核准的资本项目外汇支出。④外商投资前期费用专户：境外法人或自然人为筹建外商投资企业汇入的外汇，经批准可以开立外商投资临时专户。其收入为境外法人或自然人为筹建外商投资企业汇入的外汇，支出为外商投资企业的开办费用及其他费用。外商投资企业成立后，临时专户的资金余额应相应地转入该企业的外汇资本金账户。如外商投资企业未能成立，账户内的资金余额经国家外汇管理局批准可以汇回境外。⑤资产变现专用账户：用于保留境内机构或个人向外国投资者出让境内资产或权益所得收入，如转让所持境内企业股份或权益而收取的外汇购买对价，或境内机构或个人将其境外资产或权益变现并调回所得的外汇收入。收入范围为"经国家外汇管理局核准的境内居民资本项目交易所得收入"，支出范围为"经常项目支出、经国家外汇管理局核准用于资本项下支出，或依据支付结汇制度在境内结汇"。

6.3 外汇贷款业务

外汇贷款是指商业银行利用其自身吸收的外汇存款和从国际金融市场、外国政府及国际金融组织融入的外汇款项，以外币为计算单位发放的贷款业务。外汇贷款的资金来源一般有三种途径：一是国内银行及其海外机构吸收的外币存款；二是外国银行在国内或其海外分支机构存放的资金；三是对外筹措的专项资金。

6.3.1 外汇贷款概述

1.外汇贷款的种类

外汇贷款的种类是指根据贷款的目的和要求的不同，对贷款分类管理形式的不同划分。外汇贷款同一般银行本币信贷一样，也有不同的分类方法。

（1）按贷款的期限可分为短期贷款、中期贷款和长期贷款。短期贷款是指贷款期限在1年之内（含1年）的贷款；中期贷款是指贷款期限在1年以上5年以下（不含1年含5年）的贷款；长期贷款是指贷款期限在5年以上（不含5年）的贷款。

（2）按贷款的保证能力可分为信用贷款和担保贷款。信用贷款是指根据借款人的信誉而发放的贷款。担保贷款可分为保证贷款、抵押贷款和质押贷款三种。保证贷款是指以第三人作为担保人，在借款人不能偿还贷款时，按约定承担一般保证责任或者连带责任为前提而发放的贷款；抵押贷款是指以借款人或第三人的财产按法律规定的抵押方式经抵押登记后而发放的贷款；质押贷款是指以借款人或第三人的动产或权利作为质押而发放的贷款。

（3）按贷款资金的来源不同可分为政府贷款、混合贷款、国际金融组织贷款等。政府贷款是指一国政府利用预算资金向另一国政府提供的贷款。混合贷款是指由政府赠款、政府贷款、出口信贷和商业性信贷等多种类型的贷款按一定比例合并而成的一揽子贷款。国际金融组织贷款是指不同国际金融组织对其成员提供的贷款，这里的不同国际金融组织包括联合国的金融组织、地区性的金融组织和政治集团的金融组织。

2.外汇贷款的特点

外汇贷款与本币贷款一样，也具有偿还性、物资保证性，也要求安全性、流动性和盈利性。但由于外汇贷款所发放和使用的是外汇资金，所以还存在以下特点：

（1）以外币还款。必须以外汇还外汇，并且借什么货币还什么货币，因此，要求借款人必须有外汇来源。

（2）实行浮动汇率。一般情况下，由于商业银行从国外借入的现汇资金是按照伦敦银行同业拆借利率（LIBOR）浮动计息的，因此，发放外汇贷款也按照浮动利率收息。

（3）政策性较强。外汇贷款受国家计划、外汇管理等法规的约束较为严格，如必须用于进口先进设备和技术或者短缺的原材料等，特别是新技术设备及原材料进口的许可证必须在贷款前予以落实。

3.外汇贷款的对象和范围

（1）外汇贷款的对象。其包括出口商品生产企业和能给我国直接或间接创造外汇收入并具备贷款条件的企事业单位。利用外汇贷款主要是支持国家重点扶持的能源、交通和企业技术改造、设备更新等大型项目。

（2）外汇贷款的范围。其包括：①能源的开发和利用，交通运输、电力等基础设施的建设；②基础行业，如矿产加工、钢铁工业、煤炭工业、石油及其设备、原料的进口等；③技术改造，进口设备、材料，提高出口商品的生产能力，提高产品质量，增加花色品种，改进包装装潢等；④生产企业进口国内稀缺的原料、辅料、零配件等；⑤农副产品、水产品、土畜产品生产开发所需的进口物资或出口创汇生产的需要；⑥对外承包业务需要；⑦旅游业的开发和建设及工艺美术业的发展；⑧先进技术、设备的国产化需要和大型项目的运杂费、保险费、考察培训费等；⑨外商投资企业、中外合资企业、中外合作企业业务发展中所需的外汇资金；⑩我国大型机械、船舶等资本商品以及专有技术的出口信贷。

6.3.2 常见的外汇贷款业务

1.现汇贷款

现汇贷款是商业银行根据与借款单位签订的借贷合同，凭借借款单位或进口单位通知，直接以现汇对外支付贷款。这种贷款使用方便，在购买进口商品时，除受有关国家进出口商品条例限制外，不受其他约束，可以自由使用。现汇贷款按利率方式可分为浮动利率贷款、优惠利率贷款等。银行在考虑自身经营利益的情况下，必须分析国际市场利率变化的影响，由于国际金融市场利率是浮动利率，国内银行发放的现汇贷款也只能采用浮动利率。优惠利率的使用必须有补偿来源，并确为国家重点支持项目。

2.出口信贷

出口信贷是一国的进出口银行或商业银行为扶持本国商品（主要

是资本商品）的对外输出而向本国出口商或他国进口商提供的优惠性贷款。它是出口国政府为支持和扩大本国商品的出口，增强国际竞争力，而对本国的出口给予利息补贴并提供信贷担保的方法，鼓励本国银行向本国出口商或外国进口商（或进口方银行）提供较低利率的贷款，满足本国出口商资金周转需要或外国进口商支付货款需要的一种中长期贷款方式。出口信贷是与国内货物出口相联系的，一般仅限于进口方购买贷款国本国的商品，贷款金额一般占出口贷款总额的85%以上，贷款期限一般在10年以内。出口信贷分为买方信贷和卖方信贷两种。

3.政府贷款与政府混合贷款

（1）政府贷款。政府贷款也称国家贷款，是一国政府向另一国政府提供的具有优惠性和开发援助性质的贷款，通常贷款利率低、期限长，还要考虑各种政治因素、限定贷款用途等。其目的是通过政府贷款或赠予来改变贷款的利率结构，降低利率，延长还款期限，以促进本国资本商品的出口，提高出口资本和商品的竞争力。

（2）政府混合贷款。政府混合贷款是出口国官方出面专门从预算中拿出资金作为政府贷款，同出口信贷混合使用，以满足进口商支付货款或出口商资金周转的需要。政府混合贷款是官方支持的出口信贷的新发展，以政府直接参与融资的方式增强本国出口商品的竞争力。但是，其政府性融资的拨付渠道有别于出口信贷，借款和还款也与出口信贷有所区别，利率比出口信贷利率低。由于政府混合贷款的条件比出口信贷更优惠，故对进口方有更大的吸引力。政府混合贷款具有如下主要特点：①利率水平通常较出口信贷利率低。②混合贷款的比例可达到贸易合同总价的100%，即可用政府贷款部分来支付15%的现汇付款。③混合贷款因含有政府赠予成分，因此贷款的项目选择、评估和使用比较复杂。通常情况下，混合贷款项目要由贷款国和借款国双方政府签订协定，贷款主要用于借款国优先发展的项目或双方政府感兴趣的项目。④混合贷款的具体形式多样。贷款国是否提供混合贷款，金额多少，采取什么形式，各类贷款占多大比例，要视进口方的项目情况而定。通常情况下，混合贷款有政府与商业银行联合贷款、出口信贷机构与商业银行联合贷款、政府与商业银行分别为某一项目提供政府贷款和买方信贷、政府与商业银行分别为某一项目提供政府贷款与商业信贷等几种形式。

4.国际银团贷款

国际银团贷款又称辛迪加贷款（Syndicated loan），是由一家或几家银行牵头并联合许多商业银行组成国际性银行集团，按照比例向某一借款人发放的大宗贷款。国际银团贷款对贷款银行最大的好处在于能够分散风险。当借款人无力偿债时，各个贷款银行只对其贷款额承担风险。同时，各国商业银行向某一借款人提供贷款的数额，往往受本国银行法的限制，因此可能使其资金得不到充分利用。而通过国际银团贷款的形式，既能满足借款人对巨额资金的需求，又有利于贷款银行充分利用资金。此外，国际银团贷款使一些受资金供给能力限制的中小银行得以参加较大项目的融资，有利于提高它们的地位和声望。

国际银团贷款具有如下主要特点：①可以提供巨额贷款，通常都是数千万美元或几亿美元。②贷款期限长，一般为5～10年，长的可达15年。③贷款人为数家银行，各个贷款银行所起的作用及其在借贷交易中所处的法律地位不完全相同，因此承担着不同的法律责任。④贷款操作时间较长，当事人多，贷款协议较复杂。由于参加的银行多，因此邀请银团成员、组织银团、确定各银行的贷款份额等需要较长的时间。另外，国际银团贷款的协议书必须得到所有参加银行的同意，要兼顾各当事人的利益，明确各自的权利和义务。

6.4 外汇买卖业务

外汇买卖即外汇交易，是指在外汇市场上，以一定的汇率对不同国家的可兑换货币进行买卖转换的行为，并规定有明确的资金交割日期。该外汇市场是无形的、电子化运作的、24小时运转不停的，没有具体地点，没有交易场所，通过银行、企业和个人间的网络进行交易。商业银行一般从事自营外汇买卖业务和代客外汇买卖业务。

6.4.1 自营外汇买卖

国际贸易中的进出口结算是形成即期外汇交易的原因，相对于远期外汇买卖，商业银行的自营外汇买卖业务更主要地集中于即期外汇交易。自营外汇买卖的币种范围限于外汇牌价的报告币种之内。由于国际市场上的汇率价格瞬息万变，很有可能在非常短的时间之内，某币种的汇率已经发生了相当大的变化，所以仅依靠外汇牌价上的汇率信息来分析某币种的汇率状况是不科学的。银行和客户在进行外汇交易时需要充分考虑到汇率风险。

外汇买卖业务包括即期外汇买卖、远期外汇买卖、掉期外汇买卖、套汇交易、套利交易、外汇期货交易和外汇期权交易。本章仅介绍最常见的即期、远期和掉期外汇买卖业务。

（1）即期外汇买卖。它是指交易双方在达成交易后的第二个银行工作日交割的外汇买卖业务。交割日就是起息日。如果起息日不是银行的营业日或是节假日，则作顺延调整。即期外汇买卖的汇率称为即期汇率。即期外汇买卖是最基本的外汇交易形式，它主要有以下三个作用：①可以满足客户临时性的支付需要。通过即期外汇买卖业务，客户可将手上的一种外币即时兑换成另一种外币，用于应付进出口贸易、投标、海外工程承包等的外汇结算或归还外汇贷款。②可以帮助客户调整手中外币的币种结构，通过此种组合可以分散外汇风险。③即期外汇买卖还是外汇投机的重要工具。当然，这种投机行为既有可能带来丰厚利润，也有可能造成巨额亏损。

（2）远期外汇买卖。它是指交易双方达成交易后，按事先约定的日期和约定的汇率进行交割的外汇买卖业务。约定的远期交割日为外汇买卖成交后第二个工作日以后的某一天。远期外汇买卖的期限通常为1个月、3个月、6个月、1年以及不规则起息日（如10天、1个月零9天、2个月零15天等）。超过1年的交易称为超远期外汇买卖。远期外汇买卖是国际上最常用的避免外汇风险、固定外汇成本的方法。一般来说，客户对外贸易结算、到国外投资、外汇借贷或还贷的过程中都会涉及外汇保值的问题，通过远期外汇买卖业务，客户可事先将某一项目的外汇成本固定，或锁定远期外汇收付的换汇成本，从而达到保值的目的；同时，更能使企业集中时间和人力搞好主营业务。

（3）掉期外汇买卖。一笔掉期外汇买卖可以看成是由两笔交易金额相同、起息日不同、交易方向相反的外汇买卖组成的，因此一笔掉期外汇买卖具有一前一后两个起息日和两项约定的汇率水平。在掉期外汇买卖中，客户和银行按约定的汇率水平将一种货币转换为另一种货币，在第一个起息日进行资金的交割，并按另一项约定的汇率将上述两种货币进行方向相反的转换，在第二个起息日进行资金的交割。最常见的掉期交易是把一笔即期交易与一笔远期交易合在一起，等同于在即期卖出甲货币买进乙货币的同时，反方向地买进远期甲货币、卖出远期乙货币的外汇买卖。客户完成远期外汇买卖后，因故需要提前交割，或者由于资金不到位或其他原因，不能按期交割，需要展期时，都可以通过做外汇掉期买卖对原交易的交割时间进行调整。若客户目前持有甲货币而需使用乙货币，但在经过一段时间后又收回乙货币并将其换回甲货币，也可通过掉期外汇买卖来固定换汇成本，防范风险。

6.4.2　代客外汇买卖

1.基本概念

代客外汇买卖业务是指商业银行受客户委托，根据客户的要求，在特定的日期买入或卖出一定数额的外汇，银行在交易过程中收取一定的手续费。代客外汇买卖业务也分即期外汇买卖、远期外汇买卖、掉期外汇买卖等业务品种。

2.业务流程

办理代客外汇买卖的客户必须出具加盖公章的申请书和保证书，并提供与对外经济、贸易有关的材料，如经有关部门批准生效的进口贸易合同、信用证等。经办银行同意后，客户需先签署保证书，并在办理外汇买卖申请书上填写以下内容：买入和卖出货币种类及金额、汇率水平、结算日、购买依据，由申请办理外汇买卖有权人签字。银行以此作为委托办理外汇买卖的凭证。在接到客户办理外汇买卖申请书后，首先要核对客户所要购入或售出的货币种类、结算日、汇率水平等。外汇买卖成交后，经办银行应填写外汇买卖成交确认书，内容包括购入和售出外币的金额、汇率、结算日，并经负责人复核签字后交付购汇单位。经办银行在代客外汇买卖业务中可采用国际外汇市场惯用的外汇买卖差价方式，或另外收取手续费，但买卖差价或手续费一般都不超过交易额的千分之一。对于买入的外币，如果申请单位由于一些具体原因推迟对外付汇，银行应将代客购入的外汇存进"存入保证金"或"外币存款"账户，并按规定的存款利率计息。

专栏6-2 ▬▬▬▬▬▬▬▬▬▬▬▬▬▬▬▬▬▬▬▬▬▬▬▬▬▬▬▬▬▬▬▬▬▬▬▬▬▬▬

中国建设银行个人外汇买卖交易产品须知

中国建设银行的个人外汇买卖业务是建设银行接受个人客户的委托，为其办理两种可自由兑换货币之间的买卖，以规避汇率风险，达到个人外汇资产保值增值目的的一种业务。

在建设银行开立有外汇存款账户的居民个人，向建设银行申请并经审核同意后，即可根据建设银行公布的外汇牌价，通过建设银行营业柜台、电话银行、网上银行、手机银行、STM进行两种外汇之间的实盘买卖。柜台交易时间为周一至周五9：00—18：00，电话银行、网上银行、手机银行交易时间为周一早7：00至周六凌晨4：00（国内外法定节假日及特殊交易时间见建设银行交易网点发布的公告或收听95533电话银行语音提示）。

建设银行的个人外汇买卖业务包括15个外汇币种：美元、日元、港币、英镑、欧元、瑞士法郎、加拿大元、澳大利亚元、新西兰元、新加坡元、瑞典克朗、丹麦克朗、挪威克朗、澳门元、泰铢。任意两个币种均可组合进行外汇即时交易，但电子渠道（手机银行、网上银行、STM和电话银行）正在逐渐改进过程中。如果存在无法交易的货币，请至柜台进行办理。

客户可选择实时交易或委托交易两种形式。实时交易按建设银行公布的个人外汇买卖牌价成交。由于外汇价格波动较快，客户可以通过设定自己能容忍的价格偏差幅度控制成交时的价格偏差风险。当客户提交交易时，若银行最新价格在客户设定的价格偏差容忍范围内，该笔交易以银行最新价格成交，否则不成交（注：由于手机银行版本的不同，如客户手机银行版本未显示容忍点差栏位，默认容忍点差为2）。

委托交易指客户选择委托牌价进行挂单，如某一时刻建设银行牌价符合挂单成交条件，则挂单成交；否则，该笔挂单在客户指定的挂单有效时间内或周末交易结束时自动失效。客户在委托交易未成交时，可撤单，取消该笔委托。止盈挂单按客户价格成交，止损挂单按银行牌价成交。建设银行委托交易不进行资金冻结，当资金不足时，若客户选择按最大可成交金额成交，则按照客户账户中卖出币种的实际余额成交，否则不成交。挂单当周有效，若失效时间落在周一至周五，则失效时间为挂单失效日的24：00；若落在周六，挂单失效时间为凌晨4：00（注：由于手机银行版本的不同，如客户手机银行版本未显示"资金不足时"的选择栏位，默认按最大可成交金额成交）。

6.4.3 外币兑换

1.政策指引

外币兑换是指银行和银行设立的外币兑换分支机构办理的自然人、驻华机构在非贸易项下的人民币与外币的兑换。为规范和便利银行及个人的外汇业务操作，国家外汇管理局对个人结汇和境内个人购汇实行年度总额管理。目前，年度总额为每人每年等值5万美元。个人年度总额内的结汇和购汇，凭本人有效身份证件在银行办理。境内个人经常项目项下非经营性结汇超过年度总额的，需凭本人有效身份证件及以下证明材料在银行办理：

（1）捐赠：经公证的捐赠协议或合同，捐赠需符合国家规定。

（2）赡家款：直系亲属关系证明或经公证的赡养关系证明、境外给付人相关收入证明，如银行存款证明、个人收入纳税凭证等。

（3）遗产继承收入：遗产继承法律文书或公证书。

（4）保险外汇收入：保险合同及保险经营机构的付款证明，投保外汇保险需符合国家规定。

（5）专有权利使用和特许收入：付款证明、协议或合同。

（6）法律、会计、咨询和公共关系服务收入：付款证明、协议或合同。

（7）职工报酬：雇佣合同及收入证明。

（8）境外投资收益：境外投资外汇登记证明文件、利润分配决议或红利支付书或其他收益证明。

（9）其他：相关证明及支付凭证。

2.具体操作

境外个人经常项目项下非经营性结汇超过年度总额的，凭本人有效身份证件及以下证明材料在银行办理：

（1）房租类支出：房屋管理部门登记的房屋租赁合同、发票或支付通知。

（2）生活消费类支出：合同或发票。

（3）就医、学习等支出：境内医院（学校）收费证明。

（4）其他：相关证明及支付凭证。

上述结汇单笔等值5万美元以上的，应将结汇所得人民币资金直接划转至对方在境内的人民币账户。

本章小结

1.商业银行的国际业务主要包括外汇买卖、国际结算、国际信贷、国际贸易融资以及离岸金融业务。

2.外汇存款是指以可兑换货币表示的在银行账户里的各种存款。从银行方面来说，外汇存款是其接受顾客的外币现金、外币汇票或支票等信用工具，并对顾客负有定期或不定期偿付义务的授信行为，即对储户发生了债务；而从银行的顾客方面来说，则是将外币现金、外币汇票或支票等信用工具寄存银行，并定期或不定期地向银行收回的授信行为，即对银行取得外汇债权。

3.外汇贷款是指商业银行利用其自身吸收的外汇存款和从国际金融市场、外国政府及国际金融组织融入的外汇款项，并以外币为计算单位发放的贷款业务。外汇贷款的资金来源一般有三种：一是国内银行及其海外分支机构吸收的外币存款；二是外国银行在国内或其海外分支机构存放的资金；三是对外筹措的专项资金。

4.外汇买卖是指在外汇市场上，以一定的汇率对不同国家的可兑换货币进行买卖转换的行为，并规定有明确的资金交割日期。商业银行一般从事自营外汇买卖业务和代客外汇买卖业务。

综合训练

6.1 单项选择题

1.我国的汇率标价方法是（　　　　）。

A.直接标价法   B.间接标价法

C.美元标价法   D.欧元标价法

2.在国际结算中，使用较多的支付工具是（　　　　）。

A.支票   B.汇票

C.本票   D.债券

3.通常情况下，商业银行进行外汇交易的目的是（　　　　）。

A.为客户保值   B.满足客户的需要，增加盈利

C.防范汇率波动风险   D.调整外汇头寸

4.以下贸易融资业务中银行没有保留对进出口商追索权的是（　　　　）。

A.进口押汇   B.出口押汇

C.打包放款   D.福费廷

5.外汇期货交易不同于远期交易，它主要在（　　　）进行交易。

A.场外   B.场内

C.店头   D.柜台

6.2 多项选择题

1.在国际业务中，商业银行基本的结算方式有（　　　　）。

A.汇款   B.信用证

C.委托收款   D.托收

E.垫款

2.以下属于为出口商提供资金融通服务的有（　　　　）。

A.进口押汇   B.出口押汇

C.打包放款   D.出口信贷

E.进口信贷

3.商业银行开展国际业务的组织机构形式有（　　　）。

A.国际业务部　　　　　　　　B.分行

C.子公司　　　　　　　　　　D.代理行

E.事业部

4.出口信贷有多种类型，具体包括（　　　）。

A.买方信贷　　　　　　　　　B.卖方信贷

C.银团贷款　　　　　　　　　D.混合贷款

E.信用额度

5.商业银行国际银团贷款的参与者主要包括（　　　）。

A.借款人　　　　　　　　　　B.牵头行

C.代理行　　　　　　　　　　D.管理行

E.中央银行

6.3　思考题

1.简述商业银行国际业务的品种和范围。

2.汇率的种类有哪些？

3.简述外汇监管的对象和内容。

4.外汇买卖业务的种类主要有哪些？

5.国际银团贷款有哪些优点？

第 7 章

互联网金融与商业银行

学习指南

【学习目标】通过本章的学习，我们将了解互联网金融的基本知识；互联网金融对传统银行业的影响；与银行业相关的互联网金融模式。

【关键概念】互联网金融　金融脱媒　网络银行　手机银行　移动支付　第三方支付

引例

建行上海分行手机银行简介

轻松理财，财富来敲门。您只需拥有一部可以上网的智能手机，就可以通过手机银行进行投资理财，随时关注资产升值新动向。在建行手机银行App中，理财产品种类丰富，投资选择多，无论是大额投资还是闲钱理财，手机银行都有最适合你的理财产品。

悦享生活，一个App就够了。生活琐事纷繁复杂，充手机话费，水电煤气等生活缴费，订机票、订酒店，买火车票、景点门票，看电影……难道每一项都装一个App吗？怎么办呢？其实，您只要拥有一个建行手机银行App就够了。

善融优惠GO，购物无忧。"到建行去买油买米啦！"是的，您没有听错，建行优惠"油&米"活动火热进行中。建行官方商城"善融商务"已入驻万家商户，现正为广大客户提供实价正品，购物可分期，积分能抵现，支付很便捷，活动超丰富，各大品牌各种品类覆盖面广，满足生活方方面面的需要！

乐享生活，尽在拇指之间。您只需下个建行手机银行App、善融商务App，就可享优惠，顺便挑个理财产品，稳稳地把钱赚了！如要大额转账、支付，只需带好身份证和建行龙卡到任一建行网点柜面办理签约即可，分分钟搞定。

问题：

1.建行上海分行手机银行的主要特点是什么？

2.手机银行业务创新的意义有哪些？

7.1　互联网金融概述

互联网与金融的交叉渗透，互联网与人们生活的交织契合，使得互联网金融产品应运而生，撼动了传统金融机构主导金融市场的格局，呈现出一种新的互联网金融模式。

7.1.1　互联网金融的定义与特点

1.互联网金融的定义

互联网金融是依托于支付、云计算、社交网络以及搜索引擎等互联网工具，开展资金融通、支付和信息中介等业务的一种新兴金融形式。它不是互联网和金融业的简单结合，而是在实现安全、移动等网络技术水平上，被用户熟悉、接受（尤其是对电子商务的接受）后，自然而然为适应新的需求而产生的新模式及新业务，是传统金融行业与互联网精神相结合的新兴领域。

我国互联网金融发展经历了三个阶段：第一个阶段是2005年以前，互联网与金融的结合主要体现为互联网为金融机构提供技术支持，帮助银行把业务搬到网上，还没有出现真正意义上的互联网金融业态。第二个阶段是2005年后，网络借贷开始在我国萌芽，第三方支付机构逐渐成长起来，互联网与金融的结合开始从技术领域深入金融业务领域。这一阶段的标志性事件是2011年中国人民银行开始发放第三方支付牌照，第三方支付机构进入了规范发展的轨道。第三个阶段从2012年开始。2013年被称为互联网金融元年，是互联网金融得到迅猛发展的一年。自此，P2P网络借贷平台快速发展，众筹融资平台起步，第一家专业网络保险公司获批，一些银行、券商也以互联网为依托，对业务模式进行重组改造，加速建设线上创新型平台，互联网金融的发展进入了新的阶段。

2.互联网金融的特点

在互联网金融模式下，因为有搜索引擎、大数据、社交网络和云计算技术等的存在，市场信息不对称程度非常低，市场充分有效，接近一般均衡理论描述的无金融中介状态。互联网金融与传统金融相比具有以下显著特征：

（1）成本低。在互联网金融模式下，资金供求双方可以通过网络平台自行完成信息甄别、匹配、定价和交易，无传统中介、无交易成本、无垄断利润。一方面，金融机构可以避免开设营业网点的资金投入和运营成本；另一方面，消费者可以在开放、透明的平台上快速找到适合自己的金融产品，降低了信息不对称程度，更省时、省力。

（2）效率高。互联网金融业务主要由计算机处理，操作流程完全标准化，客户不需要排队等候，业务处理速度更快，用户体验更好。如阿里小贷依托电商积累的信用数据库，经过数据挖掘和分析，引入风险分析和资信调查模型，商户从申请贷款到发放只需要几秒钟，日均可以完成贷款1万笔，成为真正的"贷款工厂"。

（3）覆盖广。在互联网金融模式下，客户能够突破时间和地域的限制，在互联网上寻找需要的金融资源，金融服务更直接，客户基础更广泛。此外，互联网金融的客户以小微企业为主，覆盖了部分传统金融业的金融服务盲区，有利于提升资源配置效率，促进实体经济发展。

（4）发展快。依托于大数据和电子商务，互联网金融得到了快速发展。以余额宝为例，余额宝上线18天，累计用户数达到250多万，累计转入资金达到66亿元。2019年8月23日，天弘余额宝发布2019年半年度报告。报告显示，截至2019年6月30日，余额宝总份额达1.03万亿份。

（5）管理弱。一是风控弱。互联网金融还没有接入中国人民银行征信系统，也不存在信用信息共享机制，以及类似银行的风控、合规和清收机制，容易发生各类风险问题，已有众贷网、网赢天下等P2P网贷平台宣布破产或停止服务。二是监管弱。互联网金融在中国处于起步阶段，还没有监管和法律约束，缺乏准入门槛和行业规范，整个行业面临诸多政策和法律风险。

（6）风险大。互联网金融的风险主要来自于两方面：一是信用风险。现阶段，中国信用体系尚不完善，互联网金融的相关法律还有待配套，互联网金融违约成本较低，容易诱发恶意骗贷、卷款跑路等风险。特别是P2P网贷平台由于准入门槛低和缺乏监管，成为不法分子从事非法集资和诈骗等犯罪活动的温床。2013年以来，淘金贷、优易网、安泰卓越等P2P网贷平台先后曝出跑路事件。二是网络安全风险。在互联网发达的时代，网络金融犯罪问题不容忽视。一旦遭遇黑客攻击，互联网金融的正常运作会受到较大影响，危及消费者的资金安全和个人信息安全。

7.1.2 互联网金融的主要形态

按照目前各种互联网金融形态在支付、信息处理、资源配置方面的差异，互联网金融可划分为六种主要类型。

1.金融互联网化

金融互联网化体现了互联网对金融中介和市场的物理网点、人工服务等的替代，包括：①网络银行和手机银行，以 ING Direct（欧洲）、M-Pesa（肯尼亚）为代表；②网络证券公司，以 Charles Schwab（美国）为代表；③网络保险公司；④网络金融交易平台，以 Second Market Shares Post（美国）为代表；⑤金融产品的网络销售，即通过网络销售金融产品，以 Bankrate（美国）、余额宝、百度金融为代表。

2.移动支付与第三方支付

移动支付与第三方支付体现了互联网对金融支付的影响，以PayPal（美国）、支付宝（阿里）、财付通和微信支付（腾讯）为代表。

3.互联网货币

互联网货币体现了互联网对货币形态的影响，以比特币、Q币、亚马逊币为代表。

4.基于大数据的征信和网络贷款

因为贷款的核心技术是信用评估，所以我们将征信和网络贷款放在一起讨论。基于大数据的征信，以ZestFinance（美国）、Kreditech（德国）为代表；基于大数据的网络贷款，以Kabbage（美国）、阿里小贷为代表。

5.P2P网络贷款

P2P网络贷款是互联网上个人之间的借贷，以Prosper和Lending Club（美国）、Zopa（英国）、宜信和陆金所（中国）为代表。

6.众筹融资

众筹融资（crowd funding）通过互联网为投资项目募集股本金，是互联网上的股权融资，以Kickstarter（美国）、天使汇为代表。

需要说明的是，互联网金融各种形态之间不存在清晰的界限，而且是动态变化的。比如，保险业出现了根据汽车使用情况确定费率的车险，证券研究发现Twitter的活跃度对股价有预测力，未来大数据与保险精算、证券投资相结合，会促成很多新的商业模式的诞生。

7.2 互联网金融对传统银行业的影响

7.2.1 互联网金融给商业银行带来的冲击

随着互联网和电子商务的发展，互联网第三方支付平台的交易量、虚拟货币的发行和流通量将越来越大，涉及的用户越来越多，第三方支付已经成为一个庞大的金融产业。互联网金融模式在飞速发展、推动商业银行变革的同时，在不断蚕食着传统商业银行业的版图，互联网金融正在对传统商业银行形成全面冲击。

在互联网金融模式下，金融资源的可获得性较强，交易成本较低，交易信息相对对称，资源配置趋向于去中介化。这至少将给传统商业银行带来以下影响：

1.弱化商业银行的支付功能

互联网金融模式下的支付方式主要分为互联网支付和移动支付。目前，支付宝、微信支付、财付通、易宝支付和快钱等能够为客户提供收付款、自动分账以及转账汇款、代购机票与火车票、代缴电费与保费等结算和支付服务，并已经占有相当份额，对商业银行形成了明显的替代效应。

2.冲击商业银行的贷款业务

贷款业务是商业银行最重要的资产业务，也是商业银行的主要赢利手段。出于对企业审核要求的限定和规避风险等原因，小微企业往往难以获得商业银行的贷款支持。而互联网金融凭借其快速性、广泛性、低成本等特点，以及对数据信息积累与挖掘的优势，可以直接向供应链、小微企业贷款等融资领域扩张，抢夺银行的客户资源、替代银行的物理渠道，冲击传统商业银行的核心业务。例如，专注于小微企业融资服务的阿里金融，2015年成立网商银行，在承继阿里系10余年小微金融积累的基础上，推出了震惊业内的"310"小微贷款模式——3分钟申贷、1秒钟放款、0人工介入。据网商银行2018年年报披露，该行的员工总数为720人，没有一个信贷员，累计服务1 227万家小微企业，户均余额2.6万元。

3.加速金融脱媒

金融脱媒指的是在金融管制的情况下，资金供给绕开商业银行体系，直接输送给需求方和融资者，完成资金的体外循环。在传统金融业务往来中，主要由银行来充当资金中介。在互联网金融模式下，互联网企业为资金供需双方提供了金融搜索平台，充当了资金信息中介的角色。新信息技术的开放性和共享性大大降低了信息不对称性，使贷款业务具有更高的参与度和透明度，强化了资金信息中介的功能，还通过节约交易成本降低了金融中介的门槛。这将加速金融脱媒，使商业银行的资金中介功能边缘化。从融资角度看，资金供需双方利用搜索平台寻找交易对象，之后的融资交易过程由双方共同完成。从支付角度看，第三方支付平台已能为客户提供收付款、自动分账以及转账汇款等结算和支付服务，与传统商业银行支付业务形成替代关系。

7.2.2　商业银行业务与互联网融合的特征

互联网金融在给商业银行带来冲击和挑战的同时蕴藏着机遇。商业银行在关注互联网金融发展动向的同时，如果能借助互联网思维和技术实现金融互联网化，就能提升自己的优势，弥补自身的不足，化解互联网金融带来的冲击，在更好地支持和服务实体经济的基础上，求得自身的转型与发展。

互联网将促进技术与金融的深度融合，金融需求促进技术的发展，反过来，技术发展又推动金融模式的变革。在以互联网为背景的竞争战略下，商业银行的金融业务应积极与互联网技术融合发展。

1.业务领域的综合化

随着互联网的兴起，国内金融市场开始多元化发展，使金融脱媒趋势更加明显，商业银行传统客户基础面临日益明显的分流压力。由于客户需求的多样化、个性化，商业银行单一的商业模式已经很难满足客户的需求，这一方面促进了商业银行与非金融企业的融合，另一方面要求商业银行提供综合化金融服务，以维护生存和发展的空间。因此，商业银行应以商业模式的综合化重塑发展模式。经营的融合化是未来互联网背景下商业银行发展的重要趋势。通过多元化的并购与战略合作，以开放共赢的思路搭建平台产业链和进行金融生态系统的建设，将成为一种普遍的模式。中国平安收购深圳发展银行就是金融行业经营综合化的例子，它实现了保险、银行、证券、支付、P2P业务的整合优势。中国工商银行、中国建设银行都建立了电商平台，以期通过整合资金流、信息流和物流获得更大效益。阿里集团的业务覆盖了电商、物流、金融、娱乐等多个领域，以满足客户日益多元化的需求，实现"一站式综合服务"。

2.投资活动的大众化

在传统模式下，服务小客户的收益与成本难以匹配，这些数量庞大、地域分散、单体贡献度不高的小客户无法获得高品质的金融服务，其潜在金融需求无法满足。而移动互联网可用极低成本迅速聚集原本分散的中小客户，使其规模之和足以与大客户匹敌。这种经营模式的本质其实就是规模经济，从而可以使原本高高在上的投资门槛大幅降低，使广大中小客户可以参与到投资活动中来，扩大了金融服务的范围，提高了金融项目的参与程度，拓展了金融市场的参与主体。例如，传统商业银行理财产品起购金额多为5万元至数十万元不等，信托产品起购金额多为数百万元，而阿里的娱乐宝投入100元就可以参与电影投资项目，百度百发的起购金额仅为1元，微信理财通的购买门槛甚至低至0.01元，超低的进入门槛及相对较高的收益使产品吸金规模增长强劲。根据腾讯2019年二季度报，截至二季度末，微信理财通的资金保有量突破8 000亿元。为了应对互联网金融产品对存款的分流影响，商业银行纷纷推出新的在线产品，如工银瑞信的现金快线购买门槛已下调至0.01元。

3.企业融资活动的个性化

互联网的发展大大推动了金融创新，新的金融产品层出不穷，金融市场服务多元化程度大大提高。这其中包含了针对不同经营类型、不同财务特征、不同风险水平客户的个性化融资产品。企业可根据自身特点，在生命周期中的不同阶段选择相适应的融资产品与方式。比如，创业初期可以采用P2P、众筹等融资方式；企业小有规模后，可以采用针对中小型企业的小额贷款，协助企业实现进一步发展；企业具有一定规模时，可通过互联网IPO等方式获得大额融资，以实现企业的发展壮大，如Google公司上市就绕过了投资银行，而直接在网上发行股票。针对这种趋势，商业银行也开始推出更多个性化的金融服务。

4.服务渠道的整合化

互联网背景下的金融服务的关键是大力拓展和丰富线上服务渠道，但这并不意味着放弃线下，线下渠道仍是影响线上业务竞争力的关键因素。在线上支付时代，电子银行与物理网点两种渠道属于互为补充的并存关系；当电子支付从线上进入线下时，就可以随时随地满足任何环境下的金融服务需求，物理渠道因时因地制宜的个性化设计就显得格外重要。商业银行应借鉴互联网思维，使互联网技术与金融业务深度融合，从以往前后台分离、集约化管理的模式中跳脱出来，对网络、电话、手机、短信、微信等线上服务，以及网点、社区等服务渠道进行整合，从同一层面统一设计逐步转向线上线下一体化运营，构建"任意一点接入、线上线下互通互联、全程响应、体验一致的一体化渠道体系"，实现传统物理渠道和互联网渠道的有机结合。

5.产品设计的客户化

商业银行的核心是客户资源，在当前的互联网环境下，客户的重要性日益凸显。金融服务的客户吸引力来源于对客户需求的准确把握与满足，未来商业银行产品设计的最大变革将是以客户为中心。传统商业银行做产品的路径是不断完善产品，等到产品成熟再投向市场。然而这种方式无法满足客户快速变化的需求，应通过快速迭代开发和交互设计，对客户体验进行快速的反馈，让客户参与到产品的设计和开发中，从而更好地符合客户需求。比如，微信最初推向市场时仅具备简单的即时通信功能，此后根据市场反馈快速丰富了支付、理财功能，2014年农历春节又及时推出了微信红包功能，通过迭代开发迅速完成了产品的推广与完善。目前，多家商业银行的手机银行也采用了迭代开发的方式，通过对客户使用行为和使用习惯的大数据分析，不断优化、完善产品。

6.金融服务的随时随地化

随着移动互联网技术的快速发展、"O2O"模式的普及、在线离线信息的整合，互联网打破了信息流与资金流传播的物理边界，它既没有时间限制，也没有空间限制，7×24小时运转是互联网世界的常态，人们在任何时间、任何地点均可以获得所需要的金融服务。对客户而言，以往高高在上的金融服务如今走到了他们身边，不但触手可及，而且在日常生活场景中频繁发生。比如，基于支付宝平台的余额宝，客户通过网络能够随时随地地转账、进行信用卡还款等，通过电脑或移动上网终端能够全天24小时办理这些业务。基于地理位置信息，可以随时为客户提供身边的餐饮、娱乐、消费服务，并完成服务的支付和交付。基于互联网技术的金融产品日益丰富和完善，未来金融服务的可获得性将更加突出。

7.2.3　互联网背景下商业银行发展需处理的几个关系

互联网时代，作为现代商业银行的决策者，最重要的不是要实现多少金融产品的互联网化，而是首先要从思维意识层面认清互联网和金融业的融合趋势，根据商业银行本身的业务特征和风险偏好，制定和践行互联网环境下的商业银行发展战略，其中最重要的是要处理好以下几方面的关系：

1.维持传统优势与开拓新领域的关系

商业银行经过几十甚至上百年的经营，积累了宝贵的金融从业经验，形成了完善的业务流程，构建起了科学的风险防控体系。它们不仅实体网点众多，而且技术实力雄厚，资金安全性高，已经拥有了庞大的忠实客户群，具备了扎实的品牌信任度。同时，商业银行积累的海量业务数据也为大数据时代背景下进行客户识别、精准营销、准确定价、风险识别、资本计算等提供了难以复制的优势。在互联网时代，传统商业银行过度地追求新领域的开拓，很有可能导致传统优势的丧失，从而导致战略风险的产生。例如，大量开发收益水平高且流动性强的新型理财产品，虽然可以在短时间内获得与新兴互联网金融企业相比的竞争优势，但同时也给商业银行本身带来了更高的盈利压力，只能通过不断提高产品定价和承担更大的风险来换取持续的利润增长。在这种情况下，传统商业银行会进一步将经营压力转嫁给客户和经营实体，造成客户的流失和资产的损失，反而丧失了最基本的资金融通功能。无论是新金融还是互联网金融，或者移动金融，其本质仍是金融，而金融的本质是资金融通和风险管理。传统商业银行需要冷静分析形势，认清自身优势，依托自身稳健审慎的经营文化、风险治理架构、风险管理技术方面的优势，在维护好自身竞争优势的同时，借鉴互联网思维，取长补短，有选择性地开拓与自身原有传统业务具有互补性的新领域，逐步扩展业务范围，有计划地实现互联网时代商业银行的战略转型。

2.短期利益与长远发展的关系

传统商业银行要率先面对互联网金融企业和同业的创新竞争压力。例如，中信银行携手信诚基金推出的"薪金宝"，几乎囊括了现有银行卡的所有支付功能；P2P和众筹等投融资方式也在不断侵蚀着传统商业银行的利息收入和中间业务收入。在传统商业银行不断推动自身互联网金融产品创新的同时，类似的竞争产品必然伴随着日新月异的互联网技术而不断推出，传统商业银行也必须面对互联网金融企业的竞争，不断开发竞争型产品，以牺牲短期收益来留住客户和资金。在进行产品创新的过程中，商业银行要面临全新的领域，要面对技术和业务的挑战，商业银行本身也要进行与产品创新配套的机构、服务方式和渠道改革，以及业务流程和信息系统改造等。产品创新的力度越大，前期投入的成本就越高，而且因为产品具有金融和互联网融合的特性，很有可能出现风险损失、产品开发失误、销售失败甚至违规惩罚等情况，这些都是互联网环境下金融创新所必须付出的短期代价。因此，商业银行决策者在互联网时代进行商业模式的创新时，应承受外部竞争和内部改革所带来的短期成本上升和收入下降的压力，放长眼光，既要有短期的及时跟进型策略，也要有长期的战略创新型规划。

3.客户体验与风险控制的关系

在未来以客户为中心的互联网金融模式下，客户体验是创新产品生存的最基本要素，产品的安全性、便捷性和友好性将是决定产品销售情况和客户去留的重要因素。但是如果过于追求客户的便捷体验，将降低安全标准，造成安全隐患；如果过于追求安全和风险控制，则产品会因糟糕的客户体验而无法生存。因此，需要权衡客户体验和风险控制之间的关系。首先，商业银行应保证客户的信息和资金安全，重视风险控制。其次，客户体验的内容十分丰富，既包括安全性，也包括便捷、友好、吸引等内容，只有综合提升客户的各项体验，才能实现客户综合满意度的提高。商业银行要以客户的安全体验为基础，在保证客户信息和资金安全的基础上，通过业务流程重塑、完善交互式设计等方式，进一步追求使用便捷、设计友好、内容吸引度高的客户体验。

4.业务创新与依法合规的关系

在互联网和金融融合的时代，商业银行要处理好业务创新与依法合规的关系。在进行产品创新时，商业银行要在全面了解、领会和遵守相关监管规定的同时，将服务做到极致，充分发挥产品的新特性和优势。例如，由于监管空白，没有基本的资本金、贷存比、流动性等一系列监管指标约束，很多互联网企业依托强有力的科技创新及平台，将原来很多在线下禁止或者难以实现的业务搬到了线上，企业迅速发展。但是，也有企业抱着"赚大钱开银行"的心态，在产品创新的过程中有意或无意踏入监管禁区。例如，支付宝等快捷支付以"创新业务、改善客户支付体验"等为由，其客户身份验证、客户与银行签约脱离了银行渠道或界面，通过支付宝网页进行，明显不符合监管当局的要求，不利于企业未来的成长。因此，审慎进取的心态是互联网金融获得理性发展的前提，商业银行要进行有限度、有约束的创新，一方面要把握好时代机遇，坚持创新的精神；另一方面也要重视合规性风险，避免误入监管禁区。

7.3 互联网时代与银行业相关的互联网金融模式

7.3.1 网络银行

网络银行是银行以互联网为传输渠道，向客户提供金融服务的方式。它有两个层次的含义：一个是机构概念，指通过信息网络开办业务的银行；另一个是业务概念，指银行通过信息网络提供的服务，包括传统银行业务和因信息技术应用而带来的新兴业务。网上银行业务一般分为个人网上银行业务和企业网上银行业务。

1.个人网上银行业务

个人网上银行就是银行在互联网上设立虚拟银行柜台，客户通过互联网办理信息查询、转账汇款、缴费支付、投资理财等业务。个人网上银行客户分为注册客户和非注册客户两大类。注册客户按照注册方式分为柜面注册客户和自助注册客户，按是否申领证书分为证书客户和无证书客户。

个人网上银行的业务品种主要包括基本网银服务、网上投资、网上购物协助服务、个人理财助理、企业银行及其他金融服务。

2.企业网上银行业务

企业网上银行适用于需要实时掌握账户及财务信息、不涉及资金转入和转出的广大中小企业客户。客户在银行网点开通企业电话银行或办理企业普通卡证书后，就可在柜面或在线自助注册企业网上银行普及版。客户凭普通卡证书卡号和密码即可登录企业网上银行普及版，获得基本的网上银行服务。

商业银行的企业网上银行服务包括：

（1）账户管理，包括查询结算账户、定期账户、保证金账户等基本信息，如账户种类、开户日期、币种、余额等；可在线自助查询或打印往来账户的电子补充回单。

（2）代收业务，指银行为收费企业提供的向其他企业或个人客户收取各类应缴费用的业务。通常，只有事先签订收费企业、缴费企业或个人、银行三方协议后，银行才提供此项服务。

（3）付款业务，是企业客户通过网上银行将其款项支付给收款人的一种网络结算方式。其一般包括集团账户间转账汇款、任意账户间转账汇款、跨行汇款等。

（4）B2B在线支付，是专门为电子商务活动中的卖方和买方提供的安全、快捷、方便的在线支付结算服务。

（5）投资理财，是银行通过提供基金、证券、外汇等系列投资理财产品，满足不同企业客户进行各种投资的需要，实现企业资金保值、增值的金融服务。

（6）代理行业务，是商业银行专为同业客户提供的网上代理签发银行汇票和网上代理汇兑业务的服务。其中，网上代理汇兑业务是指商业银行通过网上银行接受其他商业银行（被代理行）的委托，为其办理款项汇出和汇入的服务；网上代理签发银行汇票是指其他商业银行（被代理行）使用代理行的银行汇票凭证、汇票专用章和专用机具，通过代理行网上银行为其客户单位或个人签发银行汇票，并由代理行所有通汇网点兑付的行为。

（7）网上银行信用证业务，为企业客户提供了快速办理信用证业务的渠道，实现了通过网络向银行提交进口信用证开证申请和修改申请、网上自助打印有关信用证申请材料以及网上查询等功能。网上银行信用证业务能有效提高工作效率，同时给集团总部查询分支机构的信用证业务情况带来了便利，满足了客户财务管理的需求。

（8）票据托管，实现了集团公司对总部和分支机构所持票据的信息录入、查询，以及票据贴现、质押、转让、托收等功能。

（9）网上年金服务，为企业年金客户全面掌握本单位、下属单位以及员工的年金相关信息提供了一个简单方便的渠道。客户登录企业网上银行，即可实现查询个人基本信息、个人账户信息、企业账户信息等多种功能。

（10）集团理财，是通过网上银行为集团客户提供的集团内部资金上收、下拨与平调等服务。集团理财及由此延伸出来的网上现金管理能有效帮助大型企业集团实现由高负债、高费用、高成本的粗放型经营管理模式向低负债、低费用、低成本的集约型管理模式的转变，特别适合在全国范围内经营的企业集团客户，并在众多的集团客户中得到了广泛应用。

信息技术的发展为商业银行拓宽金融服务领域、提升服务质量、降低服务成本、强化内部管理等提供了新的实践思路。在这种新形势下，企业网上银行除了要担负起传统网上金融服务的经营职能外，更将成为新经济模式下银企合作的纽带。其新型的服务和营运模式，也将在银行以提升资本和成本的使用效率为核心的二次转型战略中发挥更重要的作用。

7.3.2　移动支付与第三方支付

1.移动支付

移动支付主要指通过移动通信设备，利用无线通信技术来转移货币价值以清偿债权债务关系。移动支付存在的基础是移动终端的普及和移动互联网的发展，可移动性是其最大的特色。随着移动终端普及率的提升，移动支付在未来完全有可能替代现金和银行卡，在商品和劳务交易、债权债务清偿中被人们普遍接受，成为电子货币形态的一种主要表现形式。移动支付的特点如下：①以移动通信设备为载体，主要表现为手机；②运用无线通信技术；③电子货币是移动支付存在的基础，二者是一对孪生兄弟；④移动支付是货币形态的表现形式，而非货币本质的改变；⑤移动支付的发展依赖于第三方支付。

随着移动互联网市场的发展，移动支付自身也在变化，形式更加多样化，出现了短信支付、NFC近场支付、语音支付、二维码扫描支付、手机银行支付、刷脸支付等多种支付方式。

2.第三方支付

第三方支付指通过互联网在客户、第三方支付公司和银行之间建立联系，帮助客户快速实现货币支付、资金结算等功能，同时起到信用担保和技术保障等作用。

第三方支付公司实行准入许可证制度，由中国人民银行依据《非金融机构支付服务管理办法》负责颁发"支付业务许可证"牌照。依据该管理办法的规定，第三方支付企业，也就是管理办法中界定的在收付款人之间作为中介机构提供三类主要货币资金转移服务的企业，被正式纳入央行的监管范围。发放的支付牌照有三种：网络支付、预付卡和收单。

专栏7-1 ▬▬▬▬▬▬▬▬▬▬▬▬▬▬▬▬▬▬▬▬▬▬▬▬▬▬▬▬▬▬▬

央行发放支付牌照的情况统计

2011年5月18日，支付宝、银联商务、财付通、快钱、拉卡拉等27家公司获得了首批牌照。8月2日，中国人民银行又发放了第二批支付牌照，13家企业获批，包括银联在线，牌照范围涵盖互联网支付业务、移动电话支付业务。2011年年底，中国人民银行又发放第三批支付牌照，三大电信运营商下属的支付公司全部实现"持证上岗"，分别是中移电子商务有限公司、联通沃易付网络技术有限公司和天翼电子商务有限公司，业务范围集中在移动电话支付、固定电话支付、银行卡收单等方面。

2013年6月27日，中国人民银行发放了第四批第三方支付牌照，包括苏宁易付宝、网易宝在内的95家第三方支付企业获批，其中还首次出现了"数字电视支付"业务。2014年7月15日，中国人民银行发布了第五批次19家企业的名单，其中包括了链家地产旗下的子公司北京理房通支付科技有限公司等。

2018年1月5日，非银行支付机构"支付业务许可证"续展结果公示，中国人民银行官网公布了243家支付机构的相关信息。此前，央行共为271家支付机构发放了"支付业务许可证"，已被注销支付牌照的支付机构有28家，最终支付机构缩减至243家。

本章小结

1.互联网金融是依托于支付、云计算、社交网络以及搜索引擎等互联网工具，开展资金融通、支付和信息中介等业务的一种新兴金融形式。随着互联网和电子商务的发展，互联网第三方支付平台的交易量、虚拟货币的发行和流通量越来越大，涉及的用户越来越多，第三方支付已经成为一个庞大的金融产业。互联网金融模式在飞速发展、推动商业银行变革的同时，在不断蚕食着传统商业银行的版图，互联网金融正在对传统商业银行形成全面冲击。

2.互联网金融在给商业银行带来冲击和挑战的同时，也蕴藏着机遇。商业银行在关注互联网金融发展动向的同时，如果能借助互联网思维和技术实现金融互联网化，就能发挥自己的优势，弥补自身的不足，化解互联网金融带来的冲击，在更好地支持和服务实体经济的基础上，求得自身的转型与发展。

3.与商业银行相关的互联网金融模式，主要有网络银行、移动支付与第三方支付等。

综合训练

7.1 单项选择题

1.我国对网上银行业务申请实行（　　　）。

A.审批制　　　　　　　　B.备案制

C.注册制　　　　　　　　D.无须申请

2.网上银行可以突破地域与时间的限制，实现（　　　）。

A.投资服务　　　　　　　B.三A服务

C.安全服务　　　　　　　D.理财服务

3.我国第一家开办网上银行服务的银行是（　　　）。

A.中国建设银行　　　　　B.中国工商银行

C.招商银行　　　　　　　D.中国银行

4.目前，我国对网上银行业务进行管理的主要规章是（　　　）。

A.《网上银行业务管理暂行办法》

B.《电子银行业务管理办法》

C.《网上银行法》

D.《电子银行法》

5.按照相关规定，中资银行业金融机构的网上银行业务运营系统和业务处理服务器应设置在（　　　）。

A.中华人民共和国境内　　B.中华人民共和国境外

C.银行内部　　　　　　　D.第三方银行

7.2　多项选择题

1.以下关于网上银行的说法正确的有（　　　）。

A.网上银行是虚拟化的金融服务机构

B.网上银行服务快捷方便，不受时空限制

C.网上银行在产品服务和营销方式上与传统银行是一样的

D.网上银行也给银行业务经营带来了新的风险

E.发展网上银行和银行开展传统业务是冲突的

2.网上银行提供的业务种类有（　　　）。

A.查询账户余额及交易记录　B.在线转账业务

C.代收代付业务　　　　　　D.网上贷款

E.身份证明

3.对网上银行业务的市场准入监管具体包括（　　　）。

A.机构准入监管　　　　　B.业务准入监管

C.高级管理人员准入监管　　D.持续性监管

E.创新性监管

4.按服务品种划分，可以把网上银行业务分为（　　）。

A.基础网上银行业务　　　　B.创新网上银行业务

C.附属网上银行业务　　　　D.信息网上银行业务

E.临时网上银行业务

5.根据《电子银行业务管理办法》的规定，电子银行业务包括
（　　）。

A.网上银行业务　　　　　　B.手机银行业务

C.电话银行业务　　　　　　D.自动银行业务

E.远程银行业务

7.3　思考题

1.互联网金融的特点有哪些？

2.简述互联网金融的主要业态。

3.简述互联网金融对传统银行业的影响。

4.简述商业银行业务与互联网融合的特征。

5.简述互联网背景下商业银行发展需处理的几个关系。

第8章

商业银行人力资源管理

学习指南

【**学习目标**】通过本章的学习，我们将掌握人力资源规划的基本概念和基本原理；了解商业银行的主要岗位及其相应的职责；熟悉商业银行人力资源招募与培训的基本方法。

【**关键概念**】人力资源管理　人力资源规划　工作分析　工作描述　银行柜员　银行客户经理　员工招聘　员工培训

引例

汇丰银行中高级管理人员的选拔培训

汇丰银行全称"香港上海汇丰银行有限公司"（HSBC），是香港最大的英资银行，成立于1864年，1865年正式对外营业。在当时的英国海外银行中，它是唯一将总部设于香港的银行。由于经营上的自主权较大，它很快超过了众多的竞争对手，与港英政府建立了特殊关系并得到当地商业界的支持，多次挽救了香港的银行危机。

作为一家跨国银行，汇丰银行在进行业务拓展的过程中十分注

重与当地文化的融合，在选择分支机构的高级管理人员时更是如此。汇丰银行已经建立了一套完善的中高级管理人才的选拔培训机制，其中最重要的一点就是从当地高等院校选拔一批优秀毕业生进行有重点的培训，从而建立一支精干、高效、有活力的管理队伍。下面是汇丰银行某年度中国分部的选拔培训计划。

第一步：人员的选拔

（1）选拔要求

汇丰银行的要求为：广博的知识水平和熟练的英语运用能力；强烈的责任感、事业心；敏锐的洞察力与创造力；较强的人才观念及对群体活动的协调、组织才能；良好的自律能力。由于其注重的是个人素质，所以不要求求职者的专业方向。

（2）选拔过程

宣传发动阶段：汇丰银行人力资源部首先在中国主要高等院校进行宣传，主要选择上海、北京、广州、武汉等高等院校较为集中的城市，鼓励优秀毕业生参加选拔考试。

初选阶段：汇丰银行中国分部的人力资源部门将求职申请表汇总后根据申请表的有关情况进行初选，从中选出符合要求的求职者参加正式考试。

考试选择阶段：初选合格后，汇丰银行将组织两次考试：一次是相关知识及能力倾向测试，另一次是英语运用能力测试，两次考试优秀者进入下一轮。

面试阶段：汇丰银行组织考试成绩优秀的求职者参加面试，由人力资源部会同有关部门组成面试组，根据求职者的表现从中选择合适的人选。

第二步：培训过程

汇丰银行对被录用的毕业生将进行为期两年的培训，培训分为三个阶段。

（1）汇丰银行将新录用的管理人员带到香港，让他们在香港的分行里接受业务培训；安排他们在不同的业务部门之间轮岗，主要目的是让这些未来的管理人员熟悉银行的各项业务规程及操作、管理要求，使他们对银行的业务有大体的了解与总体的把握。这一阶段大约持续一年。

（2）完成业务知识培训之后，汇丰银行将安排这些人员到位于英国伦敦的总行进行培训。伦敦是著名的国际金融中心，素有"金融城"之称。在这里，受训人员可以接触到形形色色的银行界人士，学习各种有关银行管理的案例，从而培养他们的经营管理能力及银行界高层管理者应具备的修养与知识。同时，由于汇丰银行将派往其他国家与地区的受训人员也送到伦敦培训，所以在这里可以接触到不同国家与地区的优秀人才，彼此取长补短，提高个人素质。这一阶段大约持续半年。

（3）结束伦敦的熏陶后，汇丰银行将这些受训人员调回香港，在当地营业所从事相关业务操作，并作为这些营业所的经理助理从事有关管理工作。这是为将来他们所从事的工作做准备。这一阶段大约也持续半年。

经过以上两年的培训，受训人员基本能掌握银行的有关业务，学会从客观上把握、处理相关问题，培养银行高层管理人员应该具备的基本素质，为今后从事管理工作打下坚实的基础。

汇丰银行的中高层人员选拔培训已形成了一种制度，每一位由学校进入银行的中高层管理人员均需接受这样的选拔培训。这一制度对短时间内培养一支有才能、有朝气、高素质的管理队伍至关重要。

问题：

1.汇丰银行中高层管理人员的选拔培训工作是否值得？

2.汇丰银行选拔培训中高层管理人员的做法对中国银行业的人才培养有何借鉴作用？

8.1　商业银行人力资源规划与工作分析

银行的人力资源管理是一个获取和利用人才资源的过程，包含多种专业性活动（制订规划、职务/工作分析、招聘、培训、考核、任用、晋升、薪酬、激励等）。它们之间需要相互协调，以利于银行获得足够数量和较高质量的人才资源，实现商业银行的整体目标。人力资源规划就是协调各种专业性活动，是联系商业银行人力资源管理实践与其战略性经营需要之间的桥梁；而工作分析则是人力资源的开发、激励、整合及调控不可或缺的基础环节。

8.1.1　商业银行人力资源规划概述

1.商业银行人力资源规划的定义

商业银行人力资源规划有广义和狭义之分。广义的人力资源规划，是指根据商业银行的发展战略、目标及内外环境的变化，预测未来的组织任务和环境对企业的要求，为完成这些任务和满足这些要求而提供人力资源的过程。它包括预测银行未来的人力资源供求状况、制订行动计划及控制和评估计划等环节。狭义的人力资源规划，是指具体的提供人力资源的行动计划，如人员招聘计划、使用计划、退休计划等。由此可见，狭义的人力资源规划是广义中的一部分。现代商业银行的人力资源规划指的是广义上的人力资源规划。

2.商业银行人力资源规划的地位

在商业银行的人力资源管理活动中，人力资源规划不仅具有先导性和战略性作用，而且在实施商业银行总体发展战略的过程中，还能不断调整人力资源管理的政策和措施，指导人力资源管理活动。因此，人力资源规划又具有动态性，是商业银行人力资源管理活动的纽带。

工作岗位分析、劳动定额定员、员工素质测评、人力资源信息系统等企业人力资源管理的基础工作是人力资源规划的重要前提；而人力资源规划又对人员的招聘、选拔、考评、调动、升降、薪酬、福利和保险，员工的教育、培训和开发以及人员余缺调剂等各种人力资源管理活动的目标、步骤与方法作出了具体而详尽的安排。

3.商业银行人力资源规划的效益

人力资源规划是商业银行的人力资源供给和需求的平衡过程。这个过程是主动的和科学的，因而可以避免某些盲目性，并减少浪费。

商业银行人力资源规划的效益体现在以下六个方面：①商业银行的最高层在制订组织目标、任务和计划时总要考虑人力资源的供给与需求情况。人力资源规划的制定有助于商业银行目标、任务和计划的制订与实施。②引起技术及其他工作流程的变革。③增强竞争优势，如最大限度地削减经费。④辅助其他人力资源政策的实施，如招聘、培训和发展等。⑤改变员工队伍结构，如数量、质量、年龄结构等。⑥按计划检查人力资源各项政策与方案的实施效果。

8.1.2 商业银行人力资源规划的流程、框架和内容

1.商业银行人力资源规划的流程

在商业银行内部，如果要从现有员工中选拔经理人员，需要有培养人才、培养接班人的连续性梯队计划，即管理人才储备。管理人才储备要求掌握每位管理者的详细信息，以确定哪些人有潜力并可以晋升到更高层次的职位，为管理人才轮换、提拔、降职提供决策依据。管理人才储备包括数量储备和技能储备。

2.商业银行人力资源规划的总体框架

商业银行人力资源规划的总体框架包括：①预测人力资源需求：满足商业银行未来需要所应配备的员工数量与质量总和；②预测人力资源供给：分为内部供给和外部供给（人才招聘或猎头公司的推荐等）。

3.如何以低成本、高效率的方式开发、利用人力资源

商业银行人力资源规划需要同时在短期（1~3年）和长期（3年以上）两个时段上制定，以保证员工在数量与质量上随时随地满足银行的需要。

专栏8-1

某商业银行制订人力资源规划

Z银行地处上海，由于外资银行的大批进入，上海又是国内金融中心，因而上海的银行业竞争异常激烈。正如一些专家所指出的那样，未来银行业的竞争焦点主要集中在网络技术、金融创新和服务质量方面，而这种竞争的实质是人才的竞争。

Z银行在过去几年的发展历程中，对人力资源管理比较重视，并在员工培训、银行文化建设上取得了较好的效果。为进一步应对挑战，Z银行聘请了人力资源管理专家组成专家组，对其人力资源状况进行考察和评价。专家组在与总部的部门总经理作了主题访谈后，总结如下：

（1）人员基本情况。被访谈者都认为人才对银行的发展非常重要。总部人员相对来说有较高的学历水平，大多数员工能胜任目前的岗位。但某些关键岗位人才缺乏，如信贷人员、管理人员和适应今后发展所需要的复合型人才。对此，银行需要有人力资源规划，及早进行人才储备。

（2）人员素质要求。多数被访谈者对自己的下属有素质要求，并且认识到了银行从业人员基本素质（如责任意识、认真的工作态度、创新性等）的重要性。多数管理人员认为每个岗位应有相应的具体要求，同时还反映，目前银行不断有新的业务出现，会对员工不断提出新的要求。

（3）培训和开发。访谈中，专家组发现从管理层到基层员工，都有接受培训的要求。虽然Z银行的人力资源部门已做了诸多努力，但目前的培训力度尚显不足。从今后来看，较为突出的培训需求有：外语、计算机等基本技能的培训，新业务的培训，管理技能的培训和政策培训等。为此，应有适应银行发展的人力资源规划，并要考虑员工长期的职业发展，以留住关键人才，同时使培训的效用增强。

（4）薪酬。大多数被访谈者对自己的薪酬较为满意，同时认为其下属大都对薪酬有较高的满意度，觉得比市场平均水平要高。但专家组发现，Z银行目前的薪酬体系并没能真正体现按绩效付酬，不同贡献之间的报酬差距不大。另外，员工有较高的满意度也暗示着危机，在薪酬曲线上最明显的问题就是一般员工的收入高于平均水平，而关键岗位或较难替代的岗位的员工薪酬却没有竞争力。从长期来看，这对留住关键人才是不利的，故应重新考虑薪酬系统的定位。

专家组通过调查了解到，Z银行的发展目标是打造创新、高效、优质、具有良好信誉和鲜明特色、符合国际标准的商业银行。在人力资源管理上，以人为本，创造激励人、吸引人、尊重人的环境，并有意识地培养和留住关键岗位人员，对部分不适应工作需要的员工进行调整。根据该战略意图，并结合Z银行所面临的外部压力，专家组形成了人力资源规划的框架。

Z银行人力资源管理的重点是在配合该行发展战略的基础上，进行人员获取、激励和保留及人员的再安置。从调查的现状来看，其薪酬体系未能起到对关键岗位员工的激励和保留作用，而这往往又是人才流失的重要原因。有鉴于此，Z银行开始着手其薪酬制度的改革。

专家组最终提出的薪酬战略是：以有吸引力的薪酬水平吸引与留住高素质员工，以实现同类银行中名列前茅的目标。其具有如下特点：

（1）公平：建立公平合理的薪酬体系，通过对现有岗位客观、科学的评估来实现。

（2）激励：激励员工奋发向上，多做贡献，在薪酬体系上注意按绩效付酬。

（3）效用：目标是使产出的效益与投入的成本之比尽可能大。

（4）渐变：考虑到员工的承受程度，将采用逐步过渡的方法，最终形成完善的岗位工资制，这样可以更好地激励一些在关键岗位任职的员工，同时鼓励一般员工自我发展，不断进取。

（5）合法：考虑到Z银行仍然受到我国有关工资法规条例的制约，在设计时的一个基本点便是遵循国家和地方的有关规定。

在此基础上，专家组制定了该商业银行的薪酬体系。

8.1.3 商业银行工作分析

工作分析是人力资源规划的基础，包括两个方面的内容：确定工作的具体特征；找出工作对任职人员的各种要求。前者称为工作描述，后者称为任职说明。

1.工作描述

工作描述具体说明了工作的物质特点和环境特点，主要解决工作内容与特征、工作责任与权力、工作目的与结果、工作标准与要求、工作时间与地点、工作岗位与条件、工作流程与规范等问题。工作描述无统一标准，规范的工作描述一般包括工作名称、工作活动和工作程序、物理环境、社会环境、聘用条件等内容。

2.任职说明

任职说明，即任职要求，说明担任某项职务的人员必须具备的生理要求和心理要求，主要包括以下几个方面：①一般要求：包括年龄、性别、学历、工作经验。②生理要求：包括健康状况、力量与体力、运动的灵活性、感觉器官的灵敏度。③心理要求：包括观察能力、集中能力、记忆能力、理解能力、学习能力、解决问题能力、创造性、数学计算能力、语言表达能力、决策能力、交际能力、性格、气质、兴趣、爱好、态度、事业心、合作性、领导能力等。

专栏8-2 ▬▬▬▬▬▬▬▬▬▬▬▬▬▬▬▬▬▬▬▬▬

银行客户经理们都在忙些什么

客户经理制是现代商业银行在开拓业务的过程中建立的以客户为中心，集推销金融产品、传递市场信息、拓展管理客户于一体，为客户提供全方位服务的一种金融服务方式。

在客户经理制下，银行建立了一支需求庞大的职业客户经理队伍。客户经理是银行与客户交流的桥梁，其工作主要是以客户为中心，处理客户存贷款及其他中间业务，并负责维护与客户的关系。

如果想成为出色的银行客户经理，就要有较强的公关能力和系统的营销策略、强烈的服务意识，能够积极调动商业银行的各项资源为客户提供全方位、一体化的服务。银行客户经理的职责如下：

（1）主动寻找客户，通过各种渠道与客户建立业务联系，向客户营销、推介产品和服务。

（2）随时收集客户的各种信息，包括组织结构、核心人物、生产信息、销售信息、行业和产品市场信息等以及相关信息的变化情况，每周在指定时间将其录入客户关系管理系统中。

（3）调查客户需求，分析市场形势，研究客户的现实情况和未来发展，发掘客户对相关业务的潜在需求，并根据客户需求，推荐相关业务，与客户探讨业务合作方案，把客户的需求与产品有机地结合起来。

（4）定期拜访客户，维系与客户的良好关系，根据客户现有业务量、未来发展和可能带来的综合收益，定期对客户价值作出判断，写出关于客户（行业）的综合评价报告和业务建议报告。

（5）客户经理具有客户调查、营销方案设计、业务建议和客户管理的权限，但不具有决策权。

（6）处理或协助相关部门处理与客户有关的业务纠纷。

所以，做一名优秀的银行客户经理需要综合的知识储备和能力储备。

8.2 商业银行主要岗位

8.2.1 银行柜员岗位的说明

银行柜员一般指在银行分行柜台里直接与顾客接触的银行员工。前台柜员负责直接面向客户的柜面业务操作、查询、咨询等；后台柜员负责无须面向客户的联行往来、票据交换、内部账务等业务处理及对前台业务的复核、确认、授权等后续处理。独立为客户提供服务并独立承担相应责任的前台柜员必须自我复核、自我约束、自我控制、自担风险；按规定必须经由专职复核人员进行滞后复核的，前台柜员与复核人员必须明确各自的职责，相互制约、共担风险。实行综合柜员制的营业网点应根据业务量的大小，本着精干、高效的原则合理设置以下岗位：

1.主管柜员岗

（1）领导和管理辖内会计出纳工作，督促和检查柜员认真贯彻落实各项规章制度以及业务操作规程，合理安排有关人员的工作，努力提高工作质量和服务水平。

（2）参与制订本单位工作计划及重大问题的决策，负责会计出纳工作总结，撰写财务分析报告，向本单位领导和上级会计部门报告相关工作。

（3）按照内部管理的规定，确定内勤人员的劳动组合，对柜员工作范围及权限进行授权控制。掌管单位行政公章、法定代表人名章、联行专用章、钢印，掌握综合业务系统管理员密码和编押机管理员密码，确保综合业务系统的安全运行及业务活动的正常开展。

（4）制定和落实柜员工作责任制，建立业务考核制度。定期检查各柜员账务，加强现场监管，对柜员的工作情况进行检查和评价。

（5）组织柜员进行业务学习，开展多种形式的业务练兵活动，负责对柜员业务知识和业务技能的定期考核。

（6）按制度规定处理会计出纳工作中的重要事项和疑难问题，对发生的各类会计出纳差错和事故及时组织追查、补救和上报。

（7）按规定掌管有关登记簿，并做好记录。

（8）对综合柜员签发的存款证实书进行核实并盖章确认。

（9）定期检查各柜员现金、重要凭证、有价单证的保管使用情况。

（10）每日定时开关监控系统，保管、定期观看监控资料；随时对监控系统进行检查，发现问题及时解决，确保系统正常运行。

（11）每日营业终了，检查各柜员保管的现金、重要空白凭证、卡片账、有价单证等是否相符，账簿的登记是否合规，并针对检查事项在有关登记簿上做好记录。

（12）履行会计主管日常职责，完成领导和上级管理部门交办的其他事项。

2.综合员岗

（1）协助主管柜员（会计主管）管理联行结算业务，组织开展业务宣传，协助组织各项规章制度的实施。

（2）编制有关会计报表，撰写分析资料。

（3）按照规定及时计提应付息、折旧、呆账准备金以及向税务部门缴纳的各种税金；负责纳税申报和缴纳，办理与税务部门之间发生的业务事项。

（4）负责协助主管柜员对对公账户开立的审查和大额存取款备案，并保管开户许可证和备案资料。

（5）审查贷款业务是否符合有关规定和操作程序；计息是否正确，表外、表内利息的核算是否合规；应付息计提、税金缴纳是否及时正确，损益反映是否真实。

（6）审核借据要素和贷款科目使用情况，保管贷款借据；核对、保管计息清单和利息卡片及有关贷款业务资料，记载贷款和应收利息手工账，随时查询欠息单位账户余额，及时扣收所欠利息。

（7）按规定定期对社内往来、系统内往来（准备金和借款户）、同业往来、汇差资金账户进行核对，定期与单位进行账务核对，保管有关对账单。

（8）负责综合业务网络系统的日常管理，每日打印有关报表，定期装订入档。

（9）按照结息规定及时打印贷款计息清单和利息信息凭证，并对存、贷款计息审核把关。

（10）保管批量处理业务账表和有关登记簿。

（11）监督汇差资金账户，每日匡算资金头寸，并将有关事项及时向主管柜员汇报。

（12）对于发出的联行往账业务，每日对照业务清单进行逐笔勾对，发现差错及时报告补救。

（13）在规定权限内对前台柜员的有关业务进行授权。

（14）监督对公单位的开销户、账号、户名的变更和挂失、冻结与扣划是否符合有关规定。

（15）监督柜员领用、使用、出售的有价单证、重要空白凭证是否符合要求，对柜员使用的重要凭证进行二次销号，检查柜员对"重要空白凭证登记簿"的记载是否合规。

（16）检查挂失、抹账、冲账、挂账、大额提现、大额汇划等是否经主管柜员授权、签批，有关登记簿记载是否齐全。

（17）对账务处理的合规、合法性进行全面审核。次日逐笔审查柜员记账凭证与原始凭证的内容是否相符，凭证要素是否齐全，记账份数与系统记录是否一致等。

（18）审核汇票、本票和支票的签发、解付、退票、挂失以及电子汇兑的汇出、汇入、退汇是否符合规定；委托收款、托收承付以及承兑汇票的贴现处理手续是否合规；各种查询、查复处理是否及时。

（19）同城票据交换是否符合中国人民银行的规定，各项中间业务是否符合有关的核算手续。

（20）办理其他交办事项。

3.综合柜员岗

（1）认真执行各项规章制度，规范业务操作，严格按规程处理业务。

（2）办理储蓄业务、对公业务、信用卡业务、各类中间业务，代办贴现及贷款等业务。

（3）负责临柜业务查询、挂失、解挂、冻结、解冻等事项，并登记相关登记簿。

（4）办理主辅币、残币的兑换和有价证券的兑付业务。

（5）保管使用转讫章、现金讫章、储蓄专用章等业务印章。

（6）随时检查现金箱、凭证箱，保持合理库存，超限额部分及时上缴内库管理员。

（7）营业终了，按规定打印有关报表、资料，核对当日库存现金和凭证，经核实无误后签退。

（8）休班、短期离岗前将重要空白凭证、印章全部入箱，办理相关交接手续，将款项全部交清。

（9）办理交办的其他事项。

4.柜员的职业能力

（1）点钞速度。柜员需具备的业务能力中第一个就是点钞，理论上要求5分钟10把，也就是5分钟1 000张。上柜数钱，不求快，先求稳，而且心理素质要好，同时一定要过点钞机，一是防止假钞，二是能复核一遍。

（2）打字速度。柜员需要录入的东西很多，如客户开卡、对客户发放贷款时需录入客户信息等，对键盘的熟练程度决定着业务办理速度的快慢。一般来说，银行柜员的收入除了基本工资和补助外，就是绩效了，也就是每日办理的业务笔数。

（3）基本业务常识。基本业务常识要熟练掌握，如存贷款有哪几种、需要哪些手续流程，网上银行、代发工资、影像系统、基金买卖、代收代付的各种费用是多少等。

（4）记代码。柜员终端上显示的是代码，通过键盘录入不同的代码就是不同的业务。常用代码应该在30个左右，所有的代码量应该在400个左右。

（5）基本会计知识。每日营业结束，柜员要把当日营业的借贷方金额记下来，钱是从哪个科目里支出的，又是存到哪个科目里的，都要记平，即需要掌握最基本的会计知识。

（6）道德品质。银行是高风险行业，而柜员岗更是高风险岗位。一个柜员拿着一套章、一堆重要空白凭证和一箱钱，所以对柜员的道德要求也是很高的。柜员的人生观、价值观正确是个人发展前途、个人工作的基础。

5.柜员的任职资格

（1）身体健康，遵纪守法，诚实守信，具有良好的个人品质和职业道德，无不良行为记录。

（2）全日制大专（含）以上学历，财会、金融、经济、计算机等相关专业。

（3）中文打字速度为每分钟40字以上。

（4）必须拥有全国计算机一级等级证书。

（5）综合素质较高，善于沟通，有敬业精神和良好的团队协作意识，能承受较强的工作压力。

（6）招录对象以当地生源为主，按照就近安排的原则将拟招录人员分配到当地营业网点工作。

8.2.2 银行客户经理岗位的说明

银行客户经理是银行与客户交流的桥梁，工作主要是以客户为中心，处理客户存贷款及其他中间业务，并负责维护客户关系，一般有个人客户经理岗、公司或法人客户经理岗以及网点客户经理岗。

1.个人客户经理岗

（1）完成支行下达的各项量化业务指标。

（2）负责牵头组织全行范围内各类个人金融产品的培训、业务拓展、营销计划的落实。

（3）负责支行商务 POS、财务 POS、特约商户、特惠商户的宣传营销工作及业务培训、指导，并做好以上客户的日常维护工作，对特约商户进行不定期的询访，及时传递特约商户所需的凭证，积极协助上级对信用不良客户进行催收。

（4）负责个人信贷业务的营销以及客户的稳定和拓展工作，并完成贷款受理、上报审批、贷款日常管理等工作。

（5）负责个人信贷的业务受理。

（6）负责银行卡业务的营销及受理。

（7）负责完成行内、科内布置的其他各项工作。

2.公司或法人客户经理岗

按照法人客户营销部岗位分类原则，人员大体分为：营销客户经理、存量客户经理和国际业务客户经理。其岗位职责包括：

（1）严格执行业务操作流程，对违反法人客户经理管理规定的，就情节严重度给予批评教育和扣减绩效收入、警告处分或记过处分、解除劳动合同的处理。

（2）密切与客户的关系，积极开拓市场，维护现有客户，发展新客户。根据客户的具体要求，为客户提供全方位的金融服务，帮助客户了解和选择本行服务品种，及时设计、调整本行业务产品组合方案，力争实现资产、负债、中间业务及个人业务的整体营销；及时向领导反映客户的业务需求，确保全行市场营销的整体联动，最大限度地满足客户需求，与客户建立良好的业务关系。

（3）及时掌握客户的生产经营、产品市场、资金结构、存贷款变化等情况，做好客户基础资料的收集、更新工作。按照总行的统一规定，完成客户信用等级评定和客户授信额度测算工作，根据客户经营、财务、信用等方面的重大变化，及时调整其信用等级和授信额度，并严格按照信用等级和最高综合授信额度进行客户融资总额的控制。不准未经允许将客户的信用等级、授信额度等方面的内容披露给无关人员、单位。

（4）了解客户的融资需求，在接受客户的融资申请后，本着实事求是、认真负责、公正公平的态度，调查申请人的借款条件、偿债能力和融资担保条件等，撰写前期调查报告并按规定程序上报；对贷前调查结果的真实性和有效性负责，完成前期调查工作。对项目贷款要按照项目贷款评估办法的规定进行评估。严格执行信贷业务审查审批制度，经审批同意后办理相关手续，严格落实贷款前提条件。

（5）严格执行通过中国人民银行信贷登记系统对贷款客户和担保人的资信情况进行查询的制度，严格执行初笔贷款建立信贷关系及双人调查制度。

（6）做好贷后管理工作，严格按照相关规定，做好贷款资金监控工作，严格落实贷款用途，按照贷后检查间隔期撰写分析报告，按期发出还款付息通知、欠息通知和不良贷款催收通知。

（7）对贷款客户进行定期和不定期的综合及专项分析，对贷款风险情况进行监测；及时对分管客户的资产质量进行分类；密切关注借款人债务偿还能力的变化及保证条款的变化情况，发现问题及时发出预警；对贷款客户的重大情况必须进行及时、书面的报告；对已出现的问题，要主动与客户协商解决办法，及时提出建议，并与有关部门密切配合进行处理。定期约见不良贷款、欠息客户负责人，加大清收转化力度。

（8）严格执行台账管理制度，及时进行台账处理和数据录入，保证台账数据的真实性、合法性和完整性。

（9）严格执行信贷档案的归集、保管、借阅等管理制度，保证按照规定期限完成信贷资料的归档、移交和档案的完整连续。

（10）必须执行和完成所分管客户或业务的工作任务、工作目标，努力推动全行各项业务计划的全面实现；完成支行和部门交办的其他临时性工作。

（11）签发银行承兑汇票，办理各类保函。

（12）在银行承兑汇票、各类保函到期的当日，办理提取定期存单或解除保证金存款的手续。

（13）负责业务资料的及时归档并保证完整有效。

（14）月末负责对银行承兑汇票余额、保函余额与信贷台账的余额核对相符。

（15）按期完成催收工作，保证本行贷款的诉讼时效或强制执行时效。定期约见不良贷款客户的负责人。按照相关规定，及时向法院提起诉讼，保全本行信贷资产，加大不良贷款的清收转化力度。

（16）严格遵守工作纪律，严格履行对本行及客户商业秘密的保密责任，违者承担相应违约责任。

（17）认真贯彻执行统计法规和有关统计制度，按有关规定准确、及时、全面地编制和报送统计报表，定期做好数据备份和报表的收集、整理和归档工作。

（18）客观、及时、准确地反映业务综合信息，定期撰写综合分析报告，反映工作情况，提出问题及建议。

（19）认真完成贷款规模管理、台账管理、利率管理及相关常规检查。

（20）认真完成信贷业务和国际业务的计划编制、目标考核和工作总结的基础数据准备工作。

（21）严格遵守资金管理办法和内控工作指引的规定，在合理的资产负债比例内协助营业部平衡全辖资金；按照资金集中配置后新的资金管理办法办理资金业务，实行资金调拨的信息反馈制度；配合营业部资金管理部门在规定的备付金比例内，确保对外支付，严禁因支行信息预报失误而造成备付金账户透支出现强拆的情况发生。

（22）建立资金管理台账，做好大额资金预测预报制度分析，坚持大额资金变动信息的及时反馈上报；作为支行资金管理牵头部门，要加强与各业务网点、客户经理以及相关部门的衔接合作，共同防范大额资金进出风险。

（23）及时收集资金营运工作中的各种信息和数据，真实反映辖内资金营运状况，正确处理资金营运工作中发现的各种问题，指导各网点的调拨工作，确保全行资金营运正常。

（24）按季完成全行资金营运情况的分析报告，做好相关数据统计和文字分析材料的保存工作。

（25）在规定的工作日内，按照制度规定的归档范围完成档案的立卷、归档、移交等工作，并按照规定的年限保管各类信贷档案。

（26）严格执行信贷档案调阅登记制度。

（27）严格执行权证类档案单独存放金库并实行双人保管制度。

（28）负责本部门办公自动化系统和相关设备的安全、正常运行。

（29）负责按照技术保障部门的有关要求，及时做好杀毒软件的升级工作，防止电脑病毒的侵害，确保办公自动化网络的安全运行。

（30）负责本部门办公自动化软件、技术资料的保管、保密工作。

（31）负责定期整理办公自动化系统，清理与系统无关的文件。

（32）严格遵守员工内控守则，严格遵守工作纪律，严格履行对本行及客户商业秘密的保密责任，违者承担相应责任。

3.网点客户经理岗

网点客户经理是在授权范围内开发和管理优质客户、推荐各项金融业务、提供金融咨询服务、开展市场调研和产品营销的市场营销人员。其岗位职责包括：

（1）进行优质客户关系（含信用卡客户）维护，了解优质客户信息，建立并管理优质客户档案；有计划、规范性地开展客户维护工作；执行客户关系管理，对优质客户进行动态监控和管理；根据客户的贡献度和有关规定，为客户提供相应的优先、优惠和附加服务；与客户建立长期、稳定的关系，提高客户的满意度和忠诚度。

（2）开展针对优质客户的产品和服务营销。结合客户需求和产品特性，有针对性地向优质客户进行相关产品和服务的营销，向客户提供或者推荐组合性的负债、资产、中间业务产品，提高交叉销售比例，努力完成网点下达的各项任务指标，努力提高网点的经营业绩。

（3）提供专业理财服务，以及满足部分优质客户需求的业务操作。根据优质客户的需求，向其提供专业投资建议和策划方案，帮助优质客户达成理财目标，实现资产组合最优化，并定期调整。

（4）负责受理单位和优质客户个人的各类账户、基金、保险等金融产品申请，审查客户提供的申请资料是否完整，是否符合规定要求，对客户提供的资料的完整性负责；接受客户的相关业务咨询，同时做好各项中间业务产品的售后服务工作。

（5）负责受理客户的个人消费贷款申请。负责对客户贷款申请资料的真实性进行调查核实，调查借款人的资信状况、第一还款来源、抵（质）押物价值及可处置程度；调查消费贷款用途是否合规合法。

（6）负责贷款的日常管理及催收。负责贷款发放后对借款人信息变动情况和贷款的使用及还本付息情况的日常监督检查，对违约贷款（银行卡不良透支）进行催收，完成上级行下达的不良贷款清收计划。

（7）挖掘优质客户资源。客户经理应积极进行客户开发，挖掘优质客户资源，扩大优质客户市场份额，积极参与定向营销活动。根据已识别的优质客户或潜在的优质客户名单，联络、跟进待争取优质客户。

（8）积极开展市场调研活动，深入了解对公和个人金融业务市场，积极关注市场竞争动态，定期或不定期地进行市场现状及市场需求调研分析，收集客户及同业的相关信息。

（9）为客户提供国家经济和金融有关法律、法规、政策的咨询服务。

（10）遵守保密制度，严禁泄露客户资料和个人隐私，严格执行相关经营政策及运作程序，积极防范风险，维护银行与客户的资产及权益。

（11）认真完成网点负责人交办的其他任务。

4.客户经理的职业能力

（1）对产品有深入了解。客户经理是其所在领域的专家，做好销售就一定要具备专业知识。专业知识要用通俗易懂的语言来表达，才更能让客户接受。客户经理要全面掌握本行和竞争对手的产品，能准确地说出本行产品更有优势的地方。

（2）学习能力。客户经理应该是注重学习的高手，能通过学习培养自己的能力，让学习成为自己的习惯。

（3）高度的热忱和真诚的服务。客户经理都应把客户当成自己的朋友，随时随地关心客户的需求，向他们提供最好的服务和产品，保持高度的热忱。关心客户不仅是一种美德，而且是自身具有人格魅力的体现。只有不断地给自己铺人脉的地基，地基才会尽可能广、尽可能稳固。

（4）非凡的亲和力。若能够见面，客户经理就要利用最短的时间让客户接受并认同自己，愿意与自己深交，毕竟客户经理销售的第一产品就是自己。这就需要客户经理具备非凡的亲和力。

（5）明确的目标和计划。客户经理要有长远目标、年度目标、季度目标、月目标，并且把明确目标细分成当日行动计划，根据事情的发展不断调整自己的目标，并严格按计划办事。比如，要达成目标自己每天需要完成多少次拜访？需要拜访谁？明天的拜访路线是什么？需要完成多少存款额？

5.客户经理的任职资格

（1）遵守客户经理职业准则，无不良行为记录。

（2）有一定的销售渠道或社会资源。

（3）大专（含）以上学历。

8.2.3 银行财会岗位的说明

财会业务是银行的一项重要基础工作，它综合反映银行资金经营情况及其成果，反映银行职员的各项业务能力、银行的管理水平。

1.财会主管岗

（1）岗位职责。其包括：①依据党的路线、方针、政策和国家的法律、法规以及上级部门的制度规定，结合实际，组织制定、修订、补充有关财会制度、办法和实施细则，并督促贯彻执行。②研究拟制本行财会工作规划和年度工作计划。组织编制各项财务收支计划、基建投资计划，并及时上报下达。③根据有关规章制度，对辖内财会工作进行检查指导、监督，密切掌握财会工作状况，及时总结推广先进经验。④组织制订辖内会计竞赛、会计培训计划，并付诸实施。⑤积极发挥财会部门的职能作用，定期组织成本、效益分析。⑥准确掌握财会数据资料，为领导决策和实施宏观指导提供依据。

（2）职业能力。其包括：①有较强的组织管理能力，能有效地组织、领导辖内财会工作；具有开拓创新精神，能够提出有价值的改革设想，能积极主动地贯彻落实上级的制度规定；科学地制订工作计划，并抓好落实工作。②有较强的协调能力，善于协调银行之间、部门之间和上下级之间的关系，创造一个比较顺畅的工作环境。③有较强的职业能力，能熟练掌握财会工作的具体程序，能处理和解答工作中的疑难问题。④有较强的综合分析能力，善于发现问题和解决问题，能写出较高水平的调查报告、经验总结和分析材料。

（3）任职资格。一般应从事银行会计工作或相近工作8年以上，其中担任下一级职务2年以上或具有中级以上专业技术职务任职资格。

2.综合管理岗

（1）岗位职责。负责协助财会主管人员处理辖内具体事项，起草月、季、年度工作计划和工作总结；负责检查计划执行情况，并根据有关核算资料，定期分析各项业务资金的增减变化，找出存在的问题和原因，及时向财会主管汇报并提出改进经营管理的措施和建议。

（2）职业能力。其包括：①具有一定的组织能力，能组织推动会计结算、财务、联行等系统管理工作及有关制度办法的贯彻实施，并能对执行情况进行检查与指导。②具有一定的综合分析能力，能写出一定水平的调查报告、经验总结、分析材料。③参与起草拟制辖内有关会计结算、财务、联行等的补充规定和办法、细则。④能正确解答和处理本职业务工作中的疑难问题。⑤能熟练汇总、编制和复核辖内系统年终决算报表。

（3）任职资格。一般应从事银行会计工作3年以上或具有助理级以上专业技术职务任职资格。

3.结算管理岗

（1）岗位职责。其包括：①协助财会主管人员负责辖内结算管理，并对结算制度的贯彻落实情况实施检查与辅导。②结合本地实际参与起草有关结算的管理规定和实施细则以及岗位责任制。③负责组织辖内的结算业务培训和辅导工作。④负责编制、审查和汇总辖内系统各种结算报表。⑤负责组织有关结算凭证的印制以及结算机具的分发与管理。

（2）职业能力。其包括：①具有一定的组织能力，能组织推动结算管理工作及有关制度、办法的贯彻实施，并能对执行情况进行检查与辅导。②具有一定的分析能力和综合能力，能写出一定水平的调查报告、经验总结，能起草有关结算方面的规定、办法、细则。③具有一定的政策水平，善于运用有关法律、政策和制度，解答和处理结算工作中的疑难问题。④能组织辖内的结算人员，开展结算业务培训和辅导工作。⑤能熟练地编制和汇审辖内系统结算报表。⑥能组织有关结算凭证的印制及结算机具的分发与管理。

（3）任职资格。一般应从事银行会计工作或相近工作3年以上或具有助理级以上专业技术职务任职资格。

4.联行管理岗

（1）岗位职责。负责组织辖内联行往来，制发有关联行方面的规定、实施细则，刻制和保管印章，保管密押、机构名册，请领和分发联行专用章、密押和重要空白凭证。对所辖联行业务实施检查、指导、监督。组织联行对账和年终联行决算。负责联行机构的申报工作。

（2）职业能力。其包括：①能够有效地组织辖内联行往来，确保资金运转顺畅。②能够严格贯彻上级的制度规定，对下属实施经常性的检查、指导。③严格执行印、押、证分管制度，建立严密的登记手续，确保印、押、证的安全。④能认真组织联行对账，准确地记录联行往来账，及时地办理查询、查复。⑤能组织本辖区的年终联行决算。⑥能够处理联行差错事故，解释有关制度规定。

（3）任职资格。一般应从事银行会计工作3年以上或具有助理级以上专业技术职务任职资格。

5.核算主管岗

（1）岗位职责。其包括：①根据党和国家的方针政策和财会制度、规定，组织办理建设单位、主管部门的拨款、存款、贷款业务。②按照中国人民银行结算制度和银行会计基本制度及结算办法，组织会计核算。督促所属人员严格执行结算纪律和结算制度，保证会计核算手续完备、内容真实、数字准确、账目清楚、日清月结、编制报表及时，不断提高核算质量。③严格印、押、证、机的管理和重要空白凭证的管理，定期检查其使用、保管情况，确保重要环节的安全。④严格成本核算，及时准确地办理结息，按时上缴税利。⑤负责制定会计人员岗位责任制度，实施目标管理，监督各个岗位认真履行职责。⑥组织会计业务培训，不断提高会计人员的素质。

（2）职业能力。其包括：①能依据会计制度、会计核算办法及有关规定，严密组织会计核算工作。②能正确审查各种凭证和账簿、报表，熟练掌握会计核算的基本要求和操作程序，能及时发现问题并作出处理。③善于协调银行之间、部门之间以及和客户的关系。④具有一定的综合分析能力，能写出一定水平的经验总结和分析材料。

（3）任职资格。从事银行会计工作或相近工作5年以上或具有助理级以上专业技术职务任职资格。

6.接柜岗

（1）岗位职责。其包括：①对柜台受理的各种会计凭证，按凭证要素认真审查、辨别真伪，并对合法、有效的会计记账凭证作出会计分录。②按照账户管理的有关规定，办理单位开销户手续，接待有关单位的查询。③向开户单位签发会计凭证回单和发送有关对账单证，使用和保管会计业务专用章。

（2）职业能力。其包括：①掌握账户管理的有关规定，能够准确办理开销户手续。②熟悉银行的会计凭证，能对原始凭证进行审查，确定能否受理，并具有辨别真伪的能力。③掌握银行的记账规则和会计核算处理手续，能够准确地作出会计分录，熟练处理结算业务。④熟悉存贷款利率，能够正确计算利息、加息、罚息、赔偿金和各项收费。⑤掌握计算机应用知识。

（3）任职资格。具有助理级以上专业技术职务任职资格。

7.记账岗

（1）岗位职责。其包括：①按会计制度规定进行明细账的核算，坚持按程序处理会计业务。②记载明细账时，要认真审查收、付款记账凭证，确保凭证内容的完整准确，没有无效凭证。③严禁超拨款限额、贷款指标、存款余额付款。④按规定时间结计存、贷款利息。⑤按规定记载各种有关登记簿。

（2）职业能力。其包括：①掌握账户管理的有关规定，能够准确办理开销户手续。②熟悉银行的会计凭证，能对原始凭证进行审查，确定能否记账，并具有辨别真伪的能力。③掌握银行的记账规则以及会计核算处理手续，能够准确地记载各类存、贷款账簿，熟练处理结算业务，能对经管的账簿进行试算平衡，达到总分账一致、内外账目相符，能够掌握错账查找的一般方法，并能按规定进行错账更正。④熟练掌握编报财会报表的一般方法，能够如实反映情况，做到账表一致。⑤熟悉存贷款利率，能够正确计算利息、加息、罚息、赔偿金和各项收费。⑥掌握计算机应用知识。

（3）任职资格。具有助理级以上专业技术职务任职资格。

8.事后稽核岗

（1）岗位职责。根据银行会计制度、财务管理制度、会计核算基本规则、会计柜台电算化的有关规定、会计核算事后稽核制度以及国家有关的方针政策等，对前一天经办的财会核算业务，包括收、付款记账凭证的处理，会计账目的登记，成本费用以及财会报表，进行真实性、合法性、准确性的稽核。

（2）职业能力。其包括：①能正确审查各类会计凭证的真实性、有效性、合法性和会计分录处理的正确性以及有关凭证签章的有效性。②能审查各类账簿登记是否规范，核实内外账目、总分账务是否相符，对不符账项能查明原因，对已调整的账目能查证调整依据是否真实。③能审查各类存、贷款利率和计息积数及结算利息的准确性，以及各项收入列账的真实性、合法性。④能审查成本费用、专用基金、所计提各类款项、库存物、固定资产、待摊费用、税利缴纳以及留利分配等的真实性、合法性、准确性和手续的完备性。⑤能审查重要空白凭证及有价单证的管理与核算是否符合规定。

（3）任职资格。从事银行会计或相近工作3年以上或具有助理会计师以上专业技术职务任职资格。

9.现金出纳主管岗

（1）岗位职责。其包括：①根据国家的方针政策和有关金融法规，以及上级行制定的现金出纳管理办法和证券核算办法，制定有关实施细则和管理措施，并认真组织贯彻落实。②组织编制、审查、汇总系统现金出纳统计报表，掌握本行现金存量、流量。③组织对所辖现金出纳工作进行检查、辅导，督促各级认真落实制度规定，坚持"四双"制度和"四防—安全"措施。④按权限核销出纳短款，组织所辖反假币工作和现金出纳竞赛培训工作。⑤参与证券发行的组织、分发、管理工作，掌握资金上划情况。⑥组织选择、定购点钞及识别假币的器具，为所辖提供较先进的专用器材。

（2）职业能力。其包括：①具有较强的组织管理能力，能有效地组织辖内现金出纳，善于运用多种手段，提高出纳人员的业务水平。②有较强的协调能力，善于协调银行之间、部门之间以及上下级之间的关系。③有较强的执业能力，能根据有关政策及上级的制度规定，结合实际，制定本行现金出纳制度；能熟练解答和处理现金出纳工作中的疑难问题。④有较强的综合分析能力，善于发现问题和解决问题，能写出较高水平的调查报告、经验总结及分析材料。

（3）任职资格。一般应从事银行会计工作或相近工作8年以上，其中担任下一级职务2年以上或具有中级以上专业技术职务任职资格。

10.现金出纳管理岗

（1）岗位职责。其包括：①依据国家的方针政策和有关法律以及银行现金出纳制度，对本行现金出纳工作实施检查指导。②负责编制、审查、汇总所辖现金出纳统计报表，掌握本行现金存量、流量。③负责检查、督促所属各行落实制度、规定和坚持"四双"制度及"四防—安全"措施。④汇总长、短款情况，起草核销短款的有关文件、签报，并及时办理批复。⑤掌握年度现金出纳业务量和系统金库状况，及时向领导报告，并提出建议。⑥参与制订出纳人员培训、竞赛计划和考核评比标准，并组织实施。

（2）职业能力。其包括：①能认真按照制度规定，组织所辖现金出纳工作；能适时提出加强管理的措施和建议。②能熟练掌握现金出纳制度和基本操作程序，以及现金出纳报表编制办法，能解答和处理职责范围内的有关问题。③能掌握出纳机具的性能和使用方法，以及假币、伪钞的鉴别方法；懂得人民币印刷的一般知识。④能对金库设计、安全警卫和运钞等提出建议。⑤能制订出纳工作计划、培训计划和竞赛评比标准，善于协调各方面的工作关系。⑥有一定的综合分析能力，能写出一定水平的调查报告、经验总结及其他文字材料。

（3）任职资格。一般应从事银行会计工作3年以上或具有助理级以上专业技术职务任职资格。

11.出纳综合制度岗

（1）岗位职责。其包括：①依据国家的方针政策和上级的制度规定，制定本行现金出纳措施和操作规程以及岗位责任制，并组织落实。②负责调查了解所辖制度的执行情况和制度本身存在的问题，及时提出改进措施和修改意见。③负责收集出纳工作的有关数据和重大事故、案件资料，并进行综合分析，提出有价值的建议。④负责制订出纳人员培训、竞赛计划，并组织落实。⑤负责起草出纳工作计划、总结、通报等。⑥负责出纳机具的领取、分配和管理工作。

（2）职业能力。其包括：①能认真按照制度规定，协助出纳主管人员组织所辖现金出纳工作；能适时提出加强管理的措施和建议。②能熟练掌握现金出纳制度规定和基本操作程序，以及现金出纳报表的编制办法，能解答和处理职责范围内的有关问题。③能掌握出纳机具的性能和使用方法以及假币、伪钞的鉴别方法，懂得人民币印刷的一般知识。④能对金库设计、安全警卫和运钞等提出建议。⑤能独立制订出纳工作计划，善于协调各方面的工作关系。⑥有一定的综合分析能力，能写出一定水平的调查报告、经验总结及其他文字材料。

（3）任职资格。一般应从事银行会计工作3年以上或具有助理级以上专业技术职务任职资格。

12.金库管理岗

（1）岗位职责。根据银行出纳制度的规定，向中国人民银行交存或提取现金，办理出入库手续，管理库存现金及各种有价证券和其他贵重物品，登记库房设立的各种登记簿，每日盘点库存，确保账实相符、资金安全。

（2）职业能力。其包括：①能根据库存情况，向中国人民银行提取或交存现金，在保证现金供应的前提下减少库存，提高资金利用率。②能正确登记库房内的各种登记簿，坚持每日盘点库存，保证账实相符。③能正确办理和提交出入库手续。④能坚持双人同进、同出、同工作、同落锁。

（3）任职资格。具有会计员以上专业技术职务任职资格。

13.现金出纳收款岗

（1）岗位职责。按照银行现金出纳制度要求的收款程序进行收款，负责审查凭证、逐笔收款、逐笔登记，营业结束后进行结账，办理票币的兑换，防止误收假币。

（2）职业能力。其包括：①能识别现金收入凭证的真实性、合法性、有效性。②熟练掌握现金收款程序，收款中发现错款，能熟练地处理。③营业结束后，能熟练结账，并与复核员收入的现金进行核对。④能正确地识别假币，对发现的假币能按规定处理。⑤正确掌握损伤币的兑换办法。⑥掌握各种点钞技能，熟练掌握单指单张和多指多张点钞方法。

（3）任职资格。从事出纳工作2年以上或具有会计员以上专业技术职务任职资格。

14.现金出纳付款岗

（1）岗位职责。按照银行现金出纳制度要求的付款程序进行付款，保管现金付款箱，登记现金付出日记簿，办理出库手续，营业停止后进行账物核对。

（2）职业能力。其包括：①能审查经内部传递的现金付款凭证及会计部门签章。②能熟练地根据凭证金额登记现金付出日记簿，按凭证所填券种进行配款。③款项不足以支付时，能办理现金出库手续，并对出库现金进行验收。④掌握拆捆付零时的要求。⑤营业终了，能熟练地进行结账并对收款箱内的现金进行核对后并箱。

（3）任职资格。从事出纳工作2年以上或具有会计员以上专业技术职务任职资格。

8.2.4　银行行长岗位的说明

银行的运营、市场营销、销售战略、财务、文化、人力资源、公关，等等，都需要行长一肩挑。

银行行长的首要任务是制定银行战略与愿景，如银行将进入哪些市场、迎战哪些竞争对手、推出哪些适时的金融产品、如何使本行与众不同等。

银行行长的第二个任务是打造银行的企业文化，文化形成的方式有很多种，但其基调是由银行行长或以行长为首的管理团队来确定的，一个好的工作场所能够吸引并且留住出色的员工。

建设团队是银行行长的第三个任务，行长通过向下级传递银行的战略与银行发展的愿景，使整个团队集聚力量，把愿景变为现实。每级行长岗位描述如下：

1. 一级分行行长

（1）岗位职责。其包括：①根据总行发展战略，组织制定和实施分行发展战略，负责分行全面经营管理事项。②根据总行经营目标，制定分行经营目标以及业务发展策略、产品策略和客户服务策略，并确保策略的实施、品牌的建立和经营管理目标的实现。③负责对分行各产品线和客户群的整体运作，引领分行产品创新、营销创新和提高服务品质。④负责分行与全行业务的联动，开展产品交叉销售。⑤负责分行总体经营效益和市场占有率的提高。⑥负责组织落实财务、风险、行政管理、合规建设等职能，监督各项规章制度的落实，控制业务风险。⑦根据银行人力资源管理规定，指导和统筹分行的员工队伍建设和人才培养，在授权范围内负责所在分行员工的聘任、解聘、绩效管理等。

（2）职业能力。其包括：①熟悉国际、国内金融市场和宏观经济政策，熟悉商业银行的业务经营、风险控制及资源配置。②精通企业银行、个人银行、风险管理和运营科技的某一方面的专业知识，综合经营管理经验丰富，业绩突出。③具有宏观视野和战略管理能力，突出的组织驾驭、协调推动、创新变革、风险把控和市场开拓能力。

（3）任职资格。其包括：①大学本科（含）以上学历。②从事银行工作10年（含）以上，兼具银行前、中、后台管理经验，并具有5年（含）以上同类职务经历。③职业操守良好，品行端正，诚实守信，遵纪守法，廉洁自律，无违纪违规等不良记录，有较强的全局观念、责任心和敬业精神，身体健康。④有丰富的客户资源或银保监会高管任职资格。

2.二级分行行长

（1）岗位职责。其包括：①全面负责本单位区域发展战略的制定和区域市场拓展的组织，承担本单位整体经营的组织与管理，或承担分管专业条线的组织与管理。②组织制订和实施本单位综合经营计划，开展经营管理工作，组织本单位完成上级行下达的各项综合经营管理目标。③组织本单位制定和实施符合上级行与监管部门全面风险管理与内控合规管理要求的风险内控管理制度和流程，保证运营管理安全。④组织本单位建立并执行符合本行发展要求的人力资源管理体系和经营管理团队。⑤其他任职本岗位所需要开展的专业和管理工作。

（2）职业能力。其包括：①交往沟通能力强，社会关系较广泛，团队组织能力强。②有较强的承受压力、接受挑战的能力，对金融专业领域中的某些方面具有较深刻和广泛的理解，有较强的创新和竞争意识。③有较丰富的业务资源或解决业务问题的能力，能够根据本地区客户实际和市场情况创造性地提出解决方案。

（3）任职资格。有8年（含）以上金融（商业银行、投资银行）从业经历和工作阅历。

3.支行行长

（1）岗位职责。其包括：①贯彻落实区域支行对整体工作的各项部署，全面负责支行的各项经营管理工作。②负责贯彻落实总部、区域支行的有关政策、规定和业务流程，组织协调工作中的资源配置和关系管理。③重点抓好本支行的公金、个金业务，加强内部协调，解决客户需求。在拓展业务的同时，防范、控制经营风险。④保障业务的顺利开展和安全经营，定期拜访客户，动态跟踪管理。及时了解市场情况，注意市场变化。

（2）职业能力。其包括：①熟悉国家的经济和金融方针政策及法律、法规，具有较强的市场开拓能力、团队管理能力和风险控制能力。②有一定的客户资源，熟悉银行内部操作流程，熟练掌握银行各类金融产品和营销业务知识。③具有高度的工作责任心和团队合作精神。④具有坚韧不拔的品格和良好的抗压能力。⑤具有良好的职业操守，无不良从业记录。

（3）任职资格。本科及以上学历，从事金融工作6年以上，担任商业银行分支机构或业务部门负责人2年以上。

4.一级支行行长

（1）岗位职责。其包括：①确保支行各项经营指标的完成。根据上级下达的任务和指标，结合自身业务特点，制定本行的营销策略和经营计划，研究市场需求，开拓创新业务，组织营销各类产品和服务；按月评审营销工作进度，分派工作量，监督计划执行效果，努力超额完成上级下达的经营指标，提高网点的经营效益。②管理人力资源，根据支行年度考核办法制定本行考核实施细则。负责支行岗位配置、人力调配，合理安排劳动组合，协调支行内部各岗位之间的关系；负责员工的培训、管理和考核，为员工设定目标、计划并监督执行；按照销售和服务业绩进行考核，制定激励措施，对员工进行激励。③做好员工的思想政治工作和职业道德教育，提高员工的素质和能力，调动员工的积极性，树立整体意识，加强团队建设，增强凝聚力。④全面管理和提高服务质量。定期对服务质量进行评估和分析，避免服务事故，提高服务水平；处理员工权限内无法解决的客户问题，及时满足客户的需求，处理客户投诉；负责营业网点的综合管理，负责工作设施、资产等营业环境的维护，对服务质量进行管理，保障支行对客户的服务能力。⑤直接负责管理支行营销人员，定期召开营销工作例会，负责指导、监督营销工作的开展；对优质客户档案进行定期检查，确保管理规范和防范操作风险；正确评价营销人员的工作表现，督促和鼓励营销人员加强学习，努力提高其业务水平和个人综合素质。⑥及时传达上级行有关文件、会议精神，向上级主管部门及时反馈本行的问题，保证运营过程中信息的畅通。⑦防范经营风险。严格贯彻执行各项方针政策和规章制度，健全内控机制，严防各种差错事故、违纪事件和经济案件的发生。⑧加强对客户的市场营销调研，定期收集市场需求和优质客户的发展、服务方面的信息，积极推广落实支行的各项营销活动计划和安排，按照要求及时上报有关市场分析调研报告。

（2）职业能力。其包括：①熟悉国家的金融管理制度、银行业务及其职能，掌握银行管理规定。②具有一定的组织协调能力和较强的语言、文字表达能力及综合分析能力。③工作实践能力强，市场资源丰富。

（3）任职资格。大学本科及以上学历，从事金融工作5年以上，具有2年以上商业银行一级支行副行长（或相当岗位）工作经历。

8.3 商业银行员工招聘与培训

8.3.1 商业银行员工招聘

商业银行员工招聘是指银行为了发展的需要，根据人力资源规划和工作分析中的数量与质量要求，从组织内部或组织外部吸收人力资源的过程。它是银行人力资源规划的具体实施。

1.招聘的程序

商业银行员工招聘大致分为招聘、选拔、录用、评估四个阶段。

在现代人力资源管理中，招聘过程起决定性作用的是用人部门，人力资源部门在招聘过程中只起组织和服务的作用。

2.招聘的来源与方法

商业银行选拔人才主要有银行内部和人才市场两个来源。内部选拔由董事会根据候选人的业绩来挑选，这有利于激励银行内部人才的进取精神和及时进入角色。外部选聘是指从人才市场上根据应聘者的经历、经验、能力、业绩等来测试挑选。

外部选聘有利于扩展银行的关系网。西方企业一般有四种取向：当董事会希望企业战略与企业领导者的利益更紧密时，采取内部选拔方式；当企业核心人物拥有企业相当多的股份时，采取内部选拔方式；当企业需要寻找外部强有力的支持时，采取外部选拔方式；当需要解救危难企业、对企业进行重大改革时，采取外部选拔方式。

（1）内部招聘。内部招聘有以下优点：一是为银行内部员工提供了发展的机会，有利于激励内部员工，稳定员工队伍，调动员工的积极性；二是可为银行节约大量的费用，如广告费用、招聘人员与应聘人员的差旅费、被录用人员的生活安置费和培训费等；三是简化了招聘程序，为银行节约了时间，省去了许多不必要的培训项目，减少了因职位空缺而造成的间接损失（如岗位闲置等待、效率降低等）；四是由于对内部员工有较为充分的了解，被选择的人员更加可靠，提高了招聘质量；五是对那些刚进入银行时被迫从事自己所不感兴趣的工作的人来说，有了较好的机遇，使他们有可能选择自己感兴趣的工作。

商业银行内部招聘对象的主要来源包括：

第一，提升。从内部提拔一些合适人员来填补职位空缺，有利于鼓舞士气、稳定员工队伍以及员工职业生涯的发展。但这种方法由于人员选择范围小，可能选不到最优秀的人员，还有可能产生"近亲繁殖"的弊病。

第二，工作调换。其亦称平调，是指职务级别不发生变化，工作岗位发生变化，一般用于中层管理人员。工作调换可为员工提供从事组织内多种相关工作的机会，为员工今后提升到更高一层职位做好准备。

第三，工作轮换。其用于一般员工，它既可以使有潜力的员工在各方面积累经验，为晋升做准备，又可减少员工因长期从事某项工作而带来的枯燥、无聊。

内部招聘的主要方法有：

第一，布告法。在确定了空缺职位的性质、职责及其所要求的条件后，将这些信息以布告的形式，公布在组织中一切可利用的墙报、布告栏、内部报刊上，尽可能使全体员工都获得信息，号召有才能的员工毛遂自荐，脱颖而出。

第二，推荐法。推荐法既可用于内部招聘，也可用于外部招聘。它是指由本行员工根据银行的需要推荐其熟悉的合适人员，供用人部门和人力资源部门进行选择和考核。

第三，档案法。档案法，即从员工档案中了解员工在教育、培训、经验、技能、绩效等方面的信息，帮助用人部门与人力资源部门寻找合适的人员补充空缺职位。

（2）外部招聘。外部招聘的主要来源与方法有：

第一，广告。广告是外部招聘常用的方法。它通过新闻媒介向社会传播招聘信息，特点是信息传播范围广、速度快，应聘人员数量多、层次丰富，组织的选择余地大。招聘广告应力求能吸引更多的人，并做到内容准确、详细，聘用条件清楚。好的招聘广告通过对组织的介绍，还能起到扩大组织影响的作用，让更多的人了解组织。招聘广告应包括以下内容：组织的基本情况；劳动部门的审批情况；招聘的职位、数量与基本条件；招聘的范围；薪资与待遇；报名的时间、地点、方式及所需的资料；其他有关注意事项。

第二，学校。学校毕业生是商业银行人力资源的最主要来源。一些银行为了不断地从学校获得所需人才，在学校设立奖学金，与学校横向联合，资助优秀或贫困学生，借此吸引学生毕业后去该银行工作；有的银行还为学生提供实习机会和暑期工作机会，以期日后确定长久的雇佣关系，并达到试用观察的目的；而对学生而言，则获得了积累工作经验、评估在该组织中工作与发展的价值的机会。有的银行则在学校中建立毕业生数据库，对毕业生逐个进行筛选。

对学校毕业生最常用的招聘方法是一年一次或两次的人才供需洽谈会，供需双方直接见面，双向选择。除此之外，有的银行还在学校召开招聘会、在学校中散发招聘广告等；有的银行则通过定向培养、委托培养等方式直接从学校获得所需要的人才（特别是高层次人才）。

第三，就业媒体，即人才交流中心、职业介绍所、劳动力就业服务中心等机构。这些机构承担着双重角色：既为组织择人，也为求职者择业。借助于这些机构，组织与求职者均可获得大量的信息，同时也可传播各自的信息。这些机构通过定期或不定期地举行人才交流会，供需双方面对面地进行商谈，增进彼此的了解，并缩短了招聘与应聘的时间。猎头公司是近年来为适应银行对高层次人才的需求与高级人才的求职需求而发展起来的。猎头公司往往对银行及其人力资源需求有较详细的了解，对求职者的信息掌握较为全面。猎头公司在供需匹配上较为慎重，其成功率比较高。

第四，特色招聘。如电话热线、接待日等特色招聘形式，能吸引更多的人来应聘。利用电话，招聘对象可非常迅速、方便地了解到组织及职位的相关信息；在接待日，通过对银行的拜访、与相关部门领导及人力资源部门管理人员的交谈，可深层次地了解银行，便于双方作出决策。

在招聘过程中，有一个值得注意的问题是：商业银行要真实地向求职者介绍自己的情况，这被称为工作真实情况介绍。工作真实情况介绍要求招聘人员除了要介绍本组织有利的一面外，还要介绍其不利的一面，如工作环境问题、交通问题等，应向求职者提供真实的组织状况信息。若不向求职者提供不利的信息，则易使求职者产生过高的期望。研究表明，求职者在被录用前，若对工作的期望高于组织实际情况，会使他们在进入组织后产生失望的情绪，引起不满，使得新进人员的保持率降低；但对接受工作真实情况介绍的求职者来说，进入组织后，其工作的满意度较高，不会轻易离职。

8.3.2 商业银行员工培训

商业银行员工的培训管理包括培训和开发。培训的重点是使培训对象获得目前工作所需的知识、技能、能力；开发的重点是学习、掌握未来工作所需的知识、技能、能力。两者密切相关，合称人才／人才资源开发或培训与开发，简称培训。

1. 员工培训的类型

根据银行人才培训的实际需要，培训的类型主要有：

（1）保持性培训：保证技术、知识与职务要求相符，即工作性培训，如上岗/任职前培训。

（2）适应性培训：保证知识、技能能够跟上并适应市场、科技的发展变化，如新知识、新技术培训。

（3）补充性培训：针对实际工作需要而欠缺的知识、技能所进行的培训，即缺什么补什么。

（4）更新性培训：针对员工现有知识或技能的部分过时、陈旧等情况，通过培训加以更新。

（5）发展性培训：使知识与技能超过现时需要所进行的超前性培训，或为使人才能够胜任更高级、更重要的职位所进行的培训。

2.现代商业银行的人才培训与开发基础体系

商业银行人才培训的主要环节包括：

（1）确定银行人才培训战略。一是坚定立场，即人才培训是商业银行最重要的投资活动；二是形成鼓励人才培训的银行文化；三是根据银行发展战略、营销战略对人才素质的需求，把发展战略和营销战略转化为人才培养战略和人才培训战略。

（2）确定银行人才培训的需要。通过对银行内部的人才资源状况和外部环境及其变化进行认真调研分析，确定银行现时的人才培训需要并预测未来的人才培训需要。根据银行的人才培养目标和培训战略，进一步确定人才/员工培训的实际需要。

（3）确定培训政策和培训态度。根据人才培训需要，确定培训政策和培训态度。要突出培训的重点和相对优先次序；要明确人才培训的战略意义，摆正培训活动和培训人员的位置；培训需要分析要制度化、经常化等。

（4）制订人才培训规划/计划。根据银行现时工作的需要与人才存量、未来发展的需要与预测的人才增量等的供需关系，明确培训需要，制订培训规划/计划。培训规划/计划的制订要具备两个方面的依据：一是组织绩效和人才个体业绩的考核结果与银行发展的要求之间的差距；二是职务/工作分析和人才个体能力分析。

设计适合的培训课程体系和计划表，要明确培训的范围、比例、深度、层次、频率、内容、目的、要求；要确定培训部门的规模、结构、预算；要对组织、个人的培训需要进行分析，排定优先次序；设计好课程内容结构，如世界银行推荐的培训科目包括管理技能、业务技能、态度等。

（5）授课教员的挑选、管理和培训。这是保证培训质量的基础。具体业务、技能的培训，可以选择银行内部的业务人才、管理人才、技术人才做教员；基础理论、系统课程、学科前沿、环境分析、战略管理等的培训，要选聘大学专职教师。

（6）选择培训方法与工具。商业银行要吸收现代化的培训技术、手段，选择最适宜的培训方法。实践证明，银行的人才培训最有效的方法是与大学合作。其具体做法有：①银行捐助大学办学，或向对口专业的大学生、研究生提供助学金、奖学金。②委托大学培养人才。如花旗银行与很多大学签订合同，为员工提供成人教育地点和教育服务。花旗银行在全球的分行几乎都没有培训中心，但培训课程不断。

（7）培训支持。其包括人才培训的科学研究、培训规划与计划的制订、培训时间与地点的选择、培训后勤等。

（8）培训考核。根据银行对人才的需求和人员状况设计考核标准、考核内容、考核深度；把考核结果与人员的上岗、任职、晋升、奖励结合起来。

培训考核分为两个部分：一是培训现场与培训过程的考核，主要是针对参加培训的人员的学习态度、学习成绩、表现转变及其对培训的感受与评价等方面的考评；二是评价学员培训后在实际工作中的表现和培训效果向工作绩效转化的情况。

本章小结

1.人力资源规划是指商业银行根据自身的发展战略、目标及内外环境的变化，预测未来的组织任务和环境对企业的要求，为完成这些任务和满足这些要求而提供人力资源的过程。

2.商业银行的主要岗位包括柜员岗、客户经理岗、财会相关岗位以及各级分支行行长岗位。

3.商业银行员工招聘是指银行为了发展的需要，根据人力资源规划和工作分析中的数量与质量要求，从组织内部或组织外部吸收人力资源的过程。招募可分为内部招募与外部招募。商业银行员工培训管理的主要环节包括确定银行人才培训战略，确定银行人才培训的需要，确定培训政策和培训态度，制订人才培训规划／计划，授课教员的挑选、管理和培训，选择培训方法与工具，培训支持和培训考核等。

8.1 单项选择题

1.以下各因素中影响人力资源质量的主要因素是（　　　）。

A.教育因素　　　　　　　　B.人种因素

C.年龄因素　　　　　　　　D.宗教因素

2.（　　　）是人力资源管理的核心。

A.工作分析和工作评价　　　B.绩效管理

C.薪酬管理　　　　　　　　D.员工关系管理

3.下列属于工作规范的是（　　　）。

A.职位概要　　　　　　　　B.工作关系

C.工作环境　　　　　　　　D.任职资格

4.（　　　）是设置岗位的基本原则。

A.因人设岗　　　　　　　　B.因人定岗

C.因事设岗　　　　　　　　D.因事定岗

5.在招聘员工时，（　　　）是一项重要的考虑因素。

A.学历　　　　　　　　　　B.工作经历

C.个人特点　　　　　　　　D.相貌

8.2 多项选择题

1.从内容上看，人力资源规划可分为（　　　）。

A.组织规划　　　　　　　　B.企业组织变革规划

C.人员规划　　　　　　　　D.人力资源费用规划

E.战略规划

2.商业银行人才招聘的方式有（　　　）。

A.向社会公开招聘

B.通过人才交流会进行招聘

C.直接到各大专院校进行招聘

D.通过猎头公司进行招聘

E.上级人事部门委派

3.商业银行员工的培训形式有（　　）。

A.岗前培训　　　　　　　B.在职培训

C.内部交流　　　　　　　D.岗位轮换

E.严格监督

4.岗位设置的数目（　　）不符合数量原则。

A.最多　　　　　　　　　B.最低

C.最高　　　　　　　　　D.适中

E.任意

5.商业银行对人才的考核，要把考核结果与人才的（　　）结合起来。

A.上岗　　　　　　　　　B.晋升

C.任职　　　　　　　　　D.奖励

E.学历

8.3　思考题

1.简述商业银行人力资源规划的流程和框架。

2.商业银行工作分析的主要内容是什么？

3.银行客户经理岗位的主要职责有哪些？

4.银行行长岗位的主要职责有哪些？

5.简述现代商业银行人才培训的主要环节。

第 9 章

商业银行绩效分析

学习指南

【学习目标】通过本章的学习，我们将了解商业银行绩效评估的意义、基本原则及内容；了解商业银行绩效评估体系的类型；熟悉商业银行绩效评估指标体系、商业银行监管评级与信用评级的主要内容。

【关键概念】绩效评价　单一指标体系　多重指标体系　盈利性指标　流动性指标　安全性指标　监管评级　信用评级

引例

农业银行苏州分行绩效考评体系的发展过程及现状

自 1996 年第一部综合性考核办法出台以来，中国农业银行（以下简称农业银行）苏州分行绩效考评机制建设经历了探索、完善、深化三个阶段。

1996—2000 年是农业银行苏州分行绩效考评的探索阶段。该阶段的主要任务为适应经营转轨，探索现代商业银行考评的思路和办法，初步建立绩效考评制度，形成绩效考评雏形。该阶段的主要成果是将考核首次用于分类指导与表彰奖励，将考核结果与工资、费用、领导班子奖惩进行挂钩。

2001—2007年是农业银行苏州分行绩效考评的完善阶段。该阶段的主要任务为探索建立以价值创造、效益优先为核心的考评体系和激励机制，初步建立绩效考评体系。该阶段的主要成果一是设置了标准值，明确了基层行的努力方向与奋斗目标；二是引入了经济资本与经济增加值的概念。

2008年至今是农业银行苏州分行绩效考评的深化阶段。该阶段的主要任务为探索以战略为导向、以价值为核心的绩效管理体系和激励约束机制，增强绩效考评的战略性、引导性和综合性，建立完善的现代商业银行绩效考评机制。

2008年，在农业银行财务重组以后，农业银行苏州分行启动了财会综合改革，加快了绩效考评体系建设，绩效考评工作进入了一个全新的发展阶段。经过不断的探索与改进，目前该行已经初步建立起以机构综合绩效考核为核心的多维考评体系和激励约束机制，对促进该行价值创造能力、风险控制能力、综合竞争能力和可持续发展能力的不断提升发挥了重要的作用。

目前，农业银行苏州分行绩效考评的传导过程为二级分行——一级支行——二级支行（网点）。农业银行苏州分行正努力构建以综合绩效考核为引领，以工资分配办法、费用配置办法为支撑，以部门绩效考核、条线专业考核、干部履职考核、员工岗位目标责任制考核为配套的一体联动的绩效管理体系与资源配置机制。考评指标主要分为效益管理、风险合规、发展转型三大类，各类指标权重满足了监管要求。考评结果与工资等财务资源配置和领导人员考核、业务授权等挂钩。

问题：

1.农业银行苏州分行绩效考评体系各阶段的特点是什么？

2.农业银行苏州分行现阶段绩效考评的主要指标有哪些？

在向现代经营机制转变的过程中，加强绩效管理已经成为现代企业管理的核心内容和改革的重要方向。现代商业银行绩效评估，就是在商业银行具体业务和会计核算方法的基础上，对现代企业绩效考核原理与方法的具体运用。商业银行的有效运营与管理事关国民经济的稳健运行。改革开放以来，中国的商业银行体系经历了快速发展与持续改革，尤其是进入21世纪之后，其经营管理能力得到大幅度提升。但是，与国外成熟的金融体系相比，中国商业银行体系的发展与改革进程仍然相对滞后，因此，建立现代商业银行绩效评估体系，以有效反映与揭示中国商业银行经营管理的能力与差距，既是当务之急，也任重道远。

9.1　商业银行绩效评估概述

绩效评估是指根据商业银行的财务报表，运用绩效评估指标和评估方法对银行在经营期间内的资产运营、财务效益、资本增值等状况进行考察。对商业银行进行绩效评估，首先要确立一个具体的经营目标以及经营原则，然后设计一套以经营目标和经营原则为导向的绩效评估指标和方法，最后根据商业银行的财务报表数据，通过具体的定量分析来评估银行的经营绩效。

9.1.1　商业银行绩效评估的意义

建立科学规范的绩效评估体系，运用科学评估方法对商业银行一定时期内的经营状况进行真实、客观的评估，可以不断促进商业银行有针对性地改善其经营管理，提高其经营绩效。一般来说，商业银行绩效评估有以下几方面的意义：

1.发现和防范风险

日趋激烈的竞争和金融环境的变动，使商业银行的经营面临着极大的风险。同时，商业银行追求高利润的内在冲动性又削弱了其对风险的防范能力，从而导致全球范围内出现了大量商业银行倒闭和兼并的现象。为此，各国商业银行都加强了对风险的管理，其中绩效评估体系为商业银行提供了很好的早期预警模式。在商业银行绩效评估体系中，一些财务比率和非财务比率如资产收益率、贷款与资产的比率、市场占有率等，可以起到早期预警作用，可以让管理者和投资者及早发现银行存在的各种问题。同时，一个好的预警模式还可以让监管者更有效率地进行检查，并使他们更迅速地发现和解决问题，从而降低银行监督的总成本。其中，用于预警银行风险的有净值的变化、资产风险的衡量和银行股票价格较大幅度的下降等。

2. 优化资源配置

商业银行绩效评估的主要目的在于引导自身的经营行为，调动员工的积极性，提高经营效益。而要实现这些目标，必须对资源进行整合性优化，而这也是提高商业银行经营管理水平和经营效益的前提。要取得好的经营效益，就需要引导经营资源向管理水平高、金融资源丰富、投入产出效益高的地区流动。商业银行绩效评估体系一了资产、负债、资本金、科技投入、人力资源和经营费用等各方面分配的原则和依据，对商业银行内部各部门、各分行的资源配置加以规范，强调各项改革的相互配套以及各项管理的内在联动，确保各项资源与效益同方向、同幅度地配置。同时，商业银行的股东也可根据商业银行的绩效评估，作出正确的投资决策。所以，商业银行的绩效评估对其经营资源有优化配置的作用。

3. 创造公平的金融环境

在商业银行披露的信息中，业绩最为各利益相关者所关注，绩效评估有利于提高商业银行信息披露的真实性和广泛性，创造公平的金融环境。商业银行绩效评估对不同的评估主体有不同的效用。对一国金融监管当局而言，对商业银行进行绩效评估，目的是及时发现风险，防范和化解金融风险，维护金融稳定。对经营管理者而言，商业银行在各个时期的业绩直接关系着银行下一步的发展目标和发展方向。而对投资者而言，商业银行经营得好坏直接关系到他们的投资效益。而银行的股东、员工、中小投资者、客户作为银行的利益相关者，无信息优势，各种信息不对称让他们无法得知银行的真实经营状况，而经营绩效评估体系为他们提供了了解银行经营水平和风险状况的途径。因此，对商业银行的绩效进行正确、有效的评估，关系到金融环境的稳定和公众信心的安定，有利于利益相关者作出准确的投资和经营决策。

4.提供监管依据

对银行监管者来说，对商业银行实施监管的目的与商业银行经营目标从根本上说是一致的，但从局部或某一时限上看也是有冲突的。银行监管者侧重于防范风险，并以此促进经济增长；而商业银行侧重的是股东利益最大化。绩效评估可以为银行监管者提供每家银行的经营状况乃至银行业整体风险状况，银行监管者据此可对其监管政策的效果进行汇总分析。除此之外，还可以通过对放松管制、取消兼并限制等监管措施的评估以及银行业市场结构对业绩影响的分析，为金融监管政策的制定提供信息。总的来说，银行监管者借助商业银行绩效评估的各项指标及其变动，可以了解银行体系的运行和风险状况，从而采取措施控制和防范金融风险，在整体上促进社会经济的发展。

9.1.2 商业银行绩效评估的基本原则

绩效评估贯穿于商业银行经营活动的全过程，完善绩效评估体系是商业银行综合竞争力的重要组成部分，是银行监管者、股东、债权人、社会公众等利益相关者保护自身权益或维持银行竞争秩序的必然要求，也是商业银行加强投入产出管理、控制经营风险、实现更大发展的必备条件。为了保证商业银行绩效评估的科学性、合理性和全面性，同时充分发挥其经营决策的参考作用和管理导向作用，从而使商业银行始终保持可持续的发展态势，在进行商业银行绩效评估时，必须坚持以下几个原则：

1.坚持科学的定位

现代管理理论认为，绩效管理是依据评估对象与其直接主管之间达成的绩效协议来实施的一个双向式互动的沟通过程。绩效评估是一个正式的结构化的制度，用来衡量、评估并影响与员工工作有关的特定行为与结果，考察员工的实际绩效；而绩效管理正是以绩效评估制度为基础的一个人力资源子系统，它表现为一个有序的复杂的管理过程。可见，绩效评估是绩效管理中至关重要的一个环节。

2.坚持盈利性、安全性、流动性相协调

在评估商业银行绩效时，应突出以经营效益、资产质量为中心，并注意保持银行资产较高的流动性，以促进全行强化效益意识和质量观念，推动业务发展由粗放型向集约化转变。

3.坚持业务稳健经营与积极拓展相统一

商业银行应在依法合规经营的前提下，积极拓展业务，改善经营结构，促进各项工作稳健协调发展；不能因依法合规经营而制约业务的发展，也不能单纯为业务发展而忽视业务经营的合法合规性，应较好地处理业务发展和风险防范的关系。

4.坚持自我激励与自我约束相结合

评估方法应正确引导和约束全行的经营行为；评估结果应真实、客观、公正地反映各行的经营与发展水平；评估的配套措施应能激励各行增强经营管理的主动性和创造性，不断提升全行经营管理水平。

9.1.3 商业银行绩效评估的内容

从理论上说，评估一家银行的绩效，要看其能否全面贯彻银行的经营方针与原则，能否协调安全性、风险性与盈利性三者之间的关系，能否在保证银行经营安全稳健的前提下获取最大的盈利。因此，对商业银行绩效的评估应该包括盈利性指标、流动性指标、风险性指标和清偿能力指标，而这些指标也同样构成了商业银行绩效评估的总体指标体系。通常，商业银行的绩效评估主要包括以下内容：

1.能否达到管理层和股东选定的长期目标

在激烈的市场竞争环境中，每家银行都有自己的经营管理特色，因此在进行银行绩效评估时不能以特色而论。如有些银行希望发展得更快一些，以便尽快达到银行长期发展目标的要求；而有些银行则表现出稳健经营的风格，愿意承担较小的风险，取得稳定的回报。管理层的领导能力和管理水平对一家银行的发展起着至关重要的作用，在评估一家银行的绩效时首先要看其是否有能力达到管理层和股东选定的长期目标。其主要方法是检查其计划目标的实现程度，只有能够达到长远计划目标要求的银行，才被认为有良好的经营绩效。

2.能否实现公司价值最大化

在不同时期，由于经营环境和条件不同，银行的经营目标可能会出现明显的差异，但其长期经营目标基本上是一致的，这就是公司价值最大化，也是优先于其他目标的最重要的经营目标。对众多股份制商业银行而言，公司价值主要通过股票价值表现出来。从财务管理的角度衡量，其基本原则是要求银行股票价值最大化，而这必须建立在一个可接受的风险水平基础之上。

9.2　商业银行绩效评估指标体系

商业银行经营的总体目标是实现利润最大化，对股份制商业银行来说，就是实现股东权益的最大化。根据这一目标进行的商业银行绩效评估，编制规范的财务报表是基础，设计合理的评估指标体系是关键。商业银行必须设计一套科学合理的财务比率指标，以便以财务报表为基础分析银行的经营状况，判断银行的经营绩效。

9.2.1　绩效评估指标体系的分类

1.单一指标体系

商业银行的单一指标体系主要是通过计算银行某一具体的财务比率，如资产规模（重点是存款规模、贷款规模）、资本充足率、净资产收益率等，并将其与历史情况进行纵向对比或与其他类似机构进行横向对比，据此对银行的整体经营情况作出评价和判断。同时，相关管理机构对各指标的偏好也不同，监管部门侧重于资本充足率等监管指标；董事会侧重于净资产收益率、股东回报率等指标。

2.多重指标体系

多重指标体系是针对商业银行在安全性、流动性和盈利性等方面设定多个分项指标，并运用多元统计或者其他方法对这些指标所包含的信息进行合理的加工挖掘，最终得出一个综合评价值，然后通过综合得分来比较和判断不同银行在综合经营绩效以及某方面能力上的差异。多重指标综合评价虽然综合反映多方面能力的多个指标信息，但是这些指标都属于财务信息，反映的是过去发生而非现在或将来发生的事件。

9.2.2 绩效评估指标体系的构建

商业银行传统的绩效评估指标体系主要关注银行的信用风险和自身的盈利能力的各项衡量指标。其改善经营状况的手段无非是扩大净利息收入、提高服务费水平或者降低营业费用等。而在市场经济体制下，商业银行的收益始终与风险紧密联系、相互制约，商业银行必须在保持必要的清偿力与保障基本安全的条件下实现利润最大化。因此，商业银行的绩效评估指标体系主要由盈利性指标体系与安全保障指标体系构成。其中，安全保障指标体系又包括流动性指标体系、风险性指标体系以及清偿力与安全性指标体系。

1.盈利性指标

盈利性指标是衡量商业银行资金营运效率的指标，用来评价商业银行在运用资金赚取利润的同时控制成本费用支出的能力。商业银行只有不断提高资金使用效率，才能实现业绩的稳定增长。盈利性指标主要由以下指标构成：

（1）资产收益率。

资产收益率（ROA），也称平均总资产回报率，是指商业银行税后净利润与总资产之比，即每单位资产获得了多少净利润。资产收益率是衡量商业银行盈利能力的最重要指标，它反映了银行运用资金获取收益的能力。资产收益率越高，说明商业银行的盈利能力越强。其计算公式为：

$$资产收益率 = \frac{净利润}{期初和期末资产余额的平均数} \times 100\%$$

（2）股权收益率。

股权收益率（ROE），又称净值收益率、资本盈利率，是指商业银行净利润与股东权益总额之比。该指标衡量的是商业银行给予其股东的回报率，最能反映商业银行追求股东价值最大化的经营目标，与股东财富直接相关，因此商业银行的股东对该指标尤其重视。该指标越高，股东投资的效益越好。其计算公式为：

$$股权收益率 = \frac{净利润}{股东权益总额} \times 100\%$$

（3）每股收益。

每股收益，是指净利润与发行在外的普通股股数之比，反映普通股的获利能力。每股收益越高，表明每一股可分得的净利润就越多，股东的投资收益也就越高；反之，则说明股东的投资收益较低。其计算公式为：

$$每股收益 = \frac{净利润}{发行在外的普通股股数}$$

（4）营业利润率。

营业利润率，是指商业银行的税后营业利润与资产总额之比。经营活动中的利息及非利息收入是商业银行的主要营业利润来源。营业利润率越高，说明商业银行的营业利润水平越高。其计算公式为：

$$营业利润率 = \frac{税后营业利润}{资产总额} \times 100\%$$

（5）银行净利差率。

银行净利差率，是指商业银行的利差与盈利资产之比。盈利资产是指那些能给商业银行带来利息收入的资产，通常除去现金和固定资产之后的剩余即为盈利资产。利差是商业银行传统信贷业务的主要收入，是衡量商业银行盈利能力的重要因素。该比率衡量的是利息收入与利息支出之间毛利的大小，即银行通过严格控制融资成本所能达到的利润水平。银行的净利差率越高，说明银行盈利资产的获利能力越强；反之，则说明银行没有很好地控制融资成本，盈利资产的获利能力弱。其计算公式为：

$$银行净利差率 = \frac{利息收入 - 利息支出}{盈利资产} \times 100\%$$

（6）非利息净收入率。

非利息净收入率，是指商业银行非利息净收入与资产总额之比。商业银行的非利息收入主要包括手续费收入和佣金收入。一般来说，商业银行非利息收入的获取无须增加相应的资产投入，因此，非利息收入越高，商业银行资产收益率也就越高。非利息支出包括贷款损失准备金、职工薪金、折旧费等间接费用，这些费用的支出同商业银行的管理效率密不可分。商业银行的非利息净收入率越高，说明商业银行的获利能力越强，商业银行的资产收益率越高；反之，则说明商业银行的获利能力越差。其计算公式为：

$$非利息净收入率 = \frac{非利息收入 - 非利息支出}{资产总额} \times 100\%$$

（7）银行利润率。

银行利润率，是指商业银行净利润与总收入之比，该指标反映了总收入中有多少银行可以支配，即有多少总收入可以用来发放股利或者用于再投资。银行利润率越高，说明银行能够支配的利润越多；反之，利润率越低，则说明银行所能支配的利润越少。其计算公式为：

$$银行利润率 = \frac{净利润}{总收入} \times 100\%$$

2.流动性指标

流动性对商业银行来说极其重要，有很多大银行的倒闭都是因为流动性出现了问题。流动性是由商业银行的资金来源所决定的。商业银行是负债经营，通过吸收存款人的存款来发放贷款，商业银行必须确保一定的资金储备来应对存款人随时提取存款，所以，商业银行要注意保持一定的流动性，来满足自身日常的经营活动所需。这里的流动性不单指资产流动性，还包括负债流动性。保持适当的流动性是确保商业银行安全经营、实现盈利的前提条件。

对小银行来说，由于规模、市场地位等因素的限制，其通常要依赖资产的流动性，因此，在对小银行进行绩效评估时，资产流动性指标显得尤为重要；相反，大银行规模相对较大，市场占有率高，更多地倾向于通过增强负债流动性来提高自身的流动性，所以，考察大银行的绩效，更多地要关注其负债流动性指标。

（1）资产流动性指标。

资产流动性指一种资产能迅速转换成现金而持有人不发生损失的能力。资产流动性的强弱取决于两方面：一是将其转换为现实购买力所需要的时间或难易程度；二是买卖资产的交易成本与转换成现实购买力的机会成本之间的差额，交易成本与机会成本之间的差额越大，资产的流动性越弱。衡量银行资产流动性的指标主要有现金资产比例、短期债券比例、证券资产比例和短期贷款比例。

现金资产比例是指现金资产与总资产之比。现金是银行资产中流动性最强的资产，持有一定的现金对于应对客户提取存款最有效。一家银行的现金资产比例越高，说明银行的流动性越好。但是这个比例要视银行的流动性需求而定，并不是说越高越好。因为现金的流动性虽好，但是其盈利性较低，如果银行过多地持有现金，就会造成过多的资金闲置，错过其他更好的盈利机会，不利于银行盈利水平的提高。其计算公式为：

$$现金资产比例 = \frac{现金资产}{资产总额} \times 100\%$$

短期债券比例是指商业银行所持有的短期债券账面价值与资产总额之比。这里的短期债券主要是指政府发行的国库券和货币市场商业票据，这类短期债券的流动性往往较强，在市场上容易变现，如果银行需要资金，这类资产可以迅速变现以满足银行的流动性需要。其计算公式：

$$短期债券比例 = \frac{短期债券账面价值}{资产总额} \times 100\%$$

证券资产比例是指商业银行所持有的全部证券资产与资产总额之比。这里的证券一般是指可以在二级市场迅速变现的各类证券。但是这类资产商业银行不可能随意持有，会受到该国银行监管制度的制约。另外，单看证券资产比例的高低也不能判定银行的流动性状况，因为证券在二级市场变现的难易程度往往与该国的资本市场发展程度有关，资本市场越发达，二级市场的交易就越活跃，证券就越容易变现。其计算公式为：

$$证券资产比例 = \frac{证券资产}{资产总额} \times 100\%$$

短期贷款比例是指商业银行短期贷款与资产总额之比。短期贷款通常是指期限在一年以内的贷款。与定期贷款不同，这类贷款期限短，银行很快就能收回资金，因此从一定程度上来说，该类资产能够提供流动性。短期贷款比例越高，银行的流动性就越好；反之，银行的流动性就越差。其计算公式为：

$$短期贷款比例 = \frac{短期贷款}{资产总额} \times 100\%$$

（2）负债流动性指标。

负债流动性是指商业银行能够以较低的成本随时获得需要的资金的能力。商业银行的筹资能力越强，筹资成本越低，则流动性越强。衡量负债流动性主要有易变负债比例和短期资产负债比例两个指标。

易变负债比例是指商业银行易变负债与负债总额之比。通常，易变负债包括经纪人存款、可转让定期存单及各类借入的短期资金等。之所以称为易变负债，是因为这类负债受市场供求关系、利率变动等因素的影响较大，对银行来说，较为不稳定。易变负债比例越高，说明银行的易变负债越多，其不稳定性就越强，银行所面临的流动性风险也就越大。其计算公式为：

$$易变负债比例 = \frac{易变负债}{负债总额} \times 100\%$$

短期资产负债比例是指商业银行短期资产与易变负债之比。商业银行的短期资产主要由同业拆出、存放同业的定期存款、回购协议下的证券资产、交易账户证券资产、一年内到期的贷款等构成，它们具有较强的流动性。银行的短期资产负债比例越高，说明银行应对易变负债流动性需求的能力越强；反之，银行就会面临流动性威胁。其计算公式为：

$$短期资产负债比例 = \frac{短期资产}{易变负债} \times 100\%$$

（3）综合性指标。

除了资产流动性和负债流动性，现金流量也是衡量商业银行流动性的一个重要指标。预期现金流量比率是指商业银行预计现金流入与现金流出之比。商业银行现金流入包括贷款收回、证券到期所得偿付、预期中的证券出售及各类贷款和存款的增加等；现金流出包括正常贷款发放、证券投资、支付提存等，以及预计贷款承诺需实际满足的部分及预计的其他或有负债一旦发生需要支付的部分。如果预期现金流量比率大于 1，说明银行未来流动性状况良好；比率等于 1，说明未来的现金流入与现金流出大致相等；但是如果比率小于 1，则说明银行现金流入小于现金流出，有可能存在流动性问题。其计算公式为：

$$预期现金流量比率 = \frac{现金流入}{现金流出} \times 100\%$$

3. 安全性指标

安全性指标主要是从风险的角度衡量商业银行的绩效水平。通常，风险分为三大类：市场风险、信用风险和操作风险。安全性指标可以分为四类：市场风险指标、信用风险指标、操作风险指标和发展能力指标。

（1）市场风险指标。

市场风险是指市场上价格的波动所引起的风险。对银行来说，市场上最重要的两个价格指标是利率和汇率。

衡量利率风险的指标主要有两个：利率风险缺口和利率敏感比率。其计算公式分别为：

$$利率风险缺口 = 利率敏感性资产 - 利率敏感性负债$$

$$利率敏感比率 = \frac{利率敏感性资产}{利率敏感性负债} \times 100\%$$

利率敏感性资产是指收益水平受市场利率变动影响较大的资产，如浮动利率贷款。相应的，利率敏感性负债是指受市场利率变动影响较大的负债。如果银行的利率风险缺口为 0，利率敏感比率为 1，则说明银行的利率敏感性资产等于利率敏感性负债，此时银行不存在利率风险。

汇率风险主要通过累计外汇敞口头寸比例来衡量。其计算公式为：

$$累计外汇敞口头寸比例 = \frac{累计外汇敞口头寸}{资本总额} \times 100\%$$

通常而言，银行的累计外汇敞口头寸比例不应高于 20%；否则，其面临的汇率风险就相对较大。

（2）信用风险指标。

信用风险是指贷款人不能按时偿还本金和利息的风险。银行是高负债经营，因此贷款能否及时、足额地收回对银行来说极为重要。一旦其中一部分贷款无法全额收回，银行就会遭受巨大损失，对存款人无法交代。衡量银行信用风险的指标主要有以下几个：

①贷款净损失率。贷款净损失率是指商业银行贷款净损失与贷款余额之比。贷款净损失指的是已经被商业银行确认并冲销的贷款损失。贷款净损失率能够反映出商业银行资产的真实损失情况。贷款净损失率越高，说明银行遭受的实际贷款损失越大，银行所面临的信用风险也就越大。其计算公式为：

$$贷款净损失率 = \frac{贷款净损失}{贷款余额} \times 100\%$$

②不良贷款比率。不良贷款比率是指商业银行不良贷款与贷款总额之比。商业银行的不良贷款主要由三部分构成：次级类贷款、可疑类贷款与损失类贷款。这三类贷款的质量相对来说比较低，潜在的风险比较高，它们在贷款总额中所占份额的高低可以反映出商业银行贷款的质量。不良贷款比率越高，商业银行潜在的信用风险也就越大。其计算公式为：

$$不良贷款比率 = \frac{次级类贷款 + 可疑类贷款 + 损失类贷款}{贷款总额} \times 100\%$$

③贷款损失准备率。贷款损失准备率是指商业银行贷款损失准备金与贷款净损失之比。贷款损失准备金用于弥补贷款损失，主要来源是税前利润。贷款损失准备率越高，说明商业银行提取的贷款损失准备金越多，应对贷款损失的能力越强，相应的，信用风险也就越低。其计算公式为：

$$贷款损失准备率 = \frac{贷款损失准备金}{贷款净损失} \times 100\%$$

④贷款损失保障倍数。贷款损失保障倍数是商业银行当期利润和贷款损失准备金之和与贷款净损失的比率。这个数值越大，说明商业银行越有充足的实力应付贷款资产损失，从而减轻贷款损失对银行造成的不利影响。其计算公式为：

$$贷款损失保障倍数 = \frac{当期利润 + 贷款损失准备金}{贷款净损失} \times 100\%$$

⑤单一集团客户授信集中度。单一集团客户授信集中度是指最大一家集团客户授信额度与资本净额之比。该指标反映的是商业银行贷款额的集中程度。通常，该指标越高，表明银行的贷款额度分配越集中。如果该集团客户发生违约，就会给银行带来巨额亏损，甚至会使银行倒闭。所以商业银行的单一集团客户授信集中度不能过高，一般来说，该指标通常不应高于15%。其计算公式为：

$$单一集团客户授信集中度 = \frac{最大一家集团客户授信额度}{资本净额} \times 100\%$$

⑥全部关联度。全部关联度是指全部关联授信额度与资本净额之比。该比例反映的是银行的关联贷款相对于银行资本的比重。通常，该比例不应高于50%。其计算公式为：

$$全部关联度 = \frac{全部关联授信额度}{资本净额} \times 100\%$$

（3）操作风险指标。

操作风险是指由银行人员、系统、流程以及外部事件所引发的风险。其具体的表现形式有：内部欺诈，外部欺诈，聘用员工违法和工作场所安全性低，客户、产品及业务违法，实物资产损坏，业务中断和执行系统失灵。操作风险指标衡量的是商业银行由人员、系统、流程以及外部事件所导致的损失的大小。其具体的指标主要是操作风险损失率，该比率越高，说明银行的操作风险越大。其计算公式为：

$$操作风险损失率 = \frac{操作造成的损失}{前三期(净利息收入 + 非利息收入)平均值} \times 100\%$$

（4）发展能力指标。

发展能力指标衡量的是商业银行的持续发展能力。具体指标主要有一级资本积累率、资产增长率、实际利润增长率。

①一级资本积累率。一级资本积累率是指当年一级资本与上年一级资本之比减去1所得的值。该指标衡量的是商业银行一级资本的增长情况。一级资本即核心资本，由实收股本、普通股、公开储备构成。根据《巴塞尔协议Ⅲ》的规定，银行的资本不得低于整体风险资

产的8%，其中至少一半必须是一级资本。一级资本积累率越高，说明商业银行的发展能力越强。其计算公式为：

$$一级资本积累率 = \frac{当年一级资本}{上年一级资本} - 1$$

②资产增长率。资产增长率是指当年总资产与上年总资产之比减去1所得的值。该指标衡量的是商业银行总资产的增长情况。该指标数值越大，说明商业银行的经营状况越好，资产增长越快，业务范围越大，长远发展能力越强；反之，则说明商业银行的发展能力欠佳。其计算公式为：

$$资产增长率 = \frac{当年总资产}{上年总资产} - 1$$

③实际利润增长率。实际利润增长率是指当年税后利润与上年税后利润之比减去1所得的值。该指标衡量的是商业银行的利润增长情况。商业银行的税后利润是其扩大业务量、增加投资等的重要来源，对银行的持续发展极为重要。商业银行的实际利润增长率越高，其发展能力就越强。其计算公式为：

$$实际利润增长率 = \frac{当年税后利润}{上年税后利润} - 1$$

以上就是商业银行的绩效评估指标，商业银行以财务报表为基础，通过这一系列指标来综合衡量其绩效情况。

专栏9-1

财政部发布金融类国有企业绩效评价细则加大盈利能力指标权重

为了加强对金融类国有及国有控股企业的财务监管，积极稳妥地推进金融类国有及国有控股企业的绩效评价工作，财政部于2009年12月25日下发了《金融类国有及国有控股企业绩效评价实施细则》（以下简称《细则》）。根据《细则》，金融企业的绩效评价指标具体包括盈利能力指标、经营增长指标、资产质量指标和偿付能力指标四方面。

从《细则》对银行各指标的考核权重来看，规定将从绩效考核的层面引导银行管理层重视ROE指标，从短期和长期两方面缓解银行的融资压力，对行业产生正面影响的盈利能力（其中ROE15%、

ROA10%、成本收入比5%）指标的权重最高，达到了30%。在经营增长指标中规定"国有资本保值增值率"权重为10%，实际上，该指标一定程度上也取决于ROE水平，因此盈利能力相关指标考核权重达到了40%。此外，ROE增长较快的银行还将获得额外加分，如ROE增长水平每超过行业平均10%加1分，最多可加3分。

短期而言，银行在股权融资时将更加注重平衡对ROE的摊薄，从而有助于缓解融资冲击。资本充足率和核心资本充足率各占15%的考核权重，考虑到与ROE相关的权重超过25%，银行管理层的最佳策略是适当提升核心资本充足率，并通过次级债等工具提升资本充足率，从而保持杠杆比率最大化。长期而言，该《细则》将引导银行从单一的规模增长向积极提升盈利能力转型，从而增强内生资本补充能力，加快低资本消耗的中间业务发展，改善存款定价能力等，从而减轻中长期内银行对资本市场的依赖。

9.3 商业银行监管评级与信用评级

外部机构对商业银行的绩效考核主要由两部分构成：一是银行监管机构对商业银行的监管评级；二是专门的信用评级机构对商业银行的评级。

9.3.1 监管评级

监管评级是指银行业监管机构根据现场检查、非现场监管和其他渠道获得的金融机构的信息，对该机构的资本充足水平、资产质量、经营管理状况、盈利能力、流动性及市场风险敏感性等方面进行客观定量分析及定性判断，在此基础上对该机构的经营管理和风险状况进行全面评估的过程。目前，许多国家的银行业监管机构都采用了美国的CAMELS评级体系。

完善监管机构对商业银行的评级具有重大意义：一方面，对监管机构来说，对商业银行的监管评级使得监管重点更加明确。监管机构对商业银行的风险和经营状况进行考核，有利于其更加了解商业银行的潜在风险特征以及银行的运营状况，从而制定相应的监管措施，对高风险商业银行、高风险业务进行严格监管，对经营状况良好、风险较小的商业银行实施常规监管，从而提高整个银行业的监管水平。另一方面，对商业银行来说，监管部门的监管评级可以作为自身内部评级的一个补充，有利于商业银行更加清楚自身的风险状况，并及时调整业绩评价体系。另外，对整个金融市场来说，监管部门对商业银行的评级丰富了评级信息，使社会公众对商业银行的经营状况有更加清楚的认识。我国的监管部门通过借鉴美国的CAMELS评级体系，结合中国金融市场的特殊性，开发了一套股份制商业银行风险评级体系。下面具体介绍一下该评级体系。

1.评级指标

股份制商业银行风险评级体系对商业银行的风险状况进行了全面的考核，评价要素包括资本充足状况评价、资产安全状况评价、管理状况评价、盈利状况评价、流动性状况评价和市场风险敏感性状况评价以及在此基础上加权汇总后的总体评价。除此之外，根据不同要素的重要程度，该体系还为每个评价要素设置了合理的权重，并且从定量和定性两个角度进行全面评价。

考虑到我国银行业的现状，暂时不将市场风险纳入评级指标体系中，只是根据市场发展状况，定量考虑以下几方面因素：①金融机构盈利性或资产价值对利率、汇率、商品价格或产权价反向变动的敏感程度；②银行董事会和高级管理层识别、衡量、监督和控制市场风险敞口的能力；③源自非交易性头寸利率风险敞口的性质和复杂程度；④源自交易性和境外业务市场风险敞口的性质和复杂程度。

2.银行评级

由监管部门对具体指标的每个要素进行打分，再依据权重进行加总，根据最终的总分对商业银行进行评级。具体的等级有五级：1级——良好：综合评分在85分以上。2级——一般：综合评分在75分至85分之间。3级——关注：综合评分在60分至75分之间。4级——欠佳：综合评分在50分至60分之间。5级——差：综合评分在50分以下。

3.评级周期

评级周期为1年，即监管机构每年应对股份制商业银行进行一次年度评级。监管机构在年度结束后4个月内根据银行上一年度情况完成对银行的评级。

9.3.2 信用评级

商业银行信用评级指的是由外部专业的评级机构，依据独立、客观、公正的原则，通过各种途径收集定性和定量信息，采用科学的分析方法，对商业银行在特定期间内按时偿还本金和利息的能力以及意愿进行评价，并运用明确的文字符号将结果向市场公开的过程。我国商业银行信用评级尚处在起步阶段，信用评级体系还很不完善。国外的信用评级机构发展水平相对较高，比较著名的有穆迪公司、标普公司。

穆迪公司对商业银行信用评级指标的设置从两个方面着手：定性和定量。定性指标主要分为七个大类：（1）经营环境，包括竞争状况、监管环境、银行的地位等；（2）所有权及治理结构；（3）金融经营特许权价值；（4）经常性盈利能力；（5）风险状况和风险管理，包括信用风险、市场风险、流动性风险，还涉及资产负债管理、代理机构管理、营运管理；（6）经济资本分析；（7）管理与策略。在定量指标方面，穆迪公司主要围绕成长性、流动性、盈利性和安全性展开分析。

本章小结

1.商业银行绩效评估能够发现和防范风险，优化资源配置，创造公平的金融市场环境，提供监管依据。绩效评估可以促进商业银行有针对性地对其经营管理进行改善，提高经营绩效。

2.商业银行的绩效评估主要包括：是否有能力达到管理层和股东选定的目标；能否实现公司价值最大化。对股份制商业银行而言，公司价值主要通过股票价值表现出来。从财务管理的角度衡量，其基本原则是要求银行股票价值最大化，前提是必须建立在一个可接受的风险水平基础之上。

3.商业银行绩效评估指标体系大致可以分为两种类型：单一指标体系和多重指标体系。商业银行的绩效评估指标体系主要由盈利性指标体系与安全保障指标体系构成。其中，安全保障指标体系又包括流动性指标体系、风险性指标体系以及清偿力与安全性指标体系。

4.外部机构对商业银行的绩效考核主要由两部分构成：一是银行监管机构对商业银行的监管评级；二是专门的信用评级机构对商业银行的评级。

综合训练

9.1　单项选择题

1.评估银行业绩时，股东最关心的指标是（　　　　）。

A.股权收益率　　　　　　　　B.每股盈利

C.风险调整的资本收益率　　　D.收入净利率

2.股权收益率最能反映银行追求股东价值最大化的经营目标。其计算公式是（　　　　）。

A.净利润/总资产　　　　　　　B.净利润/股东权益总额

C.总资产/总资本　　　　　　　D.税后利润/普通股股数

3.商业银行的绩效评估指标体系主要由（　　　　）与安全保障指标体系构成。

A.流动性指标体系　　　　　　B.操作性指标体系

C.盈利性指标体系　　　　　　D.风险性指标体系

4.我国监管部门监管评级的周期一般为（　　　　）。

A.一年　　　　　　　　　　　B.二年

C.三年　　　　　　　　　　　D.四年

5.相关银行管理机构对各指标的偏好不同，监管部门侧重于（　　　）等监管指标。

A.总资产　　　　　　　　　　B.资本充足率

C.总负债　　　　　　　　　　D.股票市盈率

9.2　多项选择题

1.发展能力指标衡量的是银行的持续发展能力。具体指标主要有（　　）。

A.一级资本积累率 　　　　　B.资产增长率

C.实际利润增长率 　　　　　D.现金周转率

E.总资产收益率

2.安全保障指标体系包括（　　　）。

A.流动性指标体系 　　　　　B.风险性指标体系

C.清偿力与安全性指标体系 　　D.每股收益

E.资产收益率

3.反映商业银行偿债能力的指标有（　　　）。

A.流动资产/流动负债 　　　　B.长期资产/长期负债

C.核心负债/负债总额 　　　　D.负债总额/资产总额

E.贷款利息收入/贷款总额

4.监管评级是指银行业监管机构根据现场检查、非现场监管和其他渠道获得的金融机构的信息，对该机构的（　　　）及市场风险敏感性等方面进行客观定量分析及定性判断。

A.资本充足水平 　　　　　　B.资产质量

C.经营管理状况 　　　　　　D.盈利能力

E.流动性

5.国外的信用评级机构发展水平相对较高，比较著名的有穆迪公司、标普公司。在定量指标方面，穆迪公司主要围绕（　　　）展开分析。

A.成长性 　　　　　　　　　B.流动性

C.盈利性 　　　　　　　　　D.安全性

E.灵活性

9.3　思考题

1.什么是商业银行绩效评估？

2.简述商业银行绩效评估的意义。

3.银行业绩效评估包括哪些主要内容？

4.商业银行绩效评估指标体系有哪些类型？

5.外部机构对商业银行进行绩效考核的内容有哪些？

第 10 章

商业银行风险识别与管理

学习指南

【学习目标】通过本章的学习，我们将了解商业银行风险的含义、成因，商业银行经营面临的各种风险；熟悉商业银行风险调查与识别的基本方法。

【关键概念】商业银行风险　流动性风险　利率风险　信贷风险　投资风险　汇率风险　资本风险　风险识别

引例

巴林银行倒闭案

1995 年 2 月 26 日，是一个全世界震惊的日子，英国经营了 233 年的皇家银行——巴林银行突然宣布倒闭，几天之后荷兰国际集团接管了巴林银行，收购费用为象征性的 1 英镑，但同时接下了巴林银行高达 8.5 亿美元的负债。

巴林银行倒在了一个年仅 28 岁的经理里森手里。里森是巴林银行新加坡分行的经理。1994 年年底，里森认为日本股市将上扬，未经批准就做了风险很大的被称作"套汇"的衍生金融商品交易，期望利用不同地区交易市场上的差价获利。在已购进价值70亿美元的日本日经股票指数期货后，里森又在日本债券和短期利率合同期货市场上做了价值约200亿美元的空头交易。不幸的是，日经指数并未按照里森的想法走，在1995年1月就降到了18 500点以下，在此点位下，每下降1点，就损失200万美元。里森又试图通过大量买进的方法促使日经指数上升，但都失败了。随着日经指数的进一步下跌，里森越亏越多，眼睁睁地看着10亿美元化为乌有，当时整个巴林银行的资本和储备金只有8.6亿美元。尽管英格兰银行采取了一系列的拯救措施，但都失败了。巴林银行之所以倒闭，是因为它有一个致命的弱点，就是让里森既担任交易部经理，又担任清算部经理，两种职能未能完全分开。而监督巴林银行的英格兰银行却没有发现这个致命的弱点，这是巴林银行倒闭的一个主要原因。巴林银行倒闭，还在于里森下注的不是一般的金融产品，而是金融衍生产品。金融衍生产品的特点在于可以用少量的保证金做大笔交易，若运用得当，可以获取高收益；若运用不当，将损失惨重。因此，参与其中必须有严格的授权和制度约束。里森参与金融衍生产品交易，就是在未经授权和缺乏监督的情况下进行的。据说，里森曾被英国银行界誉为金融界的骄子，是年轻有为的代表，但正是这位头脑灵活、锐气十足的年轻人为了取得超额利润，导致了巴林银行的倒闭。事实证明，在银行经营中，人是重要的，但制度更重要。

问题：

1.巴林银行倒闭的深层次原因是什么？

2.巴林银行倒闭带给银行管理者的启示有哪些？

风险管理是商业银行经营管理的重要内容，风险管理能力已经成为商业银行核心竞争力的重要组成部分。商业银行风险管理包括两个方面的内容：一是商业银行自身的风险管理，二是商业银行为其客户提供的风险管理。前者是商业银行对自身面临的各种风险进行识别、计量和管理的总称，正是从这个意义上讲，银行业是一个高风险行业。花旗银行前总裁沃尔特·瑞斯顿曾说过："事实上，银行家们正陷于风险管理的事务之中。"后者是商业银行为满足其客户风险管理的需要而提供的服务，是商业银行日益重要的一项功能。

本章探讨的是前者，即商业银行自身的风险管理。

10.1 商业银行风险概述

商业银行的经营目标包括盈利性、流动性和安全性。安全性反映商业银行免受损失的可靠程度，其对应的概念为风险性，即银行免受损失的可能性。商业银行的风险是客观存在的，这种风险源自银行所经营的所有业务。

10.1.1 商业银行风险的含义

商业银行风险是指商业银行在经营活动中，因不确定因素的单一或综合影响，使自身遭受损失或获取额外收益的机会和可能性。商业银行风险的含义涉及四个基本要素，即商业银行风险承受者、收益与风险的相关度、不确定因素和风险的度量。

1.商业银行风险承受者

商业银行在经营过程中，以中介机构或交易者的角色与经济活动的有关实体发生关系。这些实体可能是工商企业，或是其他商业银行，或是非银行金融机构，或是居民等。风险具有可转移性，因此，商业银行风险可能部分来源于其委托方或交易对手的转移风险，银行的客户会采用金融工具将其风险转移给银行，从而增加了商业银行的风险。同时，商业银行风险也可能转移给客户。从这个意义上讲，商业银行及其客户都是风险的承受者。

2.收益与风险的相关度

收益与风险具有对称性。商业银行风险与其收益成正比例关系，银行风险越高，其遭受损失的可能性越大，但取得超额收益的机会也随之增加。商业银行在确定其经营目标时，盈利性与安全性往往很难调和，有对冲性。过分强调利润的约束力，则会减弱商业银行免受损失的可靠程度。因此，盈利性与安全性应在商业银行总体经营策略下进行有效的权衡。

3.不确定因素

商业银行经营面临的不确定因素与经济环境、经营策略、经营者、金融工具的选择等有关。商业银行经营者对风险的好恶程度不同，以及银行在金融工具上的不同选择，都会直接影响其避险的效应；行业的竞争及来自于非银行金融机构的竞争，同样会影响商业银行风险。因此，商业银行风险可以与经营过程中的各种因素相互作用，形成一种自我调节和自我平衡的机制。

4.风险的计量

商业银行可以通过计量风险的大小来识别和判断其承受经营风险的程度，但是商业银行的某些风险并不能计量。商业银行风险由可计量风险和不可计量风险构成。因此，商业银行在评估风险及其影响程度时，除了要运用包括概率与数理统计在内的计量方法外，还要运用综合分析法等非计量方法。

10.1.2 商业银行风险的成因

商业银行在一定的经济环境下，按其经营策略开展业务活动；业务活动的结果则反映经济环境及银行经营策略的效应，以及银行从业人员由于经营策略执行过程中的偏差而造成的与预期的差异。

1.商业银行风险源于客观经济环境

就宏观经济环境而言，国家的宏观经济条件、宏观经济政策和金融监管等发挥效应的大小是商业银行风险的源头。例如，宏观经济中通货膨胀率的高低以及经济周期的不同阶段将对银行的信用管理、利率水平以及银行的各项业务产生巨大影响。因此，通货膨胀率、经济周期等是商业银行的主要风险源之一。宏观经济政策必然会对一国的货币供应量、投资水平与结构、外汇流动等产生影响，从而对商业银行的盈利性和安全性产生直接或间接的影响。金融监管当局的目标与商业银行的经营目标往往并不一致。金融监管当局的目标是实现安全性、稳定性和结构性，为此，它强调对商业银行实行监管。各国监管当局监管的方式、力度和效果可能使商业银行处于相对不利的状态。

就微观经济环境而言，行业竞争、市场风险及法律条文的变更等又是商业银行另一类风险的源头。例如，金融自由化后，商业银行会面对来自非银行金融机构的竞争，使其在经营上的压力不断增大。这种激烈的竞争会增加商业银行的经营成本，增强盈利的不确定性，与商业银行稳健经营原则相悖；金融市场上资金的供求、利率和汇率等市场变量的走势很难把握。很显然，无论是资产负债总体状况，还是每一项资产负债业务，银行在经营过程中，由利率和汇率等市场变量的变化造成的各种经营风险是无法回避的。法律条文的改变可能使商业银行的经营范围、经营行为等发生变化，这些变化可能使商业银行处于不利的竞争地位等。

2.商业银行风险源于经营策略及管理水平

商业银行都有其经营策略，经营策略是基于商业银行的经营管理目标而设计的。商业银行经营管理的基本目标是通过购买与出售金融产品的银行活动来增加银行的内在价值，同时兼顾安全性和流动性。在这样的经营管理目标下，商业银行的经营策略应体现出这样的思路：在深化安全性、流动性的前提下，引导商业银行各种具体业务的开展，以实现银行市场价值最大化为目标。商业银行以实现包括自身价值增值在内的多重目标为目的所设计的经营策略，理论上往往是合理的，但该经营策略往往也会因为银行价值增值目标与其他目标发生冲突而最终不能实现或落实，因此，商业银行的经营策略不当会引发商业银行的风险。商业银行经营管理水平是资产负债业务管理水平、财务管理水平、人力资源管理水平等的综合体现。财务管理的目标是通过提高资金运用效率来获取更多的盈利，但是否能如愿，则与银行投资决策、筹资决策和盈利决策的能力与水平有关，风险贯穿于整个决策过程中。人力资源管理由劳动管理和人事管理构成，商业银行尽管可以通过贯彻全面发展原则、激励原则、物质利益原则和经济效益原则来建立和完善其劳动人事管理制度，但是包括银行家在内的从业人员在追求银行目标的过程中还会考虑其自身的利益，这不利于银行目标的实现，并且会给银行带来风险。

10.1.3 商业银行风险的类别

商业银行风险的分类标准有许多：按风险的主体构成可分为资产风险、负债风险、中间业务风险和外汇风险；按风险产生的原因可分为客观风险和主观风险；按风险的程度可分为低度风险、中度风险和高度风险；按风险的性质可分为静态风险和动态风险；按风险的形态可分为有形风险和无形风险；按业务面临的风险可分为流动性风险、利率风险、信贷风险、投资风险、汇率风险和资本风险等等。其中，流动性风险、利率风险、信贷风险为主要风险。

1.流动性风险

流动性风险是指商业银行没有足够的现金来弥补客户取款需要和未能满足客户合理的贷款需求或其他即时的现金需求而引起的风险。该风险将导致银行出现财务困难甚至破产。商业银行具有流动性需求，即客户对银行所提出的必须立即兑现的现金要求，包括存款客户的提现要求和贷款客户的贷款要求。商业银行应进行有效的现金头寸管理，以满足客户不同形式的现金需要，体现银行的可靠性与经营稳健性。满足银行流动性需求有两条途径：一是商业银行在其资产负债表中"储备"流动性，即持有一定量的现金性资产；二是商业银行在金融市场上"买入"流动性，即在金融市场上买入短期资产增强其流动性。但是，银行保持流动性往往以牺牲收益为代价。因此，对银行流动性需求的测定就显得非常重要。银行流动性需求有短期流动性需求、长期流动性需求、周期流动性需求和临时流动性需求之分，这些流动性需求存在着短期变化、长期变化、周期变化和暂时现金需求变化等相对有规律可循的波动。银行流动性需求应在这些波动分析的基础上进行预测。但是，银行流动性需求能否得以满足，除了受需求量的测定值合理与否的影响之外，还受银行现金来源是否可得的影响。评判商业银行流动性风险及其程度的指标主要有存贷款比率、流动比率、大面额负债率和存贷变动率等。

《商业银行流动性风险管理办法》主要指标

《商业银行流动性风险管理办法》经原中国银监会2017年第15次主席会议通过，由中国银行保险监督管理委员会（以下简称银保监会）于2018年5月23日公布，自2018年7月1日起施行。其主要流动性监管指标包括：

（1）流动性覆盖率监管指标，旨在确保商业银行具有充足的合格优质流动性资产，能够在银保监会规定的流动性压力情景下，通过变现这些资产满足未来至少30天的流动性需求。

流动性覆盖率的计算公式为：

流动性覆盖率＝合格优质流动性资产÷未来30天现金净流出量

流动性覆盖率的最低监管标准为不低于100%。除本办法第六十条第二款规定的情形外，流动性覆盖率应当不低于最低监管标准。

（2）净稳定资金比例监管指标，旨在确保商业银行具有充足的稳定资金来源，以满足各类资产和表外风险敞口对稳定资金的需求。

净稳定资金比例的计算公式为：

净稳定资金比例＝可用的稳定资金÷所需的稳定资金

净稳定资金比例的最低监管标准为不低于100%。

（3）流动性比例的计算公式为：

流动性比例＝流动性资产余额÷流动性负债余额

流动性比例的最低监管标准为不低于25%。

（4）流动性匹配率监管指标，旨在衡量商业银行主要资产与负债的期限配置结构，引导商业银行合理配置长期稳定负债、高流动性或短期资产，避免过度依赖短期资金支持长期业务发展，以提高流动性风险的抵御能力。

流动性匹配率的计算公式为：

流动性匹配率＝加权资金来源÷加权资金运用

流动性匹配率的最低监管标准为不低于100%。

（5）优质流动性资产充足率监管指标，旨在确保商业银行保持充足的、无变现障碍的优质流动性资产，在有压力的情况下，银行可通过变现这些资产来满足未来30天内的流动性需求。

优质流动性资产充足率的计算公式为：

$$优质流动性资产充足率=\frac{优质流动性资产}{短期现金净流出}\times100\%$$

优质流动性资产充足率的最低监管标准为不低于100%。

2.利率风险

利率风险是指市场利率变动的不确定性给商业银行造成损失的可能性。市场利率的不确定性使银行的盈利或内在价值与预期值不一致。商业银行存贷的类型、数量和期限在完全一致的条件下，因利率的变动对银行存款和贷款的影响呈反向变化，具有对冲性，所以也就不存在利率变动对银行存贷间的利差净收益的影响，但银行自身的资产、负债结构和数量在现实中并不完全一致。因此，商业银行自身的存贷结构是产生利率风险的重要原因。市场利率波动是造成银行利率风险的主要因素，而市场利率的波动受一国货币供求的影响。一般而言，当中央银行扩大货币供应或金融市场的融资渠道畅通时，利率会随银行可贷资金供给量的增加而下降；当经济处于增长阶段，投资机会增多时，对可贷资金的需求增加，利率也由此上升；在通货膨胀情况下，市场利率等于实际利率和通货膨胀率之和，当价格水平上升时，市场利率也会相应提高。因此，研究利率风险，必须重点研究中央银行的货币政策、宏观经济环境、价格水平、国际金融市场等对市场利率的影响。随着世界金融市场一体化和金融自由化影响力的扩大，市场利率的波动性越发明显，商业银行受利率风险的影响越来越大。商业银行利率风险的衡量指标是利率风险敞口和利率的变动。

3.信贷风险

信贷风险是指接受信贷者不能按约偿付贷款的可能性。它是商业银行的传统风险，是银行信用风险中的一部分。这种风险将导致银行产生大量无法收回的贷款呆账，将严重影响银行的贷款资产质量，过度的信贷风险会使银行倒闭。商业银行的信贷业务作为核心业务，其收益是银行的主要收入，贷款资产是银行资产的主要部分。银行在贷款的过程中，不可避免地会因为借款人自身的经营状况和外部经济环境的影响而不能按时收回贷款本息。因此，认识信贷风险，首先应认识影响该风险的因素。信贷风险是外部因素与内部因素的函数。外部因素是包括社会政治、经济的变动和自然灾害等在内的银行无法回避的因素；内部因素是商业银行对待信贷风险的态度，这类因素体现在其贷款政策、信用分析和贷款监管的质量等方面。信贷风险对银行的影响往往不是单一的，它常常是流动性危机的起因，贷款不能按时收回将直接影响银行的流动性。同时，利率风险会波及信贷风险，当利率大幅度上升时，借款人的偿债能力下降，银行信贷风险加大。信贷风险与利率风险和流动性风险之间有着内在联系，具有互动效应。

4.投资风险

投资风险是商业银行因受未来不确定性的变动影响而使其投入的本金和预期收益产生损失的可能性。按商业银行投资的内容分，投资风险包括证券投资风险、信托投资风险和租赁投资风险等。投资风险属银行信用风险之列。商业银行的投资性资产在提供流动性保障、创造收益、减少经营风险及贷款风险上起着十分重要的作用。但是，商业银行在进行投资时，本身也承担着一定的风险，尤其是它在证券投资方面承担着较大的风险。

商业银行投资风险来自四个方面，即经济风险、政治风险、道德风险和法律风险。

（1）经济风险。经济风险包括内部风险和外部风险，是银行投资风险的主要来源。内部风险由被投资方本身经营不善而引发：一则是被投资方经营无方而使运营结果得不到应有补偿，二则是被投资方财务运营得不到补偿而出现破产、违约的可能。外部风险由被投资方之外的经济因素引发，包括市场风险、购买力风险、利率风险与汇率风险。因此，投资风险对商业银行的影响也非单一性的。

（2）政治风险。政治风险由政治体制变动和政策变动引发，会强烈影响国内经济活动，并在投资收益的变化中反映出来，因此，它对银行投资的影响相对较大。

（3）道德风险。道德风险是由被投资方的不诚实或不履行义务引发，从而使银行投资产生损失的可能性。

（4）法律风险。法律风险是由投资行为不符合法律规范而引发，从而使银行因投资行为失效而遭受损失的可能性。

5.汇率风险

商业银行汇率风险是商业银行在开展国际业务的过程中，其持有的外汇资产或负债因汇率波动而造成价值增减的不确定性。汇率风险属于外汇风险的范畴。随着银行业务的国际化，商业银行的海外资产和负债比重增加，其面临的汇率风险加大。如何规避汇率风险成了商业银行风险管理的重要内容。汇率风险源于国际货币制度，国际货币制度包括固定汇率制和浮动汇率制两大类。在固定汇率制度下，汇率风险较信贷风险、利率风险小得多；在浮动汇率制度下，汇率波动的空间增大，表现为波动频繁及波动幅度大，由此产生的汇率风险成为有较多国际业务的商业银行必须正视的重要风险之一。汇率风险与国家风险、代理行信用风险和外汇交易风险等一道构成外汇风险。汇率风险的衡量指标主要有汇率风险敞口和汇率的变动等。

6.资本风险

商业银行的资本风险是指商业银行最终支持清偿债务能力方面的风险。该类风险的大小反映银行资本的耐力程度。商业银行的资本越充足，承受违约资产的能力就越大。但是商业银行的资本风险下降，盈利性也会随之下降。商业银行的资本构成了其他各种风险的最终防线，资本可作为缓冲器而维持其清偿力，保证商业银行继续经营。随着金融自由化的发展，世界各国的银行间竞争加剧，来自非银行金融机构的竞争压力加大，银行的经营风险普遍加大。在这种情况下，加强资本风险管理尤为重要。国际金融监管组织、各国金融管理当局和各国商业银行均意识到了资本风险的严峻性。为此，一方面，监管当局加大了对资本的监管力度；另一方面，各国银行也加强了对资本风险的管理。

10.2 商业银行风险预测

由于商业银行风险由许多不确定性引发，就风险管理的要求而言，如何从不确定的宏微观环境中识别可能使商业银行产生意外损益的风险因素，并以定量和定性的方法加以确定，构成了风险管理的前提条件。商业银行应通过对尚未发生的潜在的各种风险进行系统归类和全面的分析研究，揭示潜在风险及其性质，对特定风险发生的可能性和造成损失的范围与程度进行预测。风险预测是风险管理的一个环节，是整个风险管理中最棘手的部分，也是风险控制的前提条件。风险预测主要由调查分析、风险识别和风险衡量三个步骤组成。

10.2.1 调查分析

商业银行在经营过程中，所处的经营管理环境不一，将遇到不同的经营风险。为此，银行有关部门必须通过调查分析来识别风险和了解风险状况。

1.银行的营业环境分析

银行的营业环境由国外环境和国内环境组成。通过对银行所处的营业环境的分析，了解银行所在的金融系统的竞争结构和市场环境。在了解、分析银行所处的国内和国外竞争环境及其发展趋势的基础上，对其面临的国家风险与市场风险进行归类。

2.银行的管理环境分析

银行的管理环境由一个国家金融管理当局的管理质量和管理方法组成。此类分析应注意管理当局的如下能力：当银行出现问题时，管理当局干预和清除问题的能力和意愿；管理当局平衡各金融机构在国内金融体系中的位置的能力。这有助于银行预测其出现风险或危机时管理当局的行为。

3.银行的地位分析

银行目前和未来在整个金融系统中的地位高低，对其在危机时从政府处得到的支持力度有着重要影响。在对银行进行风险识别和衡量前，必须对银行在国内金融系统中的地位进行了解。

10.2.2 风险识别

按银行业务面临的风险，银行风险可划分为流动性风险、利率风险、信贷风险、投资风险、汇率风险和资本风险六种。银行在调查分析的基础上，应通过综合归类，揭示哪些风险应予以考虑，这些风险的动因何在，它们引起的后果是否严重等。

1.对银行经营环境引发的风险的识别

银行经营环境会引发包括国家风险、利率风险和竞争风险在内的银行风险。在识别国内经营环境所带来的风险时，应充分关注银行所在地竞争环境状况及发展趋势的特征，即其他金融机构的竞争力、在各个细分市场中同业的竞争力、银行享有政府支持和特权的情况、政府运用银行体系的程度、外国银行的竞争力等。如果银行源于同业的竞争压力过大，则竞争风险必须予以考虑和揭示。银行所处的国际环境及其变化趋势可能引发汇率风险、信贷风险等。如果银行从事的国际业务量大，或银行持有的外汇资产和负债数目可观，那么，银行应注重汇率风险。

2.对银行管理环境引发的风险的识别

同业银行的管理环境也会引发诸多风险。按风险识别要求，首先，分析银行所在国金融管理当局的管理质量和方法，以及管理当局对银行风险的干预和控制能力。一般而言，管理质量高的国家，其银行的风险较小，后果也较轻；反之则较重。

其次，分析预测银行所在国金融管理当局的管理变化。主要分析两个方面，即金融自由化进程、银行面临的金融非中介化程度及发展趋势。随着金融自由化的发展，整个金融体系的不稳定因素增加，尤其是对于正在建立利率、汇率市场机制的发展中国家，银行将面临较高的利率和汇率风险。同时，金融市场自由化的负面产物——管理自由化，可能导致银行的信用风险。金融非中介化是金融业竞争的产物，它迫使银行改变经营策略，涉入新的业务领域，以增加利润，但银行由于缺乏新业务的经营管理经验，容易产生经营风险。

再次，分析银行与其管理当局的关系。银行可通过其与管理当局的交往来评价存在的风险及程度。银行与管理当局的交往有以下几种形式：①管理当局是否对银行进行过特殊的审计，或寄送要求银行谨慎经营的信件；②是否要求或强制过银行参与某银行或公司的经营；③银行是否在资本充足性、资产质量等方面与管理当局发生过矛盾；④银行是否曾向中央银行请求过紧急援助；⑤银行的经营者在风险控制等方面是否受过管理当局的批评；等等。银行与其管理当局交往的深度和广度对银行确认和识别风险意义重大。

最后，分析国际金融管理的变化及发展趋势。在国际金融市场一体化的进程中，银行必须加强国际金融管理。国际金融管理的变化及发展趋势对银行的经营管理影响巨大，有可能给银行带来新的经营风险或改变原有风险的影响程度。比如，关于资本充足性的国际标准将有助于防止或减缓表外业务风险对银行的影响。

3.对银行在金融系统中的地位引发的风险的识别

银行在金融系统中的地位对其在关键时刻能否得到的政府支持起着十分重要的作用。因此，分析银行的地位有助于银行的风险识别。银行在金融系统中的地位高低往往体现在以下两个方面：

首先，银行风险在某些特定时刻（如破产）会传递给与其有利益关系的个人、法人和政府机构。银行越大、越重要，其风险的波及面越广。为此，在分析时，应了解银行是否有一定的、明确的合法补偿手段（如政府担保、保险等）作保障。如果有保障，一旦银行违约或破产等突发事件发生，可以保障银行存款人或其他各种证券持有人的利益，这在某种程度上也会减轻银行的相关风险。

其次，银行作为企业，有自身的经营目标。如果银行的经营目标与一国经济和金融发展的现时及将来的目标一致，银行的市场占有率高，在国内资本市场上的地位突出，对所在国当局制定政策有影响，那么，政府必然会对其进行强有力的支持，即使银行发生危机，政府也不会撒手不管。

4.对银行债权人的法律地位引发的银行风险的识别

银行债权人的受偿次序及其相关的权利、义务由法律规定，不同的银行债权人，其法律地位不同。对银行债权人而言，其面临的法律风险由法律规定的变化引起。分析银行债权人的法律地位时，应同时分析其法律地位的变化。比如，在美国，按照存款保证金制度和紧急援助措施，同属于一家银行控股公司的所有联营银行负有交叉补偿责任。也就是说，如果其中一家联营银行发生流动性困难乃至破产，其他联营银行必须予以支持。这样，一方面，提高了银行债权人的法律地位；另一方面，各家联营银行实质上承担的风险程度不一。

5.对银行所有权及法律地位引发的风险的识别

银行因所有制性质不同，有国有银行、股份制银行等区别。在非完全市场原则下，国有银行要比股份制银行和私人银行获得更多的来自政府的支持，而且非常明确。国有银行的法律地位及所有权的特殊性决定了其承受的经营风险相对较小。而在完全市场原则下，各银行所有权的主体及法律地位相对平等，银行之间来自所有权和法律地位的风险差别不大。

本章小结

1.商业银行属高风险性企业，在其经营过程中，可能会因为不确定因素的单一或综合影响而遭受损失。商业银行风险涉及四个基本要素，即风险承受者、收益和风险的相关度、不确定性因素和风险度量。商业银行风险源于客观经济环境和经营策略及管理水平。

2.商业银行风险的分类标准有很多：按风险的主体构成可分为资产风险、负债风险、中间业务风险和外汇风险；按风险产生的原因可分为客观风险和主观风险；按风险的程度可分为低度风险、中度风险和高度风险；按风险的性质可分为静态风险和动态风险；按风险的形态可分为有形风险和无形风险；按业务面临的风险可分为流动性风险、利率风险、信贷风险、投资风险、汇率风险和资本风险等。其中，流动性风险、利率风险、信贷风险为主要风险。

3.商业银行应通过对尚未发生的潜在的各种风险进行系统归类和全面的分析研究，揭示潜在风险及其性质，对特定风险发生的可能性和造成损失的范围与程度进行预测。风险预测是风险管理的一个环节，是整个风险管理中最棘手的部分，也是风险控制的前提条件。风险预测主要由调查分析、风险识别和风险衡量三个步骤组成。

综合训练

10.1 单项选择题

1.交易对象无力履约的风险被称为商业银行的（   ）。

  A.信用风险   B.转移风险

  C.声誉风险   D.法律风险

2.不能用来衡量我国商业银行信用风险的指标是（   ）。

  A.不良资产率   B.单一客户贷款集中度

  C.全部关联度   D.信用风险敞口头寸

3.由操作上的失误、违反有关法规和其他问题而产生的风险被称为商业银行的（   ）。

  A.信用风险   B.操作风险

  C.声誉风险   D.法律风险

4.商业银行从事国际业务所面临的最基本的风险是（   ）。

  A.信用风险   B.流动性风险

  C.汇率风险   D.利率风险

5.借贷双方发生借贷行为后，借款方不能按时归还贷款方的本息而使贷款方遭受损失的可能性，是商业银行在经营过程中所面临的（   ）。

  A.流动性风险   B.信用风险

  C.利率风险   D.经营风险

10.2 多项选择题

1.根据风险来源的不同，商业银行风险可划分为（   ）。

  A.信用风险   B.纯粹风险

  C.市场风险   D.投机风险

  E.破产风险

2.市场风险是由（   ）的不利变动而使商业银行的业务遭受损失的风险。

  A.利率   B.汇率

C.股票价格   D.商品价格

3.商业银行投资风险来自以下风险中的（　　）。

A.经济风险   B.政治风险

C.道德风险   D.法律风险

E.价格风险

4.汇率风险的衡量指标主要有（　　）等。

A.汇率风险敞口   B.政治风险

C.汇率的变动   D.道德风险

E.法律风险

5.风险预测主要由（　　）等几个步骤组成。

A.调查分析   B.风险识别

C.风险衡量   D.宏观形势判断

E.重大风险统计

10.3　思考题

1.简述商业银行风险的成因。

2.银行为何要保持一定的流动性？试讨论银行的流动性和盈利性之间的关系。

3.什么是信贷风险？影响银行信贷风险的因素主要有哪些？

4.通过对哪些因素的调查分析来识别风险和了解风险状况？

5.银行可以通过分析哪些业务环节来识别风险？

第 11 章

商业银行的监管与内控

学习指南

【**学习目标**】通过本章的学习，我们将了解商业银行外部监管的原因、目标和主要内容；熟悉商业银行内部控制的目标、实施原则以及主要方法。

【**关键概念**】金融市场失灵　商业银行的内部控制　事前控制　事中控制　事后控制　分散风险　抑制风险　风险自留　风险转嫁

引例

农行爆发票据窝案

2016 年 1 月 22 日晚间，中国农业银行（以下简称农业银行）公告称，近日，农业银行北京分行票据买入返售业务发生重大风险事件，涉及风险金额为 39.15 亿元。农业银行北京分行两名员工已被立案调查，原因是涉嫌非法套取 38 亿元票据，同时利用非法套取的票据进行回购资金，且未建立台账，回购款项的相当一部分违规流入股市，而由于股价下跌，出现巨额资金缺口无法兑付。由于涉案金额巨大，公安部和银监会已将案件上报国务院。据了解，这两名员工都比较年轻，一名为入行5年的投行票据业务部赵姓员工，年仅32岁；另一名是新员工，入行时间不久。案件的大致脉络是，农业银行北京分行与某银行进行银行承兑汇票转贴现，在回购到期前，汇票应存放在农行北京分行的保险柜里，不得转出。但实际情况是，汇票在回购到期前，就被某重庆票据中介提前取出，与另外一家银行进行了回购贴现交易，而资金并未回到农业银行北京分行的账上，而是非法进入了股市。农业银行北京分行保险柜中的票据则被换成了报纸。据了解，由于票据回购业务涉及计财部门、柜台部门、信贷部门等前、中、后台至少4个部门，只有联合才可以违规操作，因此这一案件显然不仅仅涉及两人，而是窝案。

问题：

1.农行爆发票据窝案反映出银行管理的哪些环节出了问题？

2.分析案件对农业银行产生的影响。

11.1 商业银行的外部监管

11.1.1 商业银行外部监管的原因

世界各国的金融领域广泛存在着金融监管，金融监管特别是商业银行监管具有以下原因：

1.市场失灵和缺陷

金融市场失灵主要是指金融市场对资源配置的无效率。其主要针对金融市场配置资源所导致的垄断或者寡头垄断、规模不经济及外部性等问题。金融监管试图以一种有效的方式来纠正金融市场失灵，但关于金融监管的研究，更多地集中在监管的效果而不是必要性方面。

2.道德风险

在委托—代理关系中，委托人欲使代理人按照自己的利益行动，但委托人无法观察到代理人的行为选择，只能观察到一些变量，即拥有代理人的信息不完全、不对称造成代理人的机会主义行为，在契约达成以后，代理人利用信息优势实施损害委托人而对自己有利的行为，就称为道德风险。因此，在市场经济体制下，存款人必然会评价商业性金融机构的安全性，以防止和减少道德风险的发生。但在受监管的金融体系中，个人和企业通常认为政府会确保金融机构安全，或至少在其发生违约时偿还存款，因而在存款时并不考虑银行的道德风险。一般而言，金融监管是为了降低金融市场的成本，维持正常合理的金融秩序，提升公众对金融的信心。因此，监管是一种公共物品，由政府公共部门提供的旨在提高公众金融信心的监管，是对金融市场缺陷的有效的和必要的补充。

3.防止经济混乱

对商业银行的监管是为了降低大范围银行倒闭的风险，这种风险可能会对经济发展产生不利影响。虽然对单个管理不善的银行并不一定要进行救助，但政府和银行监管机构必须权衡一家或者更多的大银行倒闭对金融市场和经济的不利影响。经济的平稳运行依赖于货币供应、支付系统和不间断的信贷流量。商业银行的活期存款、支票存款等账户，提供了支付系统必需的流动性、可转移性和接受性，只有具备这三性的支付系统才能便利和高效率地发挥作用。另外，银行是其他金融机构流动性的主要来源，也是货币政策实施的"传送带"。所以，安全和稳健的银行系统对一个国家货币系统和金融市场以至经济秩序至关重要。

11.1.2　商业银行外部监管的原则和内容

1.商业银行监管的基本原则

商业银行监管是一项政策性强、涉及面广、意义重大的工作。监管的原则各国大致相同，特别是巴塞尔委员会于1997年9月公布了《有效银行监管的核心原则》以后，各国监管当局基本上都将其作为银行业监管的指导原则。这些原则渗透和贯穿于监管体系的各个环节和整个过程。

（1）独立性原则。《有效银行监管的核心原则》指出：在一个有效的银行监管体系下，参与银行监管的每个机构要有明确的责任和目标，并应享有工作上的自主权和充分的资源。同时，促进有效的银行监管，需要创造先决条件。这些条件主要有：稳健且可持续的宏观经济政策、完善的公共金融基础设施、有效的市场约束机制、高效解决金融问题的程序、提供适当的系统性保护（或公共安全网）的机制。其中，增强监管主体的独立性是至关重要的条件。

（2）依法监管原则。虽然各国的金融管理体制和监管风格不尽相同，但在依法监管这点上是相同的，这是由金融业的特殊性决定的。其特点主要有：一是商业银行必须接受金融管理当局的监督与管理；二是对商业银行的监管必须依法进行。保持监管的权威性、严肃性、强制性和一贯性，才能保证它的有效性。而要实现这一目标，金融法规的完善、执行是必不可少的。

依法监管是指监管机构在履行其职责时，必须依据有关法律、行政法规和规章制度，其监管行为不得与之相抵触。监管主体地位的确立和监管权力的取得来源于法律。法律应对监管机构的法律地位和职责权限作出明确的规定，并充分维护和保障监管的有效性和权威性，促使监管行为符合法规，监管的步骤、方法等符合法定程序，以确保监管目标的顺利实现。

2.商业银行监管的基本内容

从商业银行监管的目标取向出发，监管的基本内容主要包括以下几个方面：

（1）对商业银行市场准入的监管。所有国家对商业银行的监管都是从市场准入开始的，各国的金融监管当局一般都参与银行机构的审批过程，主要包括对银行机构开业的审批与管理。市场准入是监管当局对新设机构进行的限制性管理。监管当局对新设机构核准与否，主要考虑以下因素：一是经济发展的需要。监管当局要考虑当地经济发展和金融竞争的需要，征询金融同业和工商业的意见。二是新设机构的资本数量。银行资本是保障银行经营稳定和公众利益所必需的，所以监管当局对新设机构要规定最低资本数量。三是对商业银行法人及主要从业人员的要求，包括主要从业人员的品德、经验、业务素质等，以保证营业后银行的健康稳定运行。此外，针对设立银行分支机构和实施商业银行合并，监管当局还规定了相应的标准或适当的原则。其中，考虑的主要因素还是经济发展需要以及这种机构设立或合并是否有利于保护适当竞争，提高银行效率。

（2）对商业银行市场运作过程的管理。商业银行经批准开业后，监管当局还要对银行的运作过程进行有效监管，以更好地实现监管目标。其主要包括对商业银行资本充足性的监管、业务范围的监管、经营活动的监管、准备金的监管、利率的监管以及其他方面的监管。

（3）风险控制管理。分散风险既是银行的经营战略，也是银行监管的重要内容。贷款集中风险是监管当局进行风险控制的主要方面，其内容一般包括：第一，严格控制大额贷款。例如，《中华人民共和国商业银行法》规定，商业银行对同一借款人的贷款余额与商业银行资本余额的比例不得超过10%（第三十九条）。第二，对行业或部门贷款集中的控制。近年来，由于银行大量投入贷款的一些行业和部门（如房地产等）出现了不景气，资产质量下降，所以风险控制引起了金融监管当局的重视。

（4）对流动性的监管。流动性是商业银行以适当价格获取可用资金的能力。自从银行资产负债管理制度被广泛采用以来，对商业银行资产流动性的要求越来越高，对流动性的监测和控制也就成了银行监管的一项重要内容。各国金融监管当局都强调银行要保持一定数量流动性较强的资产。例如，法国的金融监管当局要求原则上银行不动产与短期负债的比率不得低于60%。在我国，根据《中华人民共和国商业银行法》的规定，商业银行贷款余额与存款余额的比例不得超过75%；流动性资产余额与流动性负债余额的比例不得低于25%。

（5）对存款保护的监管。当银行面临破产清算时，自然会引出如何保护存款人利益的问题。为此，许多市场经济国家都建立了官方或行业性的存款保护制度。根据存款保护制度的特点和运作方式，其主要有三种类型：一是由官方创建并管理，如加拿大等国；二是由官方和银行界共同创建和管理，如日本等国；三是非官方的行业存款保险体系，不过这种类型的存款保险体系多与官方建立的存款保险体系并存，如美国。存款保险体系的属性和特点并不意味着存款机构可以自由加入。此外，一些国家规定银行必须加入存款保险体系，另一些国家规定银行可以自由加入存款保险体系。但是由于竞争的原因，不加入存款保险体系是很困难的。所以，我们可以这样理解，存款保护制度在大多数国家都具有强制性。

（6）对商业银行市场退出的监管。商业银行市场退出的监管一般包括对商业银行兼并与收购、接管、注资挽救以及清算关闭的管理等。

11.1.3 商业银行外部监管的机构

2018年，《国务院机构改革方案》提出，将中国银行业监督管理委员会（以下简称中国银监会）和中国保险监督管理委员会（以下简称中国保监会）的职责整合，组建中国银行保险监督管理委员会，作为国务院直属事业单位，不再保留中国银监会和中国保监会。中国银行保险监督管理委员会的主要职责是：依照法律、法规统一监督管理银行业和保险业，维护银行业和保险业合法、稳健运行，防范和化解金融风险，保护金融消费者的合法权益，维护金融稳定。

随着中国银行保险监督管理委员会的正式组建，加之于2017年11月8日正式成立的国务院金融稳定发展委员会、原中国人民银行和中国证券监督管理委员会，当前我国的金融监管体系已形成了"一委一行两会"的新格局。

11.1.4 商业银行的行业自律组织

商业银行的行业自律组织，即同业公会（协会），是在市场经济条件下，适应银行体系行业保护、行业协调与行业管理的需要，自发地形成和发展起来的。从历史上看，最早的银行业自律组织是美国的"美国银行家协会"。1975年2月成立的巴塞尔委员会，是世界上最权威的银行业自律组织。

1.行业自律组织

尽管世界各国的银行业自律组织因各国银行制度的差别而在具体职能上并不完全相同，但总括起来，其主要职能都包括行业保护，行业协调、合作与交流，行业监管三个方面。

（1）行业保护。同业工会作为银行体系整体利益的代表，对银行业在国内外市场活动中实施保护。例如，在法国，在有关诉讼案中涉及某一会员银行，或牵涉银行界利益时，法国银行公会会以银行业利益代表的身份出面干预。德国各类银行业协会的一个主要任务是代表、维护所属各会员银行的利益。

（2）行业协调、合作与交流。同业工会通过自身的工作，协调业内各银行之间以及同业与外界的关系，加强业内银行间的联系与合作，并通过业务交流、相互启发以及共同领导，促进同业共进。例如，美国银行家协会的宗旨是通过建立银行家之间的联系以及研究、讨论金融与商界的重大事情，提高商业银行效能，加强银行间合作，促进银行业发展。后来，随着银行业的不断发展，协会的工作职能中增加了金融教育、培训及信息传播等内容。日本全国银行协会的具体职能是进行经济、金融情况的调查与研究，向政府提供建议及咨询，加强与业外有关团体的联系，实施改善银行业务的具体对策等。

（3）行业监管。同业工会会对会员银行实施一定程度的监督与管理，亦即银行同业自我管理与约束。例如，荷兰、德国、法国、比利时、卢森堡等国家的同业工会都具有对会员银行的监督管理职能。荷兰银行公会制定了银行与客户关系"总则"，作为共同规范；德国银行业协会建立了存款保险制度；法国银行公会有权对会员银行的违法活动提起诉讼。这些非正式的监管，通常达成了与国家金融监管当局的谅解与合作。比如，金融监管当局在制定、实施有关政策措施时，会事先与银行同业工会磋商（如法国、英国、卢森堡等）。就银行同业工会的监管职能而言，巴塞尔委员会制定、实施的一系列措施应该是银行业全面监管约束的典型范例。

2.我国银行业的自律组织

鉴于银行业自律组织创建的国际实践，以及自律机制在市场经济条件下职能作用的普遍适用性，根据我国的经济、金融现状，特别是随着我国的经济、金融市场化、国际化改革和发展，2000年5月10日，中国银行业协会正式成立，它是我国银行业的自律组织。凡经中国银监会批准成立、具有独立法人资格的全国性银行业金融机构以及在华外资金融机构，承认《中国银行业协会章程》，均可申请加入中国银行业协会成为会员；凡经银行业监督管理机构批准，在民政部门登记注册的各省、自治区、直辖市、计划单列市银行业协会，承认《中国银行业协会章程》，均可申请加入中国银行业协会成为准会员。

2018年3月，中国银行保险监督管理委员会成立后，中国银行业协会主管单位由中国银监会变更为中国银行保险监督管理委员会。截至2019年10月，中国银行业协会共有728家会员单位、32个专业委员会。会员单位包括开发性金融机构、政策性银行、国有大型商业银行、股份制商业银行、城市商业银行、民营银行、农村信用社、农村商业银行、金融租赁公司、汽车金融公司、货币经纪公司、消费金融公司、金融资产管理公司、外资金融机构、新型农村金融机构、中国银联、银行业信贷资产登记流转中心有限公司、银行业理财登记托管中心有限公司、其他金融机构、各省（自治区、直辖市、计划单列市）银行业协会等。

中国银行业协会的主要职能是：依据《中华人民共和国商业银行法》等法律、法规，制定银行业同业公约和自律规则；督促会员贯彻执行国家法律、法规和各项政策，维护商业银行和客户的合法权益；加强会员与中央银行、监管机构及其他政府部门之间的联系；加强会员之间的交流，协调会员之间在业务方面发生的争议；促进国内银行业与国外银行业的交往与合作；组织和促进会员之间的职员业务培训和与业务有关的调查研究，为会员提供咨询服务等，更好地促进商业银行公平竞争、优质服务，维护正常的金融秩序。

专栏11-1

商业银行领域相关的法律、法规

商业银行领域相关的法律、法规主要包括国家法规、部门规章、行业自律制度和银行内部制度等。

1.国家法规

国家法规主要包括《中华人民共和国中国人民银行法》《中华人民共和国商业银行法》《中华人民共和国银行业监督管理法》《中华人民共和国反洗钱法》《贷款通则》《中华人民共和国信托法》《中华人

民共和国证券法》《中华人民共和国担保法》等。

其他关于商业银行的法规和规范由中国人民银行、中国银保监会、财政部、国家市场监督管理总局等有关部门制定。其中，最为重要的部门当属中国人民银行、中国银保监会。中国人民银行的主要职责之一就是起草有关法律和行政法规草案，完善有关金融机构运行规则，发布与履行职责有关的命令和规章。中国银保监会成立于2018年，根据国务院授权，统一监督管理银行、保险、金融资产管理公司、信托投资公司以及其他存款类金融机构，维护银行业、保险业的合法、稳健运行。

2.部门规章

部门规章主要包括《商业银行内部控制指引》《商业银行资本充足率管理办法》《商业银行集团客户授信业务风险管理指引》《个人定期存单质押贷款办法》《单位定期存单质押贷款管理规定》《中国银监会行政处罚办法》《商业银行流动性风险管理办法（试行）》等。

3.行业自律制度

行业自律制度主要包括《中国银行业自律公约》《中国银行业文明服务公约》《中国银行业柜面服务规范》《中国银行业客户服务中心服务规范》《中国银行业营业网点大堂经理服务规范》《中国银行业公平对待消费者自律公约》《中国银行业从业人员道德行为公约》等。

11.2　商业银行的内部控制

商业银行的内部控制是商业银行风险管理的重要环节，它以商业银行风险识别与预测为基础。从广义上讲，商业银行的风险识别应以商业银行经营过程中遇到的所有风险为对象。很显然，商业银行内部控制仅限于对商业银行内部风险的控制，它通过建立自我约束和控制机制发挥作用。自我约束和控制机制是商业银行内部按规定的经营目标和工作程序，对各个部门、人员及其业务活动进行组织、协调和制约，以减少和控制潜在风险的一种管理制度。

11.2.1 内部控制的目标及实施原则

1.内部控制的目标

商业银行通过建立内部控制机制来控制风险，防止和减少损失，保障其经营活动安全、顺畅地进行。具体而言，该目标体现在两个方面：一是在风险损失发生前，银行可借助有效的内部控制制度，以最少的损失来获取控制风险的最佳效果；二是在风险损失发生之后，商业银行采取有效措施，使自身不致因风险的发生而造成更大的损失甚至危及其生存，并确保银行盈利性目标的顺利实现。商业银行的内部控制是维持其稳健经营、确保整个银行体系正常运转的有效保障，它能避免金融体系内发生银行倒闭的"多米诺效应"悲剧，有利于维持金融秩序的稳定。

2.内部控制的实施原则

内部控制的核心内容是确定商业银行各部门的职责权限，实行分级分口管理和岗位责任制，建立健全内部管理制度，通过对从业人员的工作行为及其成果进行衡量和矫正，以确保预期目标的实现。

（1）确定各部门、各级人员的职权和责任。商业银行的众多从业人员在实现银行目标的过程中还会考虑自身的利益，这会给商业银行带来风险。为此，商业银行可以通过诸如"授权控制"和"批准授权"等方式确定银行内部的职权和责任。这要求做到以下三点：第一，某项具体职权和具体责任不能同属于若干个部门和个人，以避免相互推诿；第二，不相容的职务必须分管，避免出现兼管所造成的无牵制力和无约束力的状况，这是内部控制制度的核心内容；第三，任何一项工作不能始终由一个人独立完成，以避免出现差错和舞弊行为，岗位轮换、连续休息、双重控制等均为这一要求的具体体现。

（2）明确商业银行各项业务的操作程序。严格有效的操作程序能保证银行资产的安全，同时也是银行各部门及各成员协调、配合的依据。为此，银行应制定操作规程和工作手册，使银行业务程序标准化。操作规程是银行针对每项业务按其规章、条例制定的程序和手续，是银行每项业务的运作指南；工作手册是银行从业人员应遵循的规则，往往按出纳、信贷员、稽核员等岗位分别制定，内容包括职责、任务及操作规程等。商业银行各项业务的操作程序规范了业务操作人员的行为以及业务的运作过程，为评价各项业务实绩的客观性提供了保障，有助于内部控制程序中的绩效评估。

（3）明确商业银行控制程序。商业银行应设定控制标准，并以此作为衡量实际绩效是否符合目标的准则。标准有多种多样的形式，不同的业务，其标准并不一致，包括数量标准、价值标准、功能标准等。衡量工作绩效，是指运用标准对商业银行的客观业绩作出公允的评价。对于实绩与标准之间的偏差，商业银行应认真分析其性质及原因，根据可控与不可控两种情况对偏差进行不同的处理。对不可控因素造成的偏差，商业银行应调整目标；而对可控因素造成的偏差，应改进工作方式或程序。纠正偏差以可控因素引起的偏差为对象，可从两方面考虑纠正措施：一是改进组织功能，即通过诸如重新委派、撤换、增设机构等手段实现；二是改进业务功能，即通过改进操作程序、采用新的技术手段等实现。

11.2.2 内部控制的类型

商业银行内部控制可按不同的标准进行分类。按技术类型可分为事前控制、同步控制和事后控制；按功能类型可分为业务控制、财务控制、会计控制、审计控制、物品控制、人事控制、组织控制等；按范围类型可分为经营业务控制和内部财务会计控制。

1.按技术类型划分

（1）事前控制。事前控制是指商业银行在业务发生损失前，就开始采取防范措施予以预防。事前控制的要求很高，应对商业银行管理过程及其后果的各种可能性有比较准确和充分的估计。

（2）同步控制。同步控制是指商业银行在业务或行为发生的同时，采取自控措施对风险予以控制的做法。同步控制应实行双向对流程序，及时调整和矫正行为，互为补正。因此，同步控制是较难操作的一种控制。

（3）事后控制。事后控制是指商业银行在业务或行为发生后，采用修正、补救措施以减少因风险造成的损失。事后控制应及时、有效，以避免商业银行遭受更大的损失。

这三类内部控制类型有着较强的前瞻性、时效性和后继性。商业银行的任何业务、活动或行为就其时间过程而言，均有事前、事中和事后三个阶段；就某一时间段而言，商业银行的经营业务或行为所处的阶段或环节不同。因此，对于处于不同时期的活动，可以某一技术类型的控制为主，但必须辅以其他两种控制类型。

2.按功能类型划分

（1）业务控制。业务控制是指商业银行按其主要业务的诸多方面，根据任务要求制定相应的标准进行控制。商业银行的主要业务包括资产、负债、表外业务等，这些业务会衍生出诸如投资风险、流动性风险和汇率风险等商业银行业务控制的对象。因此，业务控制的内容很广，而且难度极大。

（2）财务控制。财务控制是指商业银行根据财务预算和财务规划，以货币价值形式确定各有关标准并予以控制。商业银行的财务预算体现在资产结构、财务结构和资本结构的安排上，也体现在银行现金流入、流出是否顺畅等方面，是对银行资金运用和筹措的总体规划与安排。财务规则是商业银行进行资金融通的行为准则。商业银行在财务上会因为融资不当或背离财务规划而产生财务风险。商业银行的高资产负债率表明，它是高风险企业，因此，财务控制也是商业银行内部控制一个重要的内容。

（3）会计控制和审计控制。会计控制是指商业银行根据一般公认会计原则，建立银行会计制度，一方面以该会计制度来反映银行的业务，另一方面以该会计制度为准则来控制银行的会计核算过程，使银行提供的会计资料真实反映银行的财务状况、盈亏情况及现金流量。审计控制是商业银行设立内部审计部门，由会计及有关交易当事人以外的"第三者"——会计专家独立地审查会计记录、会计行为和会计组织的一种控制类型。

（4）物品控制。物品控制是指商业银行对其物品的品种、规格、型号、性能、数量及其购入、使用、保存等确定标准并进行控制。

（5）人事控制。人事控制是指商业银行对其从业人员的编制、选用、奖惩、调动、培养、提拔等确定政策性和程序性标准并予以控制。

（6）组织控制。组织控制是指商业银行对组织设置、组织原则、组织职责和组织班子确定标准并予以控制。

以上控制类型在具体应用中，可根据实际情况，按积极性和消极性两个操作方向，衍生出不同的具体控制标准和技术。

3.按范围类型划分

（1）经营业务控制。经营业务控制是商业银行为加强管理、提高经营效益而对其经营业务、行为采取控制措施，以降低风险的一种控制类型。经营业务控制包括业务控制、物品控制、人事控制和组织控制等。

（2）内部财务会计控制。内部财务会计控制是商业银行为保证其财产安全、完整和会计资料的真实性，以及加强内部监督、减少或避免会计风险和财务风险而采用的一种控制类型。

11.2.3 内部控制的方法

商业银行在风险识别和预测的基础上，必须采用切实可行的措施和工具来防止风险或减少、减缓风险所造成的损失。商业银行内部控制的方法主要有控制法和财务法两种。其主要功能为分散、抑制、转嫁、自留风险。它是商业银行风险管理中最重要的一个环节。以下以商业银行业务控制为对象介绍内部控制方法。

1.控制法

银行风险控制法包括分散风险和抑制风险两方面内容。

（1）分散风险。商业银行往往通过调整资产结构或资本结构等手段来分散其承受的风险。银行的这种做法有其理论基础。20世纪60年代以来，资产组合理论与实践得到迅速发展。根据资产组合理论，商业银行应通过调整资产结构和资本结构使其持有的资产和负债不相关或负相关，从而达到总体上分散风险的目的。从不相关或负相关的要求出发，商业银行应在金融工具、资产负债期限、融资的地区等的选择上进行综合考虑，然后确定恰当的做法来分散风险。

①金融工具组合多样化。商业银行应将其各种贷款、投资和存款工具广泛运用于不同规模、不同层次、不同收入来源的客户之间，以

满足不相关或负相关的组合要求。同时，应注意以各种资产、负债在币种上的风险分散多样化来减少商业银行总体风险。

②资产、负债期限多样化。商业银行应根据经营目标的要求对其持有的资产以及承担的负债进行组合，尽量使长短期资金来源与运用的盈亏相互抵补。

③地区分布分散多样化。商业银行在选择客户时，应以广大的区域为背景，因为不同区域的客户，其经济状况及收入来源不同。这种做法也能使银行的盈亏产生抵补效应。

分散风险的做法成本较低，会减少商业银行资产、负债价值的震荡及意外损失，因此，分散风险的目的主要在于回避风险。这种做法在客户的现金流量以不同方式变动时对降低银行风险产生的效应尤为显著。

（2）抑制风险。抑制风险是指考虑到风险事件的存在与发生的可能性，主动放弃和拒绝实施某项可能导致风险损失的方案。它能在风险发生之前彻底消除或避免某一特定风险可能造成的损失。这种方法尤其适用于商业银行的信用放款业务。其基本做法有两种：

①商业银行在面临巨大潜在信贷风险时终止某类资金的借贷活动与计划，终止或暂停某类资金的经营计划与经营活动，挑选更合适、更有利的其他类别的资金借贷与经营计划。

②商业银行的信贷风险很大程度上与信贷的对象、方式和形态有关。商业银行为抑制风险，可改变资金借贷和资金活动的性质、方式以及经营的组织形式，这样可在很大程度上避免潜在的信贷风险发生。

抑制风险具有消极防御的性质。资金借贷者和经营者往往受利益驱使而放弃使用该方法。因此，风险抑制法在实践中很难完全实现。

2.财务法

商业银行风险内部控制的财务法与控制法的适用条件不一样，它是指在银行风险发生之后，用一定的方法予以补救，将风险损失降到最小的做法。财务法通常有风险自留和风险转嫁两种做法。

（1）风险自留。风险自留是商业银行自行设立基金、自行承担风险损失发生后的财务后果的处理方式。商业银行采用此方法时，往往通过对预期获利和损失等因素进行综合考虑后才作出是否主动承担风险的决策。风险自留有主动、被动之分，也有全部风险自留和部分风险自留之分。银行风险自留策略是指以主动或被动方式承担部分或全部风险。主动自留建立在风险识别和预测的基础上，是商业银行通过经济可行性分析确认是否自愿承担风险的方式，因此，不会产生财务后果；被动自留则是一种被动、无意识的处置方式，往往会引发严重的财务后果。全部风险自留以全部承担某个事件或某项计划可能出现的损失后果为承诺，这种做法往往基于成本效益分析的基础之上；部分风险自留是指根据自己的承受力，有选择地对部分风险采取自行补偿的一种风险处置方法。商业银行风险自留以主动部分和全部风险自留较为常见，而尤以主动部分风险自留最为流行。风险自留是一种较为积极的风险控制手段。银行可以通过预留风险准备金的方式来弥补潜在风险造成的损失；同时，自留风险的损失费用化会促使银行加强风险控制，以节约潜在费用的开支。但是，风险自留以银行自己的财力补偿风险损失，银行由此可能面临更大的风险，同时可能承担更大的费用。根据风险自留的特点，商业银行在使用此方法时需注意三点：一是银行补偿风险的财力是否充分；二是损失发生后会不会使银行遭受进一步的财务困难；三是优先考虑其他控制方法。

（2）风险转嫁。风险转嫁是指商业银行在风险损失发生后，将其通过一定的途径有意识地转嫁给与其有利益关系的客户承担。这种风险转嫁按风险资产是否转移分为两种：一是将风险损失的资产转移给交易的另一方；二是不转移资产本身，而是将存在的风险及其损失转移给交易的另一方。商业银行往往将由资金借贷的各种活动产生的赔偿责任以及因资金经营活动导致的损失的承担情况以条款的形式写在合同中。当风险损失发生后，商业银行可借此实现风险转嫁。商业银行风险转嫁的方法应充分体现在某种业务经营中。

①贷款风险的转嫁。商业银行通过贷款合同将资金贷给信用接受者时，实际上是把经营该资金所存在的风险转移给了借款方或其保证单位。现在，商业银行往往通过贷款手段的创新，如贷款证券化和贷

款出售等表外方式回避与转嫁风险。

②其他交易活动的风险转嫁。商业银行在金融市场上进行投融资时，会利用远期合约、期权合约等金融衍生工具实现利率风险、汇率风险等的转移。风险转嫁可以减少甚至消除因借贷或经营资金所产生的风险，而且灵活方便、费用低廉。但风险转嫁的最大问题是具有一定的盲目性。

11.2.4　商业银行的内部稽核

商业银行在采取各种风险控制的方法时，有一个现实必须正视，即商业银行必须建立一套严格的操作程序来规范从业人员的行为以及业务的运作方式，而且应建立严格的稽核制度为这些规则与规定的执行提供保障。商业银行的稽核功能不仅体现在防错、纠错、保障和揭露等方面，而且具有提高经济效果的作用，即通过进一步消除商业银行经营管理中的不利因素和薄弱环节，进一步健全制度，改进工作方式，提高经济效益。这些功能体现在稽核的内容和原则、方法中。

1.稽核的内容

稽核的内容包括商业银行所有的业务和管理活动，主要有以下几方面：

（1）资产与负债稽核。稽核内容包括资产与负债的预计和实际规模、资产与负债的结构及变化趋向、资产的质量和安全性、负债的流动性与稳定性、证券交易的价格及持有证券资产的结构、利率与利差、资金的流向等。

（2）会计、财务稽核。会计稽核内容包括会计核算过程、结算户资格、结算方式和结算纪律、往来账户和清算、业务差错情况、出纳和发行制度、现金收付和运送、库房管理、货币发行与回笼、出纳长短款等。财务稽核内容包括财务预算及其执行，各项收入、支出、盈亏的处理等。

（3）金融服务稽核。稽核内容包括咨询、信托、租赁等银行业务的规章和手续，收费标准及其执行情况，服务质量及设备等。

（4）横向联系稽核。稽核内容包括银行与客户及同业银行间的关系和协作，是否有重大经济纠纷以及业务以外的经济关系等。

2.稽核的原则与方法

商业银行的稽核工作应遵循一定的原则进行，这些原则有利于稽核工作效果和效率的提高。这些原则主要有回避原则、重要原则、经济原则、适合原则、适时原则、从简原则、行动原则和直辖原则。商业银行在进行稽核时，常见的方法有观察法、审阅法、听证法、复查法、核对法、盘点法、查询法等。在稽核中，应将各种方法有机结合起来，同时注意稽核的形式。稽核有全面与专项稽核之分、定期与不定期稽核之分、独立与会同稽核之分等。因此，有效的稽核应该是在一定的原则指导下，对稽核方法和方式进行有效的搭配。这样的内部控制手段才是有效的。

本章小结

1.世界各国的金融领域广泛存在着金融监管。金融监管特别是对商业银行的监管具有以下原因：市场失灵和缺陷、道德风险以及防止经济混乱。

2.商业银行监管是一项政策性强、涉及面广、意义重大的工作。监管的原则各国大致相同，特别是巴塞尔委员会于1997年9月公布了《有效银行监管的核心原则》以后，各国金融监管当局基本上都将其作为银行业监管的指导原则。这些原则渗透和贯穿于监管体系的各个环节和整个过程。

3.从商业银行监管的目标取向出发，监管的基本内容主要包括以下几个方面：（1）对市场准入的监管；（2）对市场运作过程的管理；（3）风险控制管理；（4）对流动性的监管；（5）对存款保护的监管；（6）对市场退出的监管。

4.商业银行的内部控制是商业银行风险管理的重要环节和内容。内部控制可按控制技术、控制功能、控制范围进行分类。内部控制在风险识别和预测的基础上确定控制目标及实施原则。商业银行常使用控制法和财务法防止风险，减少风险所造成的损失。其功能包括分散、抑制、自留、转嫁风险。

11.1 单项选择题

1.下列不属于内部控制评价原则的是（　　　）。

A.统一性原则　　　　　　　　B.重要性原则

C.及时性原则　　　　　　　　D.协调性原则

2.在我国，根据《中华人民共和国商业银行法》的规定，商业银行贷款余额与存款余额的比例不得超过（　　　）。

A.25%　　　　　　　　　　　B.50%

C.75%　　　　　　　　　　　D.100%

3.《中华人民共和国商业银行法》规定，商业银行对同一借款人的贷款余额与商业银行资本余额的比例不得超过（　　　）。

A.10%　　　　　　　　　　　B.20%

C.30%　　　　　　　　　　　D.40%

4.世界上最权威的银行业自律组织是（　　　）。

A.巴塞尔委员会　　　　　　　B.美国联邦储备委员会

C.中国银行业协会　　　　　　D.美国银行家协会

5.不属于商业银行稽核计划的是（　　　）。

A.综合风险分析　　　　　　　B.业务流程检查

C.个别风险分析　　　　　　　D.业务制度设置

11.2 多项选择题

1.世界各国的金融领域广泛存在着金融监管。金融监管特别是对商业银行进行监管的原因有（　　　）。

A.商业银行是企业　　　　　　B.金融科技的发展

C.防止经济混乱　　　　　　　D.道德风险

E.市场失灵和缺陷

2.巴塞尔银行监管委员会把商业银行内部控制的目标分解为（　　　）。

A.操作性目标　　　　　　　　B.信息性目标

C.合规性目标　　　　　　　　D.经营性指标

E.战略性目标

3. 我国的《商业银行内部控制指引》规定，商业银行内部控制应遵循的基本原则有（　　　）。

A. 全面性　　　　　　　　　B. 审慎性

C. 有效性　　　　　　　　　D. 独立性

E. 严肃性

4. 根据规定，内部控制环境包括（　　　）。

A. 商业银行公司治理　　　　B. 董事会

C. 监事会和高级管理层责任　D. 内部控制政策和内部控制目标

E. 竞争压力

5. 商业银行分散风险的手段主要有（　　　）。

A. 金融工具组合多样化　　　B. 加强内部控制

C. 资产、负债期限多样化　　D. 地区分布分散多样化

E. 扩大资产、负债规模

11.3　思考题

1. 商业银行外部监管的原因有哪些？

2. 商业银行监管的基本内容有哪些？

3. 商业银行内部控制的实施原则是什么？

4. 商业银行内部控制的方法有哪些？

5. 商业银行内部稽核的内容是什么？

第12章

现代商业银行的发展趋势

学习指南

【学习目标】通过本章的学习，我们将了解现代商业银行面临的挑战、数字化转型的必要性和实现路径；熟悉现代商业银行再造的基本内涵和策略以及经营模式的发展趋势。

【关键概念】银行再造　业务外包　单点接触　中心–辐射式组织结构

引例

ING银行打造数字化平台

ING银行的数字化平台，不仅是一种技术，更是ING银行未来十年的一种商业战略。在数字化商业中，数字化平台已经进入到企业的核心领域并且帮助产生收入。同时，可以促成商业生态圈的资源共享和交易，以创造和交换多元化的服务。

ING银行的数字化平台建设具体包括以下五个方面：

（1）商业模式平台建设。与传统银行商业模式相比，其最大的变化是为客户提供产品和服务的主体不再是人，而是数字化的机器设备。ING银行创建的全新的商业模式平台将会占据数字化商业战略中的核心位置，并可以提供新的收入来源，具有颠覆性的竞争优势。

（2）领导力平台建设。数字化领导力的培养是数字化人才管理的先行实践和行动基础，ING银行通过对数字化意识、数字化能力和数字化文化三个维度的理解来培养数字化领导力。ING银行领导层是"服务型领导者"，而非"居高临下"的治理者，领导层自上而下对数字化的推行是培养稀缺数字化人才的保障。

（3）人才平台建设。数字化平台应建立与战略高度匹配的关键人才规划、差异化的人力资源投入策略，实施市场化的薪酬激励与评价，并完善关键人才的培养机制。ING银行通过培养数字化和金融复合领域的专业人员，扩充专业产品研发团队和业务分析团队，不断提升金融创新能力。

（4）交付平台建设。ING银行交付平台建设的重点是更多地向云兼容应用转化，同时提高双模IT的应用和探索开发能力，更好地支持业务的发展，提升IT价值。双模IT分为模式一和模式二：模式一倾向于按部就班地工作，确保企业业务的平稳运行，保证业务的连续性；模式二则更多地采用敏捷开发、快速迭代的方式，以应对最新的挑战。

（5）技术平台建设。在数字化平台中，移动设备日益普及，云计算和各种基于云的服务正在不断增多，各种类型的数据爆炸式增长，技术平台的建设成为数字化平台建设的基础。ING银行通过多种模式支持创新研究、开发和展示，促进传统金融机构与金融科技企业在技术平台建设方面的合作。

问题：

1.ING银行打造数字化平台的主要目的是什么？

2.为什么说技术平台的建设是数字化平台建设的基础？

12.1 现代商业银行面临的挑战

12.1.1 混业经营对商业银行的挑战

20世纪90年代以来，金融自由化再掀高潮，发达国家进行了以金融混业经营、放松国内外金融市场管制为特征的一系列变革。随着金融监管的逐步放松，各种金融机构之间业务的相互交叉与渗透不断加剧，国际银行业出现了大规模的兼并和收购，各国都出现了打造超级金融"航空母舰"的趋势。我国的金融结构不平衡，商业银行一直是金融业的主渠道，证券和保险的发展相对滞后。我国金融业的均衡发展需要对证券和保险实施一定的扶持政策，分业经营符合我国的国情。

2007年年初，中国人民银行批准成立中信控股，把中国国际信托投资公司的所有金融业务，包括银行、证券、保险、信托以及期货等都放在中信控股的框架下。这是我国金融业自实行分业经营以来，第一家经批准设立的可以跨金融业务领域经营的金融控股公司，标志着我国金融业混业经营迈出了实质性的一步。目前，商业银行已将业务扩展到了投资银行、保险、信托领域。除股票经纪、股票承销及交易等少数几项业务外，商业银行几乎可以从事其他所有的投资银行业务。商业银行开展综合经营，将银行业务扩展到证券投资、保险、信托和基金等领域，能够节约成本，获得规模经济效益，但是综合经营增加了商业银行的风险，提高了风险交叉感染的可能性。这对商业银行的经营提出了更高的要求，特别是在金融发展战略、业务组合和风险防范方面要求商业银行具备更高的管理技术和智慧。

12.1.2 金融电子化对商业银行的挑战

银行业是最早大规模使用电子计算机的行业之一。早在20世纪50年代后期，计算机就已被大通曼哈顿银行、摩根银行和花旗银行等用于记账和结算了，但当时只是将计算机作为一种计算器使用。

自20世纪60年代起，美国和日本等国家的一些大银行开始将营业网点内分散的业务处理系统联结起来，建成了银行内部的联机系统，并利用该系统处理存款、贷款、汇兑、结算等业务，为客户提供全面服务，给客户带来了很多便利。

20世纪70年代是商业银行大量运用电子计算机设备的时代，发达国家的银行在营业网点的业务柜台上安装了计算机终端设备，在营业大厅设置现金支付机，并开始建立总行与分支机构间的电子设备网络。许多商业银行还在银行的外墙、网点机构、车站、超级市场、娱乐中心和商业中心安装了自动柜员机（ATM），银行业务经营开始突破时空限制，从内容到形式上都真正进入了社会。

自20世纪80年代起，商业银行开始运用计算机进行管理决策，利用信息系统进行项目评估，筛选决策方案，确定经营策略。不论是在发达国家还是在新兴市场经济国家，通过不断地更新和改造，逐步实现银行经营信息化，即做到交易信息化、数据处理信息化、资金转账信息化、信息传递信息化和经营管理信息化。

进入21世纪，金融电子化已成为国际金融核心竞争力不可或缺的组成部分。金融电子化建设也成为我国金融行业改革、开放和发展的有力支撑，受到各家金融机构、IT业界和政府的高度重视，各商业银行纷纷投入巨额资金，推进管理信息化、服务电子化，力争在这一新的金融服务渠道、管理方式上与发达国家的银行并肩行进。在金融效率提高、成本节约和便利性增强的同时，金融电子化也给商业银行带来了一系列的新挑战，如增加了银行的声誉风险和安全隐患、增强了市场竞争程度、提高了银行的技术进步成本等。

12.1.3 来自非金融企业入侵的挑战

长期以来，工商企业都在试图经营银行业务，它们具有某些方面的优势，是银行潜在的强有力竞争者。与银行存在竞争关系的主要有三类企业：一是大型网络设备和服务提供商、电信运营商。像微软、中国电信、中国移动等企业，它们拥有超过任何一家全球顶级银行的庞大客户群，提供网上银行的支付、存贷、转账业务没有任何技术障碍，在金融产品销售方面比银行更有效率，成本更低廉。二是大型零售商。全球最大的零售商沃尔玛的网络遍及世界各国的大中城市，拥有数千万企业和个人客户，现金流量很大，国际化程度很高。此外，中国的屈臣氏、百联、国美电器、苏宁电器的网点遍及各大城市，它们大多采取赊销的方式获取商品，资金成本低，现金充沛，因此可以极低的利率或者配合商品打折向消费者提供消费信贷，这对银行的信用卡、个人消费贷款业务无疑会形成严重威胁。三是耐用消费品生产商。例如，美国的通用电气公司、中国海尔集团、中国一汽集团，它们的市场份额大，通常以电子商务方式向客户直接销售产品，并且大多成立了自己的财务公司，向成千上万的客户提供大额、长期的消费信贷，以及与此相关联的保险与投资服务。这些企业还参股中小银行，迂回取得银行经营牌照，利用自身的网络、客户优势，与现有的银行进行竞争。

网络运营商在电子银行业务方面的渗透十分明显。例如，由阿里巴巴集团创办的支付宝网络技术有限公司建立了除银行之外中国最大的独立第三方支付平台。支付宝以技术创新带动信用体系完善，化繁为简，提供电子商务的支付担保机制，业务覆盖了C2C、B2C以及B2B领域，涉及虚拟游戏、数码通信、商业服务、机票等行业，日交易笔数超过千万笔。2018年，腾讯公司的微信支付交易笔数是支付宝的两倍多。巨额可用资金与庞大的客户群，使得中国工商银行、中国农业银行、中国建设银行、招商银行、浦发银行等各大商业银行以及中国邮政集团有限公司、Visa国际组织等各大机构纷纷与微信、支付宝建立战略合作关系。工商企业越来越多地从事金融业务，对中小银行的影响是非常大的，这也是未来银行业面临的最大挑战。如何在确保企业和个人多种金融需求能够得到最有效满足的同时，又能确保金融体系的安全和稳健运行，值得我们特别关注。

12.2 商业银行的数字化转型

信息化和数字化已成为当今社会变革的催化剂，各行各业正在重新定义业务模式及服务体验，新产品、新业务、新模式、新业态不断涌现，深刻改变着居民生活、企业生产、社会管理、公共服务等经济社会运行方式。近年来，国际、国内商业银行纷纷进行数字化转型，利用先进的数字分析技术对数字价值进行充分挖掘，发挥数据的驱动作用，进而推进整体经营管理的变革。

12.2.1　商业银行迫切需要数字化转型

数字化转型是"因客而变"的选择。当前，互联网已经渗透到人们生活的方方面面，体验更好、成本更低、智能更优、赋能更强，成为新的商业标准，客户的心理预期"水涨船高"。要满足这些标准，做到想客户所想，就要依靠智能化减少客户思考和选择的成本，在场景中完成交易，缩短金融服务的时空距离，提供"无感"化的金融服务。而要实现智能化，就要通过大数据的方式，从客户纷繁复杂的日常行为中发掘客户的兴趣、偏好、信用等信息，进而有针对性地、更加精准地提供服务。

1.数字化转型是开展普惠金融的需要

传统商业银行经营模式存在供需结构性矛盾，在网点布局上重视经济资源发达区域，忽视欠发达地区，在客户选择上重视优质客户，忽视其他广大客户的金融需求，导致不少客户群体长期无法获取金融服务，无法成为资金的融入方，长期被动地扮演资金供给者的角色，而不是金融体系的受益者。数字技术的广泛应用，一方面可以打破物理空间的阻隔，使偏远地区的人群能够获得金融服务；另一方面可以通过大数据洞察客户的信用能力，突破原有信息不对称的困境，使客户获得金融服务的可能性大大增强。

2.数字化转型是应对跨界竞争的需要

银行数字化转型的最大推手，是来自于外部的互联网金融公司的"降维打击"。互联网金融公司利用互联网思维和大数据思维，凭借优秀的客户体验和低廉的运营成本，迅速抢占"存、贷、汇、投"等金融业务的市场份额。不仅如此，互联网金融的第三方支付模式也切断了银行与客户之间的传统联系，银行无法分析客户习惯，丧失了对市场的敏感度，进一步导致银行金融中介功能的边缘化。

3.数字化转型是自我突破的需要

近年来，我国商业银行发展遇到了越来越多的内外部限制。受外部经济形势影响，国内缺乏传统意义上的优质信贷资产，利率市场化压缩利差水平，金融监管趋于严格，货币政策和宏观审慎评估政策产生了很大影响，新《巴塞尔协议》对资本提出了更高要求，银行普遍进入低盈利时代，过去靠信贷、网点等规模扩张的模式难以为继，轻成本、轻资本、轻资产的运营成为商业银行的普遍共识。

通过数字化转型，建立基于互联网的金融生态系统，可有效降低边际成本，提高服务效率，增强银行服务的空间穿透力，拓展其生存空间；同时，数字化对商业银行管理创新也有很好的推动作用。

4.数字化转型是应对经营环境变化的需要

当前，信息化已经上升到国家战略层面，"互联网+"行动计划的出台，使整个社会运行更加高效，政府及公共服务也在加速向数字化、智慧化转变，有力地推动了我国经济运行模式的变革。未来整个社会的物流、信息流、资金流都将体现为数字化的交易场景，这为商业银行开展数字化经营创造了有利条件，商业银行也只有进行数字化转型，才能抓住趋势的红利。

12.2.2 国内商业银行数字化转型中普遍面临的问题

1.系统封闭孤立，难以适应形势变化

传统银行系统的架构设计原则是以管理方便为导向，而不是以客户为中心；同时，系统开发人员和业务需求人员对业务、系统、数据了解得不全面，做不到科学规划，导致自动化、标准化程度较低。系统建设往往是在线上模拟线下手工的操作流程，每一款产品都开发一套系统，设计一套流程，导致系统之间是竖井式的并列关系，系统交互慢，甚至高度相关的业务也难以实现数据互联互通；涉及跨部门的业务审批，往往以线下的纸质跑签来补充。同时，流程之间是串联关系，业务处理效率较低。此外，系统设计封闭、固化，后期开发成本较高。

因此，银行传统的 IT 系统在降低成本、发掘数据价值、提升效率方面的作用大打折扣，也难以满足数字化时代的需要。

2.数据治理落后，分析能力低下

一是数据资产意识不强，大多数情况下数据只作为会计凭据，还没有形成用大数据分析、解决问题的习惯，对如何积累、获取、管理数据缺乏理解。

二是对如何分析数据缺乏方法论，数据模型建设还处于摸索阶段。

三是数据标准化管理普遍落后，用到什么数据时才对这类数据进行整理，满足不了快速响应的需要。

四是"数据孤岛"问题突出，系统之间数据交流困难，形不成数据价值。

3.严重缺乏专业人才

数字化转型，打造客户满意的产品、服务和系统，需要银行业务、数据和信息技术等多个方面的参与，需要大量一专多能的复合型人才。传统商业银行的人才结构普遍是金融、经济专业人才较多，IT专业人才占比较低，且有大部分是在做系统维护等基础性工作，真正进行系统研发、数字分析的人员少之又少。数据人才培养是一个缓慢的过程，面对市场的快速变化，许多商业银行往往无能为力，从而丧失了市场机会。

4.传统组织架构成为制约因素

传统商业银行都是以产品为中心的部门制，是相对割裂的，每个部门负责自己的业务，IT又和产品相互独立，尤其是我国传统银行的特征是"科层制、多级分行制"，组织结构呈金字塔型。在这种模式下，信息是逐级上传的，流程设计是环环相扣的串联模式，导致众多个性化的客户需求被忽视，决策和执行效率缓慢，产品和服务逐步远离市场，脱离实际。相比互联网公司敏捷行动、并发决策、快速响应的组织模式，传统商业银行组织架构的劣势比较明显。

12.2.3　商业银行数字化转型的路径

1.转变理念

一是要树立数据驱动理念。数据驱动就是用数据的方式了解客户，有针对性地提供服务，与客户建立起更紧密的共生关系，形成内生增长动力。

二是树立大数据思维。大数据不同于传统的数据统计，对具体数字不求精准，但能够对总体有更清晰的描述和认知；大数据思维就是要有总体思维、容错思维，更加关注相关性、整体性。

三是树立互联网思维。以客户为中心，向简约、极致的方向快速创新和迭代服务，增强端到端的服务能力，同时要有开放、共享的经营理念。

四是树立价值思维。要跳出传统商业银行的价格思维圈子，做到以人为本，通过建立生态系统实现最大限度地凝聚客户，在生态圈中设计产品、服务，进而实现经营目标。

2.做好顶层设计

数字化转型是战略性和系统性工程，其顶层设计要坚持适应性、敏捷型、闭环管理、整体最优的原则，要充分调研，理清客户痛点，摸清家底，明确差距，寻找转型的同盟和资源，对数据驱动能力、驱动机制、组织形式、实施步骤、保障措施作出统筹安排。顶层设计并不是要求全线规划好再实施，而是要选好突破点，建立试验田，先行先试，边用边理，同时在更高层次、更深层面做好规划协调。此外，顶层设计环节要重视对全员理念的宣贯以及对股东的说明，以便统一意志，减轻阻力。

3.实现线上化经营

一是要实现产品线上化，建立起为客户服务的渠道平台和线上运营体系，让客户能够在线上办理业务；原有线下产品要补齐短板、更新换代，新产品要研发上线。

二是实现客户线上化，把客户服务搬到线上，与场景实现对接，使客户能够零距离获得金融服务，打造金融和非金融相结合的场景和生态圈；同时，要做好线上渠道的营销和宣传，加快客户线上化进程。

三是要实现管理线上化，建立起营销推动、业务流程审批、资源配置、线上风控等涵盖前中后台、全流程的闭环式管理体系。

四是要实现员工线上化，数字化转型对商业银行内部的沟通效率提出了更高的要求，通过员工在线，满足信息推送、业务审批、文件处理、业绩查询、内部沟通等办公要求。

五是要实现数据积累，通过线上化记录决策过程，留存可供整理利用的数据，为数字化提供基本依据。

4.推进科技转型

一是要建立云端体系，如云存储、云计算、云服务等，利用"云"为科技基础设施、分布式架构、微服务平台、开发测试平台等提供支持，有效整合银行IT及数据资源。

二是要建立敏捷的IT科技开发模式。将底层核心业务系统与产品逐步剥离，建立起开放性、兼容性、迭代性更强的"平台+功能"的分布式、微服务架构模式。其中，底层核心功能相对稳定，慢速升级，采用传统瀑布式开发方式；上层应用通过通用系统接口，采用快速迭代开发方式。

三是建立科技生态体系。相对于许多科技公司，商业银行的科技基础设施功能更为强大，具备高可用性、高可靠性、异地多活的扩展能力，可以面向科技公司、合作伙伴、企业客户、同业机构提供金融科技平台，共同打造科技生态，不仅可以推动科技创新和增加收益，更重要的是可以通过科技合作形成业务纽带。

5.打造数据分析功能

一是要拓展数据来源。商业银行自身积累的数据毕竟有限，在对客户信息保密的前提下，通过合作获取数据及数据结果将是未来的常态。近年来，大型商业银行纷纷与百度、阿里、腾讯、京东签署战略合作协议，核心就是实现数据共享。

二是要形成数据洞见力，建立专业化的数据分析师队伍，通过数据模型和数据分析工具，把海量数据、多维数据、多类型数据联系在一起，进行清洗、整合和专业的分析，运用一定的数学算法，形成数据洞察力，给出完整的客户画像。

三是培养强大的数据交互能力。数据交互能力和分析洞察能力不再是后台能力，而是前台能力；不再是非实时能力，而是联机实时能力。

四是要推进数据智能化。智能化是数据转型的方向，数据要在智能管理、智能风控、智能客服、智能投顾等方面发挥核心支持作用，变经验决策为数据决策。

五是要建立数据管理体系。商业银行要把数据管理上升到公司治理的层面，对数据的来源、使用进行规范化管理，确保数据质量和数据安全，为数据驱动业务发展提供坚实的保障。

6.实现组织敏捷化转型

组织敏捷化与数字化转型相辅相成，是把原有机构的人力资源重新配置，赋予组织更多的自由裁量权和资源支配权，减少组织的中间环节，改变决策和信息反馈方式，充分调动人员的积极性，发挥人员的内在价值。组织以敏捷工作小组为基本工作单元，人员从各专业部门选调，包括产品设计、业务分析、市场营销、数据分析、系统开发等多种角色，组成跨职能实体团队。敏捷工作小组围绕客户需求，快速沟通，动态调整工作节奏，把传统上多个长阶段任务瀑布式推进的模式变为短周期持续的循环迭代开发模式，"端到端"地负责产品的开发、营销、市场反馈和持续调整；成员在敏捷工作小组期间的绩效由敏捷工作小组负责人根据其价值贡献进行考核。在建立敏捷组织方面，不少商业银行已进行了尝试并取得了明显效果，如新加坡星展银行、荷兰国际集团、中国中原银行等。在敏捷化程度上，有的是全面敏捷化，在全部产品线中实施敏捷转型；有的是在部分产品线上推进敏捷化。

7.变革业务模式

一是渠道的虚拟化。业务通过线上获取，把线下以网点为主渠道的模式转移到线上客户端，把厅堂营销转变为线上的场景营销，原有的网点不再是获客和交易的主渠道，而是向体验和顾问方向进行职能转变。

二是服务的个性化。打破传统标准化的产品销售思路，真正以客户为中心，立足大数据分析客户行为，掌握客户偏好，提供一站式、一揽子的个性化金融服务。

三是客群结构"长尾化"。对高度碎片化、个体贡献小的"长尾"

客户群要高度重视，进行信息整合、汇集，通过信息化提升服务，通过规模化实现盈利。

四是商业模式生态化。通过异业联盟的形式，把银行服务与非银行服务结合起来，实现价值链纵向和横向的整合，在客户场景中无缝对接银行服务，提升客户黏性。

对个人来说，就是打通个人的衣、食、住、行、医、教等生活场景，构建生活圈；对企业来说，就是打通企业上下游资源，构造完整的企业产业链。

8.推进配套机制转型

数字化转型不仅要解决"生产力"即数据驱动力的问题，也要解决"生产关系"的问题，通过配套体系建设，焕发组织活力。

一是建立线上经营机制，包括渠道场景生态圈的运维机制、客户体验管理机制等，保证能够快速响应客户需求。

二是实现激励约束机制的转型。考核是推动业务发展的抓手，要转变以业务指标为主的考核方式，建立以客户经营为主要参照的考核方式。

三是建立数据风控机制。充分挖掘数据在风控方面的优越性，构建数据决策下的风险管理体系，实现风控的数字化和智能化。

四是实现资源配置转型。敏捷型组织、事业部、互联网金融子公司以及线上各经营环节等，都需要建立一套新的资产负债、成本费用等方面的管理体系。

五是优化业务及工作流程。流程优化是数字化转型的基础，不改变原有流程设计的思维方式，将难以发挥转型的效果。各商业银行要把相同的流程整合，进行标准化、集约化改造，使各个渠道都能获得一致的体验。

9.与互联网金融合作

面对互联网金融的冲击，传统金融机构并没有停下脚步。商业银行将互联网作为物理网点的延伸和补充，大力发展电子银行，在实现传统业务在线化方面已经取得了很大的成绩。同时，商业银行与电商、第三方支付机构开展转账、存管、网贷、保理业务的合作；在信用卡商城、积分商城之外，也进行了进军电商和云数据服务的尝试等。有些商业银行的电子银行（系统）已经非常发达，对柜台交易的替代率达到了80%以上，传统金融实际上并没有被排除在互联网金融之外。但是，今天传统金融机构的地位还没有被动摇，不等于未来不会被动摇。传统金融机构要高度重视互联网金融模式。

大体上，传统金融机构可以从两方面应对互联网金融的冲击：一是进一步推进传统金融在线化；二是进军互联网金融的蓝海，顺势而为，充分利用社会化资源的运作模式。下一步互联网金融会演进到什么状态？互联网金融的运作手段和金融模式是新的，但资金融通的本质、风险的属性并不会因此而改变。同时，随着互联网金融的进一步发展，相信做同样的金融业务会受到同样的监管。如果我们从这两个角度去看，可能未来互联网金融和传统金融的关系是融合的。

专栏12-1

兴业数字金融服务（上海）股份有限公司简介

兴业数字金融服务（上海）股份有限公司（以下简称兴业数金）是兴业银行集团旗下的金融科技子公司。作为集团高科技内核和创新孵化器，兴业数金通过上海、成都、杭州、深圳及其他区域的研发创新团队，全面负责兴业银行集团的科技研发和数字化创新工作。对外，兴业数金致力于运用云计算、人工智能、开放API、流程机器人等前沿科技，为商业银行数字化转型提供解决方案，输出科技产品与服务。其主要业务包括：

（1）银行云，脱胎于兴业银行银银平台科技输出板块业务，面向城商行、农商行、民营银行、村镇银行等客户群体，提供一整套银行信息系统的云服务。银行云不仅能帮助合作行大幅节约科技投入成本，降低信息科技风险，同时能有效提升合作行的综合业务能力。

（2）基础云，面向金融类客户提供IaaS、PaaS层的基础设施云服务，包括云主机、云硬盘、安全防护等全方位云计算资源，帮助金融企业构建先进、高效的IT平台。

（3）非银云，面向财务公司和金融租赁公司提供核心业务系统云服务，全方位满足财务公司和金融租赁公司金融业务发展的需求。

（4）开放银行+智慧银行，帮助银行机构进行金融服务场景化和普惠化变革，通过开放银行服务能力，实现商业生态场景的金融赋能；通过流程自动化、人工智能等手段，帮助银行提高内部运行效率，提高风险管控能力，提升银行智慧化服务水平。

12.3　银行再造与现代银行经营模式的发展

随着金融自由化、金融一体化和金融国际化的不断深入发展，商业银行正面临着越来越激烈的竞争，经营也遇到了前所未有的困难。20世纪80年代，人们曾怀疑商业银行还能不能持续经营下去，甚至有人断言商业银行将在50年后消亡。如何重振昔日雄风，成为各国商业银行最关心的课题。当中国银行业提出商业化改革目标的时候，国际商业银行则在稳扎稳打地开展以"银行再造"为标志的银行改革。这不是巧合，而是各国商业银行为解决世界性课题作出的必然选择。

12.3.1　银行再造的内涵

银行再造是国际商业银行在信息化浪潮下寻求管理新模式的实践。它要求银行扬弃过去那种按职能进行分工，然后组合经营的管理方法，借助现代信息技术，重新设计银行的管理模式和业务流程，为银行实现科学的"减肥"，使银行集中核心力量，获得可持续竞争的优势。银行再造是国际商业银行经过较长时间的摸索和实践后作出的一种具有革命性的选择。

早在20世纪70年代末80年代初，西方国家的商业银行面对金融创新浪潮的冲击和由此导致的经营成本逐渐上升所带来的巨大压力，就已开始探索如何才能使银行业摆脱困境的道路。许多银行家按照传统的思维方式，不约而同地提出：走成本管理之路，降低经营成本，提高盈利水平，增强竞争能力。成本管理战略由此在银行界风靡一时，围绕着成本管理，相继提出了"重组""重建""重构"等思路和方法。不管哪种方法，目的都是降低成本。要降低成本，就要削减不必要的开支。在按职能分工和设立主管部门的模式下，削减开支使职能部门之间矛盾迭出，管理层为了减少矛盾，便借助于某一个标准下达成本控制指标，这实际上是搞"一刀切"。这种就事论事的做法虽然在短时间内使银行的成本降了下来，但只要某个部门因业务需要而不得不重新增加支出，便会使其他部门在攀比心理的支配下，使银行经营管理成本重新上升，有时甚至比原来的支出更多，这不可避免地会损害银行的发展潜力。吸取了这种教训的美国商业银行便率先开始寻找全新的管理模式，银行再造应运而生。银行再造要求银行家们改变传统的思维方式，以新的视角来思考银行的经营和改革问题。任何一家银行的经营者都会面对银行自身经营目标与银行所处的外部环境及银行所拥有的内部条件之间的矛盾。而银行的经营者只能在既定的外部环境下充分利用自身拥有的条件，即以现有的人力、财力和物力去实现银行的发展目标。所以说，银行经营的实质就是要实现外部环境、自身已有条件和银行经营目标之间的动态平衡。

传统的银行经营具有以下特征：

第一，信奉生产型经营哲学。这种哲学理念与早期金融业不发达而金融竞争又受较多压制有关。面对巨大的市场需求，银行家们总是认为市场对银行产品和服务的需求要大于供给，银行的核心使命就是把市场需求综合抽象成标准化的产品，以最低的成本进行大规模的生产和营销。

第二，采取纵向一体化的生产方式。这种生产方式是银行在社会分工还不够深化，而经营技术又比较落后的情况下的一种选择。银行业采用纵向一体化方式、运用行政命令的手段组织生产，其内部交易费用要低于按市场机制组织生产所产生的交易费用。银行要在市场上取得垄断地位，低成本地进行大规模生产，自然会采取这种生产方式，并且竭力做到"肥水不流外人田"，从而在经营体制上追求大而全小而全。

第三，习惯于有形化的运作形态。由于银行业在整个工业化时代基本上是一种手工操作的行业，记账、过账、查账无一不需要大量人力。有形货币、有纸作业、人工操作成了传统银行经营的典型象征，豪华的外表建筑也成为银行实力的表现。

第四，注重细致的内部分工。这一方面是因为分工越细，操作就越简单，出差错也就越少；另一方面也是为缓解复杂的业务处理技术与员工素质不高这两者之间的矛盾而被迫采取的措施。

第五，形成了塔式组织结构。为了适应纵向一体化生产方式的需要，必然特别强调自上而下的统一指挥和有效控制，结果造就了按部就班的银行文化。这种经营特征导致银行形成了独特的传统思维定式。

第六，采取交叉补贴的定价方式。在社会融资主要依赖银行的时代，形成了以银行为中心的经营理念，银行往往根据与客户的关系来定价，有的给予低价，有的给予高价，银行总体上获得中等收益。这种定价方式在市场融资渠道增加以后就无法维持了。

传统银行经营独特的思维定式有四个特点：

第一，机械地重视局部均衡。银行管理者总是认为在按职能分工的银行中，只要各职能部门局部均衡了，整体也就自然均衡了，因而强调各职能部门的重要性，而忽视了整体性，习惯于按业务活动的相同或相似性来组合员工，从而形成了职能型群体。

第二，注重普遍性和共性。在业务流程设计和产品创造上强调大众化标准，适应客户群需要，而忽视特殊性和个性，追求产业的规模效应。

第三，注重从银行自身的利益出发，而不是从客户需求出发来设计业务流程。

第四，强调目前的重要性。考虑问题的出发点习惯于"如何以更好的方式把目前正在做的事情做得更好"，而较少考虑正在做的事是不是该做。

要改变银行旧的经营方式，必须确立新的思维方式。新的思维方式注重整体性、特殊性以及客户的需求与长远的发展。首先，要认清银行运作本身就是一个完整的业务流程，每个职能型群体所从事的活动只是这个完整的业务流程中的一个组成部分。在设计业务流程时，要考虑每项服务的完整性，不能让某一项服务因职能分工而被割裂得支离破碎，要求银行开展"一条龙"服务。其次，要根据新的"客户群"概念，设计出符合不同客户群需要的有个性的产品和服务。在金融管制时代，银行受到垄断性保护，客户没有更多的选择余地，银行产品可以成批生产、成批提供，银行自主定价。但在金融自由化时代，由于信息充分，竞争激烈，产品日益综合化、复杂化，客户有了更多的选择余地，形成了买方市场，这就要求银行必须提供有特色的产品，才能适应市场需求。再次，要按最能满足客户需要、有利于开发客户价值的要求设计业务流程，重组各职能部门，打破传统的分工概念。这特别适应信息技术发展的要求。因为信息技术的采用可使银行内部所有的职能活动都相互联系，它有助于打破职能分工的局限性，搞好集约化经营。最后，更要从银行长远发展的需要来设计银行的内部组织、业务流程和每一项计划。

银行决策层在做任何计划前都要考虑以下三个问题：

（1）我们为什么要做这件事？它对银行未来的发展有无重要意义？

（2）这件事从客户的角度来看需要吗？

（3）这件事一定要由银行来做吗？可不可以用发包的形式转让出去，从而使银行有更多的精力从事最重要的工作？

按照这种新的思维要求，银行再造就是要借助现代信息技术力量，从根本上重新思考和设计业务流程，建立"客户中心型"的业务流程团队，使银行在成本质量、客户满意度和应变能力等方面有质的突破；使原来"按部就班"的银行文化转变为"客户至上"的文化，让员工从信奉"顺从"转为崇尚"投入"，积极发挥自主能动性。可见，银行再造的本意是要依靠信息技术改变人的传统观念和传统的工作方式，使人们在观念和价值取向上发生相应的变化，从而带来组织结构、权力分配、员工技能及管理制度的深刻变化，重塑银行文化，将银行经营管理带入一个新的境界。简而言之，银行再造的内涵就是要实行业务流程变革。所谓流程，是指资金、信息、人力资源等要素输入、加工、产出、销售的过程，就是银行的运作程序或员工的工作方式，具体表现为如财务流程、交易流程等。众所周知，各家商业银行经营的都是货币与信用以及与之相关的产品和服务，这种经营具有同质性。因此，银行之间的差别就在于流程设计不同，银行经营转型的主要内容在于改造旧的流程。银行再造的外延就是要转换传统银行的经营方式。银行在设计新流程或改造旧流程时必须采用必要的策略。

12.3.2　银行再造的策略

根据银行再造的内涵要求，商业银行的再造可采取如下策略：

1.根据对客户的价值定价

20世纪70年代以前，商业银行奉行传统的关系定价策略，即银行把一揽子服务打包定价，根据与客户关系的疏密程度，对其中某些服务项目给予不同的价格优惠甚至免费，以此来吸引客户与银行保持业务关系。通过吸引客户消费银行提供的其他金融服务，来弥补价格优惠所减少的收入。到20世纪80年代，由于金融管制放松，金融竞争激烈，客户对银行选择的余地越来越大。客户会采用分离消费的方法，向不同的银行购买其最廉价、最优质的服务，使其效用最大化。因此，关系定价策略失灵了，代之而起的是竞争定价策略，即根据市场供求关系定价。但这种定价策略往往会使银行入不敷出，经营陷入困境。在银行再造中，许多商业银行采用根据客户价值定价策略，即根据客户对银行产品的满意度和客户得到银行产品或服务后所能获得的效益来定价。这种定价策略的前提条件是银行提供的产品和服务是无与伦比的、具有个性化的；其保障条件是要有良好的客户关系管理系统，否则无法充分了解客户对银行提供的产品和服务的满意度及获益程度。

2.业务外包

20世纪90年代以来，国际商业银行开始信奉资源外取的经营观念，各大商业银行都不同程度地把部分原来一直由自己经营的业务外包给其他机构（又称为外部服务公司）来处理，商业银行界人士称之为"业务外部承包"，简称业务外包。业务外包现已成为美国商业银行有力的战略杠杆。

（1）银行业务外包的目的。银行业务外包的主旨是要商业银行有效运用自身的核心能力，关注于战略环节，而把一般性的业务交给外部服务公司去做。通常，保留下来的业务最能体现商业银行的竞争优势，具有高附加值，而外包的则往往是具有低附加值的后勤业务以及不再能体现领先优势的一些信息技术和标准化了的业务处理。银行的核心能力主要包括融资能力、产品创新能力、销售能力以及一些独树一帜的服务手段等。在银行业务外包中，外部服务公司无异于银行的"家政服务公司"，它使银行从众多并不十分在行的活动以及普通的事务性业务中解脱出来，集中注意力于最核心的业务，从而避免了银行经营在精力和财力上的分散。银行寻求外部服务公司的支持时，实际上弥补了自身资源的不足，这在过去可能被视为银行的一种劣势，但随着社会分工日益细密，外包已经被认为是一种智慧型的战略选择，是一条缩小战略目标与资源条件差距的重要途径。

（2）银行业务外包的意义。银行业务外包是在高度社会化分工下，银行经营发展的必然结果。实行业务外包能给商业银行带来不少好处：首先，使商业银行获得了技术上的比较优势。随着高新技术的发展尤其是信息技术的发展，信息技术在金融业中的应用越来越广泛。但银行本身又缺乏足够在行的技术人员，在日新月异的信息技术进步面前，银行费时费力开发的信息技术产品同新技术之间的差距越来越大。银行家们发现将信息处理系统外包给拥有一流信息技术的企业来设计，可使银行分享它们技术上的比较优势，从而能掌握最新的信息技术，提高银行的经营管理水平。其次，使商业银行获得了节约成本的好处。根据比较成本优势法则，每家商业银行都有其在某些业务和产品开发方面的相对优势，而在其他方面处于相对劣势。例如，在信息技术产品开发方面，即使商业银行自己开发的产品和专业公司开发的产品质量不相上下，但在成本上可能要大大超过专业公司。因为信息技术发展快，投资需求量大，而且一旦投入，为了维持产品的质量优势，还需要相当大的后续投入。而将这种产品的开发外包给外部服务公司，银行就可以把这一成本转嫁出去，以较低的成本获得高技术含量的产品。最后，使商业银行能集中精力提高管理水平。传统上大而全、小而全的经营观念耗尽了商业银行的精力，削弱了商业银行的经营管理水平。实际上，商业银行没有必要也没有可能包揽所有的工作。通过业务外包，将银行不擅长或价值不高的事务性业务交由外部服务公司去代做，可以大大减少银行管理人员花费在内部协调上的时间，以便集中精力从事对市场开发有更高贡献价值的工作，提高银行的经营管理水平，增强银行的竞争力。业务外包是一种资源外取的策略。在业务外包过程中也有一些风险，如质量风险和管理风险。前者是由于在实际操作中受诸多因素变化的影响，或者是外部服务公司未能真正理解银行的要求和意图而造成的；后者是由一家银行同时外包多项业务，而在和多家外部服务公司协调关系方面存在问题所导致的。因此，商业银行在开展业务外包时，必须和外部服务公司建立融洽的合作关系，以减少不必要的摩擦，提高外包业务的质量。

3.实行客户与银行单点接触策略

所谓单点接触，是要求银行能在一个地方为客户提供全面服务，即所谓的一站式服务，而不需要客户为了一笔业务在不同部门之间奔波。原日本住友银行实行的"银行往来客户综合账户"制度就是实行这种单点接触策略最好的典型。这种策略不仅使银行与客户的关系更加密切，而且使银行的经营成本大大下降，人均创利水平显著提高。

4.建立中心—辐射式组织结构

中心—辐射式组织结构要求银行处理好集权与分权的关系。在信息技术时代，银行可借助于信息技术使集权与分权的矛盾得到妥善处理。银行总部可通过网络维持对各分支机构的领导权威，及时了解各分支机构的经营状况，及时发布命令和下达指标；各分支机构则可在总行授予的权限内，及时处理各项业务和突发事件，也能及时得到总行的帮助。西方商业银行目前已经形成了大总部、小分行的经营管理模式，银行的分支机构主要从事市场开拓和营销工作，贷款审核等权限集中到总行的职能部门。许多业务，如咨询服务、金融信息提供等也可以集中到总行办理，这既可以节约费用，又能使各分支机构集中精力搞好融资管理等最主要的工作。

12.3.3 银行再造对我国银行业的启示

据统计，美国经过再造的银行大部分都取得了明显效果。再造银行的资产平均收益率从10%上升到15%，资本平均收益率从14%上升到20%，成本收益比则从63%下降到50%～55%。西方银行业的再造实践为我国银行业的集约化经营与管理改革提供了良好的借鉴，也给我国商业银行提高经营管理水平带来了新的思路。首先，我们应当以业务流程改革为核心，实现科学的经营管理。业务流程是银行运营的生命线，我国的商业银行在经营管理中，往往过多地注意组织结构、人员调整和成本管理，这种做法从长远看，不仅无助于压缩臃肿的机构，而且可能使银行经营中真正有价值的活动受到干扰，妨碍银行的技术投资和发展。盲目地裁员有可能动摇员工对银行的忠诚，从而使银行提供的服务质量受到影响。不从业务流程着手，片面地控制成本，又会妨碍银行的正常运作，使银行的资金来源等受到影响。银行只有从业务流程改革着手，通过辨识、分解、评估业务流程中的各个环节，并对冗余的环节进行删除、压缩、整合或外包，把各部门的生产要素按自然的方式加以重新组合，才能从根本上消除多余的成本支出，取得最佳的集约化经营效果。其次，我们应当创造性地使用信息技术，使银行的经营管理取得突破性进展。银行再造是伴随着信息技术在银行中的应用而产生的新思维，是银行提高效益、增强应变能力、降低成本的重大战略举措。信息技术的真正价值不在于减少或简化工作，而在于它创造了新的时空观念、新的工作方式和新的经营规则，从而给银行改善经营带来了新的机会。我国的银行业在经营管理中对信息技术的利用不能只限于提高自动化程度，实现以机代人，而整个业务程序却少有改变，办事方式依然如故，这只是对信息技术最低层次的开发。我国的银行业应当利用信息技术改造业务流程，挖掘信息技术的巨大潜力，为提高管理决策水平发挥作用；同时，要大力发展同步工程，培养更多的通才交易员，从而挖掘出集约化经营的最大潜力。最后，我们应当树立为客户利益而重建银行的观念，提供更高的对客户的价值。银行业本来就是在为客户提供融资服务的要求中产生的，也是在为客户提供服务的过程中获取利润的。但在金融管制时代，却形成了以银行为中心的"反仆为主"的思维定式。这也是银行业在创新浪潮中地位不断下降的根本原因。银行改革的目的不仅仅是改善内部经营管理，使内部管理更为便利，这不会有效改变员工墨守成规，缺乏创新、奉献、投入精神的状况。银行再造提倡"返璞归真"，重新确定"客户至上"的观念，这也是银行实行改革的出发点和归宿。银行只有树立"客户至上"的观念，才会提高自己的位置，并按此要求来开发服务项目。提高银行服务对客户的价值贡献，吸引客户重新回到银行、信赖银行，这样银行才会有更广阔的市场和回旋余地，在激烈的金融竞争中处于强有力的地位。只有真正树立"服务立行"的思想，我们的银行改革才能取得实质性进展。

12.3.4 现代银行经营模式的特点

银行再造对现代银行经营模式的发展产生了巨大影响。现代银行与20世纪80年代以前的银行相比，具有以下特点：第一，现代银行的内部组织体制多实行总分行制度和地区总部制度。纵观西方商业银行，其内部部门不多，但规模很大。例如，美联银行有7万多名员工，资本市场部有1.3万人，零售业务部有2.4万人。银行重视发挥部门职能，总行对分行的管理是通过各个职能部门来实现的，总行职能部门是实现银行高效管理的主要途径。第二，现代银行在经营管理中多采用大部门、小分行的模式。在信息经济时代，银行与客户之间的距离远近已经不重要了，资金拨付划转的零时差已经淡化了"在途"的概念，很多业务可以集中在大部门完成。大总行的形象通过大总部来体现，部门集中了大部分业务精英，他们有细致的分工、专业性强。利用信息技术，银行处理各项业务时可以做到专业化、集中化、工厂化。而分行的职能相对单一，不需要很大，但数量众多，用以满足业务营销和业务拓展的需要。第三，现代银行在经营管理中坚持围绕业务流程调整组织架构。由于银行业务涉及各个不同行业，需要有各个行业的专门知识，而任何人都难以做到什么都懂。在办理贷款业务时，将各种专业人员集中在总行部门，有利于对相关业务进行专业化处理，根据各人特长，联系相关行业的客户，能较快地决定有关贷款是投放还是压缩，能在总体上满足客户的业务要求。这种组织架构既能发挥人才的专业特长，节省人力资本，又能防范风险，还能扩大利润来源，有显著的优势。第四，现代银行在经营管理中实行矩阵式管理方法。银行有很多业务涉及多个部门和不同地区，处理不好就容易留下隐患，形成监管空白点。实行矩阵式管理可以打破行政式组织结构中的统一命令形式，实现结构中每一个成员都有两个主管（专业职能部门经理和项目经理），命令链也是双重的，项目经理也可以对本项目组中属于各专业职能部门的成员发布命令，并对其承担的项目负主要责任。

本章小结

1.商业银行的业务已逐步扩展到投资、保险、信托领域。商业银行开展综合经营，对其能力提出了更高的要求。金融电子化也给商业银行带来了一系列的新挑战，如增加了银行的声誉风险和安全隐患，增强了市场竞争程度，提高了银行的技术进步成本等。非金融企业越来越多地从事金融业务，对中小银行的影响是非常大的，这也是未来银行业面临的最大挑战。如何在确保多种金融需求能够得到最有效满足的同时，又能确保金融体系的安全和稳健运行，值得我们特别关注。

2.信息化和数字化深刻改变着居民生活、企业生产、社会管理、公共服务等经济社会运行方式。国际、国内商业银行近年来纷纷进行数字化转型，利用先进的数字分析技术对数字价值进行充分挖掘，发挥数据的驱动作用，进而推进整体经营管理的变革。

3.银行再造是商业银行在信息化浪潮下寻求管理新模式的实践。它要求银行扬弃过去那种按职能进行分工，然后组合经营的管理方法。银行再造的目的是借助现代信息技术，重新设计银行管理模式和业务流程，使银行获得可持续竞争的优势。

4.银行业务外包是商业银行再造的一个重要策略，也使银行获得了技术上的比较优势，节约了成本支出，使银行能集中精力提高管理水平。

12.1 单项选择题

1. 我国的金融结构不平衡，（　　）一直是金融的主渠道。

A. 政策性银行　　　　　　　　B. 农村信用社

C. 商业银行　　　　　　　　　D. 非银行金融机构

2. （　　）的广泛应用，可以打破物理空间的阻隔，使偏远地区的人群也能够获得金融服务。

A. 数字技术　　　　　　　　　B. 普惠政策

C. 农业科技　　　　　　　　　D. 电子产品

3. 互联网金融的第三方支付模式切断了银行与客户之间的传统联系，银行无法分析客户习惯，丧失了对市场的敏感度，进一步导致银行（　　）功能的边缘化。

A. 金融中介　　　　　　　　　B. 信用创造

C. 信用中介　　　　　　　　　D. 融资

4. 未来互联网金融和传统金融的关系是（　　）。

A. 基本不相关　　　　　　　　B. 融合的

C. 竞争为主　　　　　　　　　D. 一个取代另一个

5. 银行业务外包的主旨是要银行有效运用自身的核心能力，关注战略环节，而把（　　）交给外部服务公司去做。

A. 核心业务　　　　　　　　　B. 一般性业务

C. 亏损业务　　　　　　　　　D. 敏感业务

12.2 多项选择题

1. 与银行存在竞争关系的非金融企业主要有（　　）等。

A. 大型网络设备和服务提供商

B. 电信运营商

C. 大型零售商

D. 耐用消费品生产商

E. 中小企业

2. 支付宝以技术创新带动信用体系完善，业务范围覆盖了

（　　）等领域以及商业服务、机票等行业。

A.C2C   B.B2C

C.B2B   D.虚拟游戏

E.数码通信

3.金融电子化也给商业银行带来了一系列的新挑战，如（　　）等。

A.增加了银行的声誉风险   B.增加了安全隐患

C.增强了市场竞争程度   D.提高了银行的技术进步成本

E.降低了工作效率

4.传统的银行经营具有（　　）特征。

A.信奉生产型经营哲学   B.采取纵向一体化的生产方式

C.习惯于有形化的运作形态   D.注重细致的内部分工

E.形成了塔式的组织结构

5.银行再造的策略主要有（　　）。

A.根据对客户的价值定价

B.业务外包

C.实行客户与银行单点接触策略

D.建立中心—辐射式组织结构

E.拆并低效网点

12.3　思考题

1.现代商业银行面临的挑战主要有哪些？

2.商业银行为什么要实施数字化转型？

3.简述商业银行数字化转型的实现路径。

4.银行再造的内涵是什么？它对我国银行改革有什么启示？

5.简述业务外包的意义。

参 考 文 献

［1］戴国强.商业银行经营学［M］.5版.北京：高等教育出版社，2016.

［2］刘忠燕.商业银行经营管理学［M］.2版.北京：中国金融出版社，2014.

［3］宋玮.商业银行管理［M］.2版.北京：清华大学出版社，2017.

［4］王梅.商业银行业务与经营管理学［M］.北京：中国金融出版社，2014.

［5］朱新蓉，宋清华.商业银行经营管理［M］.北京：中国金融出版社，2009.

［6］何自云.商业银行管理［M］.2版.北京：北京大学出版社，2014.

［7］蔡则祥.商业银行业务经营与管理［M］.北京：高等教育出版社，2015.

［8］甘当善，王应贵.商业银行经营管理［M］.3版.上海：上海财经大学出版社，2016.

［9］庄毓敏.商业银行业务与经营［M］.北京：中国人民大学出版社，2014.

［10］蒋先玲.货币金融学［M］.2版.北京：机械工业出版社，2017.

［11］谢平，邹传伟，刘海二.互联网金融手册［M］.北京：中国人民大学出版社，2014.

［12］曹远征.大国大金融：中国金融体制改革40年［M］.广州：广东经济出版社，2018.

［13］宋坤，张之明.商业银行经营模拟实训［M］.北京：中国

人民大学出版社，2012.

　　[14] 建行上海市分行网络金融部.悦享生活一个手机银行 App 就够了 [J]. 上海企业，2016（12）：76-77.

　　[15] 杨凯生，刘瑞霞，冯乾.《巴塞尔Ⅲ最终方案》的影响及应对 [J]. 金融研究，2018（2）：30-44.

　　[16] 潘丽丽.经济新常态下商业银行中间业务结构调整研究——以A商业银行为例 [J]. 区域金融研究，2017（2）：53-57.

　　[17] 季绵绵.浅析我国商业银行中间业务的发展——以兴业银行为例 [J]. 财会学习，2017（4）：219-221.

　　[18] 聂贤春，曹必武.农商行资本补充：需求、实践与创新 [J]. 中国农村金融，2016（8）：13-15.

　　[19] 骆新超.不良贷款清降的"铜山策略" [J]. 中国农村金融，2016（12）：65-66.

　　[20] 钱立华.我国银行业绿色信贷体系 [J]. 中国金融，2016（11）：70-71.

　　[21] 黄哲芳.兴业银行综合化经营下的财务管理方式浅析 [J]. 财务与会计，2015（6）：54.

　　[22] 樊志刚.引导表外业务规范发展 [J]. 中国金融，2017（4）：25-27.

　　[23] 牛绮思.银监会为什么要整治"表外业务"？[J]. 中国经济周刊，2017（7）：84.

　　[24] 吴飞虹.从年报看四大国有商业银行资产负债管理配置 [J]. 国际金融，2018（3）：45-59.

　　[25] 葛丰.存款去哪儿了 [J]. 中国经济周刊，2017（11）：3.

　　[26] 宋艳伟.商业银行存款业务发展趋势展望和应对策略 [J]. 银行家，2018（3）：68-71.

　　[27] 麦肯锡咨询公司.全球数字化银行战略分析 [J]. 新金融，2019（3）：4-9.

　　[28] 杨海平，石凡.聚焦商业银行负债端产品创新趋势 [J]. 银行家，2015（3）：69-71.